明治前期日本の技術伝習と移転

ウィーン万国博覧会の研究

藤原隆男 著

丸善プラネット

目　次

目次

表一覧

序章　課題と構成

1　課題と方法

明治六（一八七三）年に日本の政府は海外の博覧会であるウィーン万国博覧会へ参加した。このとき、政府は参加の目的としてオーストリアおよび周辺諸国における製造業等の技術を学び、学んだ技術を日本の製造業等に移転するための技術伝習者を組織した。本書は、ウィーン万国博覧会で組織的・精力的に取り組んだ「技術伝習」と「移転」の実際を明らかにし、この取り組みが明治前期日本の国民経済に何をもたらしたのか、その歴史的意義を明らかにすることを課題としている。

この博覧会への参加は政府として参加した最初の国際博覧会であり、参加方法、参加目的の点でこれ以降に参加した国際博覧会と区別される特色を持っていた。参加方法の点で見ると、民間の参加を含まない政府の参加であったことである。したがって、このときの博覧会への出品物はすべて民間人から政府が買い上げる方法をとり、政府の出品物として出品した。また、政府は、この博覧会への参加を捉えて日本が国際社会に向かって進むために必要な事柄を明確に定めて参加したことである。これが参加目的であり、この目的を遂行するうえで必要な人員配置を行い、政府職員、民間の職工、外国人で構成する総勢七七人をウィーン万国博覧会に派遣したのである。これに要した経費は五八万余円に及んだ。明治六年の農商務省の歳出経費七九万円の七三％に相当する莫大な経費を支出して参加したもので、明治年間に開催された三九回にも及ぶ万国博覧会および国際博覧会の中でも最大規模の博覧会参加であった。[1]

このときの博覧会参加の契機とその目的がどのようにして作成されたかは章を改めて検討するので、ここでは本書の課題との関係で参加目的の内容を示すと次のとおりである。

今般澳国博覧会ニ御国産ノ物品ヲ被差出候ニ付テハ件々左ノ目的ヲ以テ取調可然哉

第一目的

御国天産人造物ヲ採集撰択シ其図説ヲ可要モノハ之ヲ述作シ諸列品可成丈精良ヲ尽シ国土ノ豊凶ト人工ノ巧妙ヲ以テ御国ノ誉栄ヲ海外へ揚候様深ク注意可致事

第二目的

各国ノ列品ト其著説トテ詳密点見シ又其品評論説ヲ聞知シ現今西洋各国ノ風土物産ト学芸ノ精妙トヲ看取シ機械妙用ノ工術ヲモ伝習シテ勉テ御国学芸進歩物産蕃殖ノ道路ヲ開候様可致事

第三目的

此ノ好機会ヲ以御国ニ於テモ学芸進歩ノ為ニ不可欠ノ博物館ヲ創建シ又博覧会ヲ催スノ基礎ヲ可整事

第四目的

御国産ノ名品製造方勉テ精良ニ至リ広ク各国ノ称誉ヲ得彼日用ノ要品ト為テ後来輸出ノ数ヲ増加スル様注意可致事

第五目的

各国製造産出ノ有名品及其原価売価等ヲ探捜査明シ又各国ニ於テ欠乏求需スルノ物品ヲ検知シ後来貿易ノ裨益トナル様注意可致事

これに続けて、この目的について解説をしている。それによると、第一の目的は今回の参加の主たる目的であるので、鉱物などを広く収集するほか、生糸、漆器、陶器も収集してその製造方法は精密であること、価格が廉価であることなどを図説して展示したいとしている。目的の第二は、最近のわが国の衣食住の変化は激しく、使用する品々の多くは輸入品によらざるを得ないことから、彼の学芸を学ぶ必要があり、工業各科の学生・職工七〇人ほどを選んで彼の地で実地に技術を伝習させ、さらに必要な機械等を購入し、貿易に役立てたい。これらの購入品を陳列するところとして第三の目的である博物館を建設し、士族等に技術を伝播して産業を興す方法としたい。第四の目的は、彼の日用品を精製して輸出を増加し、輸入を減じたいとしている。

この五つの参加目的は、明治五年六月にウィーン万国博覧会の副総裁佐野常民《つねたみ》が正院に上申して採用されたもので[2]、ウィーン万国博覧会参加の基本方針としてこの目的の遂行のための努力が払われているのである。これらの目的の遂行のうえで、人員・経費・日数を費やし、さらに伝習先との交渉を伴なって実現したのが第二目的であった。

第一目的は、ウィーン万国博覧会に出品したことで目的が実現するものであった。第三目的は、開設されている博物館および開催された万国博覧会の調査・研究が主な内容であった。この調査ではロンドンのサウス・ケンジントン博物館、ロンドン、パリの万国博覧会が調査報告され、ゴットフリード・ワグネルの東京博物館設立の提言が行われ、佐野常民も博物館設立の必要性を報告している（**資料1**参照）。第四、第五は、日本の貿易上の問題として輸出商品および今後需要が見込まれる商品の価格調査を行うものであった。

第二の目的は、①各国の出品物とそれに附属して出品されている著説を詳細に点検すること、②出品物の評論・論説を聞知してヨーロッパの風土・物産と学芸の精妙を看取し、③機械妙用の工術を伝習し、④日本の学芸進歩と物産の蕃殖の道路を開くこと、を目的としていた。この第二の目的の中心は③の機械妙用の工術の伝習であって、これはオーストリア等の国々の工場・学校・作業現場に出向いてそこで技術を直接に伝習するもので、そこで働く職人・職工とともに作業することを通して技術を習得するものであった。これを「技術伝習」と略称しているところの、きわめてユニークな参加目的なのである。この「技術伝習」は、④に示されているように直接伝習して習得した技術を帰国後に日本の学芸進歩と物産の蕃殖の道路を開くために国民に「移転」することが義務付けられている重い目的であった。第二の①②の参加目的は、出品物と出品物の解説等の著述の調査を行うことを通して、間接的に「技術伝習」[3]を行うものであった。

これまでの万国博覧会研究ないしウィーン万国博覧会研究[4]では、殖産興業政策の視点から技術伝習が取り上げられてきた。しかし、その場合でも技術伝習の具体的な分析はないか、あるいは帰国後に技術伝習者が編纂した『澳国博覧会参同紀要』（一八九七、私家版）に記述した技術伝習等の内容を紹介するにすぎないものであった。技術伝習者に関する個別研究では、その足跡として技術伝習があったことが紹介されている[5]。それゆえに、ウィーン万国博覧会における技術伝習を殖産興業政策の一環として実施されたものであることを強調しつつも、それが国民経済に対して何をもたらしたものであるか、その歴史的意義・成果を明確に捉えてこなかった。このために、莫大な経費と人員と労力を費やして実施したウィーン万国博覧会への参加および参加目的の中心であった技術伝習は、日本の産業発達史ないし経済史研究上でまったく評価されないか、簡単に触れられていたにすぎないもので、したがって通史的な位置づけは行われてこなかった。その最大の理由は、ウィーン万国博覧会を博覧会一般が有している性格に見られるイベントの一つとして扱ってきた側面があったためである。

本書は、先に述べたように、第二の参加目的である「技術伝習」と「移転」の実際を明らかにし、「技術伝習」と「移転」の取り組みが明治前期の国民経済に何をもたらしたか、その歴史的意義・成果を検討することを課題としている。この課題を明らかにするために、技術伝習と移転のみを検討するのではなく、ウィーン万国博覧会への参加のための諸前提である参加の契機や参加目的の作成、参加者の選定、参加のための経費、技術伝習者の選考、技術伝習の構想・方法・職種や伝習先・伝習地を含む技術伝習の総体および国民への技術移転の実際にいたるまでのプロセスを総合的に明らかにする必要があろう。このために、次の五点について検討する。

第一に、ウィーン万国博覧会への参加の契機と参加目的を作成した背景を検討する。この場合、ウィーン万国博覧会への参加目的である「技術伝習」は他の万国博覧会に見られない特殊性を持った参加目的であることを検討する。また、ウィーン万国博覧会への参加者の観たオーストリアおよびウィーンを紹介し、オーストリアの「工業化」の状況を述べる。

第二に、博覧会への参加者の選定から技術伝習に至るまでのプロセスを検討する。このプロセスは、博覧会への参加者の選定、博覧会への参加経費の諸問題、技術伝習者の選考の経過、技術伝習に関するワグネルの四つの建議の内容を検討する。このことを通して、技術伝習の実現を可能にした諸側面を全体的に明らかにする。

第三に、技術伝習の実際を検討する。この場合、技術伝習の職種は政府の必要とする職種を計画的に選定して、職種間において相互関連を持つところの、いわば産業として職種を選定し、伝習者を決めて伝習していること、例えば、養蚕、製糸、撚糸、屑糸紡績、機織、染色等の職種はそれぞれ分担して伝習しているけれども、全体を見るとヨーロッパの繊維産業として技術を学ぶものであった。製紙・印刷、陶磁器等も相互に関連した産業として伝習しており、伝習者別に限られた伝習経費と日程の範囲で最大限の努力をして伝習を行った伝習内容の実際を明らかにする。

第四に、帰国後に伝習した技術を国民の前で実習を行い、教えることを通して伝習技術を「移転」していく過程を検討する。この場合、技術伝習の内容と移転の方法を時系列的に理解できるように検討した。

最後に、技術伝習と同時に進められた取調条目書に述べられた海外事情の調査研究を収録した刊行本『澳国博覧会報告書』で記述されている佐野常民の工業論およびワグネルの農業論の内容の検討を通して、ウィーン万国博覧会以後の日本の方向性について検討する。「技術伝習」と「移転」の活動と佐野常民の農業論に見られる農業施設・制度が明治前期の国民経済に何をもたらしたかを検討する。

本書で使用した技術伝習と技術移転に関する資料について述べておきたい。本書では、国立公文書館所蔵の太政官文書、ウィーン万国博覧会で技術伝習者が博覧会事務局に報告した手書きの技術「伝習録」、博覧会事務局関係の技術伝習関係資料を使用している。これらの資料は、手書きの和綴じの『澳国博覧報告書』として『公文録』に収録されている資料である。このときの「技術伝習」に関する一件資料が国立公文書館に所蔵されており、使用できる幸運に恵まれた。この資料の最大の宝庫は、技術伝習者が帰国して直ちに作成して博覧会事務局に報告した技術「伝習録」である。この資料を含む報告書を公文録『澳国博覧会報告書』と称え、本書の技術伝習の解明のために使用した根本資料である（**表19**参照）。なお、博覧会事務局が印刷刊行した『澳国博覧会報告書』を刊行本『澳国博覧会報告書』と称え、これと区別して本書で使用することにした。この両者の報告書に含まれる内容の異同を明らかにすることと、『澳国博覧会報告書』の全容を示すために、巻末に資料1として掲載したので利用いただきたい。

次に使用したのは二次文献ではあるが、ウィーン万国博覧会の技術伝習者で編纂した『澳国博覧会参同紀要』は、博覧会事務局の資料を使用して執筆されたもので、ウィーン万国博覧会の流れを俯瞰できる上篇、中篇、そして下篇として博覧会事務局で整理した技術伝習者の「技術伝習始末書」、さらに技術伝習者各人の執筆した（あるいは代筆した）技術伝習と明治三〇年までの間に行われた技術移転の経過が収録されている貴重な文献である。

以上のウィーン万国博覧会における技術伝習全体を俯瞰できる資料のほかに、技術伝習者に関する個別の研究も最大限利用させていただいた。また、技術伝習地の地理的情報や工場等の情報は、在日本のオーストリア政府観光局、チェコ政府観光局からご提供をいただいた。

2　本書の構成

本書は、課題の解明のために次のような構成で検討を行う。

序章　課題と構成

第1章　ウィーン万国博覧会参加の契機と参加目的の作成

本章では、ウィーン万国博覧会への参加の契機はオーストリアからの参加要請に基づくものであることを述べ、一八七三年のウィーン万国博覧会への参加目的である「技術伝習」が、ウィーン万国博覧会前後の国際万国博覧会（一八六七年パリ万国博覧会、一八七六年フィラデルフィア万国博覧会）には見られない特殊な目的を持った博覧会であることを述べる。さらに、この特殊性を持った「技術伝習」を含むウィーン万国博覧会への参加目的が、澳国公使と日本の外務卿・外務輔との対談および博覧会開催国オーストリアの示した「澳国博覧会規則」に基づいて作成されたものであることを述べる。

第2章　ウィーン万国博覧会参加者の観たオーストリアの「工業化」とウィーン

本章では、ウィーン万国博覧会への参加者が観たオーストリアの「工業化」の状況と博覧会開催地ウィーンの街の状況について検討することを通して、ウィーン万国博覧会参加と技術伝習を可能としたオーストリアの国民経済を明らかにする。

第3章　出品物の収集および派遣者の選定と経費問題

本章では、ウィーン万国博覧会への参加の重要な目的である日本の出品物の収集過程、博覧会への派遣者の選定、出発と帰国ルートを述べ、廃藩置県からまもないこの時期の政府は岩倉大使一行の米欧回覧と重なる不十分な財政事情を乗り越えて、博覧会参加のための必要経費の捻出問題を検討する。

第4章　ワグネルの技術伝習の構想・要領と技術伝習者の選考

本章では、ウィーン万国博覧会における技術伝習に関するワグネルの四つの建議に見られる構想および要領を述べ、技術伝習すべき職種、技術伝習の方法等を明らかにする。そしてワグネルの技術伝習者の選考を含む三次に及ぶ技術伝習者の選考経過を検討する。

以上の第3章および第4章で、ウィーン万国博覧会への参加者の選定から技術伝習に至るまでのプロセスを検討したが、この検討を踏まえて、次の第5章、第6章では技術伝習と移転の実際を検討する。

第5章　製造業関係の技術伝習と移転

本章では、技術伝習の職種、技術伝習先および技術伝習を概観し、蚕業織物、牧羊を含む羅紗《らしゃ》製造関係、紙型鉛版・石版・銅版・地図作成を含む製紙・印刷関係、測量器・羅針盤・時計・電信機・細小器関係、ガラス・レンズ・メガネの製造関係、陶磁器・ギプス・陶画・彩釉《さいゆう》薬の陶磁器製造関係、鉛筆・紙タバコ関係等の製造業関係を中心とした技術伝習とその移転を検討する。

第6章　農林・統計・石油の技術伝習と移転

本章では、農業、林業、統計術等の学術およびガリツィアのボリスラウ、スホニカにおける石油採掘現場での石油関係の技術伝習とその移転を検討する。

第7章　『澳国博覧会報告書』と工業論・農業論

本章では、明治九年に編纂して『公文録』に収録した『澳国博覧会報告書』と、明治八年中に博覧会事務局が編纂して刊行した『澳国博覧会報告書』の二つの『澳国博覧会報告書』の内容と特徴を明らかにする。また、刊行本の報告書にみる佐野常民の工業論、佐野常民とワグネルの農業論の内容を検討することを通して、ウィーン万国博覧会以後の日本の工業および農業の方向性を明らかにする。

終章　ウィーン万国博覧会の技術伝習と移転の歴史的意義

本章では、技術伝習と移転の活動がもたらした国民経済上の成果として、蚕糸業、酒造業等の輸出産業を含む諸産業に技術改良の必要性とそのために改良運動が国民経済的規模で実施されていくことになったこと、さらに技術改良を行ううえで必要な科学＝学問を行う場としての教育・研究施設の必要性の認識を浸透させたことを明らかにする。

注

(1)　このとき農商務省は設置されていないので、便宜上大蔵省年報の区分に従ってそれぞれの科目を分類して算出した経費である。朝日新聞社編

（一九九九）『復刻版 明治・大正期日本経済統計総観 上』並木書房、七六頁および備考参照。ちなみに、政府が参加した一八七六（明治九）年のフィラデルフィア万国博覧会三六万円、一八七八（明治一一）年のパリ万国博覧会二一万円の経費であった（農商務省農務局編（一九三九）『明治前期勧農事蹟輯録』上巻、大日本農会、四六五頁）。

（2）　壬甲『公文録 課局之部 全』。このほかにウィーン万国博覧会では調査研究を行うことを掲げ、佐野常民の復命書（自明治四年八月、至同十年十二月『太政類典　第二編　第百七十二巻』）よると、その取調条目は次のとおりであった。取調条目書として大博覧会、勧業、武備、文教（学校、幼児の教育、成人の修学、専門学校）、教門、礼儀、音楽、風俗、服制、家屋および家具の制、食物、摂生方、制度、国勢表、刑法、経済、工業（製糸、製陶、紡織、製紙、製茶等）、商法（通商および勧工局の制）、農桑、牧畜、養林、漁業、土工（道路、堤防、鉄道）、航海、造船の二六項目を挙げ、博覧会の会期中に他国の事務官に対する質問や、現地で出版されている原書を購入して翻訳するなどの方法で調査研究を行い、あるいは実地について研究伝習するものであった。この調査研究の成果をまとめたのが博覧会事務局の『澳国博覧会報告書』（議院部、礼法部、博物館部、農業部、道路部、山林部、蚕織部、教育部、兵制部、博覧会部、鉄路部、貿易部、風俗制度部、教法部、国勢部、航海部、工業伝播部）である。

（3）　明治期に開催された万国博覧会研究は少なく、その目的、内容、成果を俯瞰できる研究は今後の研究に期待するもので、博覧会の諸側面を全般について検討した業績は少ない。最初の万国博覧会であった一八五一年にハイド・パークで開催されたロンドン万国博覧会は、イギリスの産業革命の成果を陳列した工業博覧会の性格を持つものであった。この後に開催されたパリ万国博覧会は、このロンドン万国博覧会を強く意識しており、特に日本が初めて参加したナポレオンⅢ世の一八六七年のパリ万国博覧会は、このロンドン万国博覧会を乗り越えるフランスの工業力を誇示するための最大の目玉として広大な機械展示場が企画された。一八七三年のウィーン万国博覧会では、工業製品を出品・陳列する際の条件として一八五一年のロンドン万国博覧会以降に発明された製品に限定する方針を掲げた。このために、日本の万国博覧会研究では、博覧会への参加を通して産業革命の成果を取り入れようとする日本政府の参加目的と行動を殖産興業政策の一環として捉えようとする産業発達史研究ないし経済史研究が進んでいる。

この側面からの研究成果は多く、吉田光邦（一九八五）『改訂版 万国博覧会――技術文明史的に』ＮＨＫブックス、吉田光邦編（一九八六）『万国博覧会の研究』思文閣出版、國雄行（二〇〇五）『博覧会の時代――明治政府の博覧会政策』岩田書院、清川雪彦（一九八八）「殖産興業政策としての博覧会・共進会の意義――その普及促進機能の評価」（『経済研究』三九‐四）、菊浦重雄（一九八三）「幕末・明治期の万国博覧会と『技術移転』――経済史との関連で」（『桜美林エコノミックス』一三）などは万国博覧会との関連で技術の普及とその移転の意義を検討している。

（4）　ウィーン万国博覧会への日本政府の参加目的を殖産興業政策との関連で捉えた最初の研究は、竹内哲郎（一九四二）「明治初年の殖産興業政策と海外博覧会参同――主として維納万国博覧会参同に就いて」『経済史研究』二八巻五号、土屋喬雄（一九四四）「明治前期産業史上に於ける博覧会の意義」『明治前期経済史研究　第一巻』日本評論社、土屋喬雄編（一九四四）『G・ワグネル維新産業建設論策集成』北隆館。戦後の研究では、加藤幸三郎（一九八六）「G・ワグネルと殖産興業政策の担い手たち」『講座・日本技術の社会史　別巻二』日本評論社、沓沢宣賢（二〇〇〇）「明治六年ウィーン万国博覧会と日本の参同――明治初期我が国の殖産興業政策を中心に」、東海大学外国語教育センター異文化交流研究会編『日本の近代化と知識人』東海大学出版会がある。

なお、ウィーン万国博覧会を対象とした研究成果として、角山幸洋（一九九九）『ウィーン万国博の研究』（関西大学経済・政治研究所）と伊藤真実子（二〇〇八）『明治日本と万国博覧会』（吉川弘文館）の研究がある。角山幸洋は『ウィーン万国博の研究』で、日本政府がウィーン万国博覧会に参加したのは日本の出品物の陳列と国民の派遣を通して日本を世界に広め、貿易拡大の課題を解決するためにヨーロッパからの産業技術を導入しようとする意図のためであったと述べている。しかし、ウィーン万国博覧会の参加目的に照らしてみたとき、それがどのように実施されたのか、特に参加の主要な目的であった技術伝習がどのように実行に移されていったかについての検討は行われなかった。

伊藤真実子は、ウィーン万国博覧会を概括的に整理して、この博覧会で取り上げられた国威発揚、貿易拡大、日本の宣伝という参加目的は、この後の万国博覧会にも継承されていったこと、特にウィーン万国博覧会で日本を紹介するパンフレットが作成されたことを述べている。伊藤にあっても、産業技術の伝播の役割を果たしたといわれるウィーン万国博覧会における技術伝習についての検討は行われなかった。

明治期に開催された国際博覧会およびウィーン万国博覧会の研究史については、藤原隆男（二〇一一）「ウィーン万国博覧会の特殊性」（『富士大学紀要』第四三巻二号）を参照されたい。

(5) 技術伝習者・技術伝習については次のような研究がある。

秋草生（一九三六）「明治時代西洋染色の先達中村喜一郎・山岡次郎両氏の著述と人造染料」『染織』九五号。猪熊泰三（一九六六）「佐野常民の山林管理制趣旨報告と緒方道平の山林事蹟」『レファレンス』一八三号。楠善雄（一九六七）「近代に於ける地図図式の先駆者岩橋教章の生涯と業績」『測量』一七巻一〇号。吉田和夫（一九六九）「内務省地理局『東京実測全図』の製法について」『地図』七巻四号。中川保雄（一九七九）「藤島常興——封建時代の伝統的職人と明治初期工業化政策との結びつき（I）」『科学史研究』II-18。菊浦重雄（一九七九）「近代的眼鏡レンズの成立——その技術移転と朝倉松五郎」『東洋大学経済研究所研究報告』第四号。小林富士雄（一九九二）「日本近代林学揺籃の地を訪ねて——エーベルスワルデと松野礀」『林業技術』六〇八号。井上暁子（一九九七）「ウィーン万国博覧会と藤山種廣『硝子製造略記』」、友部直先生記念論叢刊行会編『美の宴・西と東——美術史考古学論叢』瑠璃書房。友田清彦（二〇〇二）「ウィーン万国博覧会と日本における養蚕技術教育——佐々木長淳の『蚕事学校』構想を中心に」『技術と文明』一三-一。

第1章 博覧会参加の契機と参加目的の作成

1 参加の契機

ウィーン万国博覧会は、一八七三年五月一日から同年一一月二日までを会期として、世界各国の最新の工業技術の成果の展覧のみならず、産業、経済、教育、文化、風俗などの分野を含む展覧を行うもので、オーストリア・ハンガリー帝国の威信をかけて開催された一大イベントであった。すでに一八五一年のロンドン万国博覧会、一八六七年のパリ万国博覧会を経験していた世界の人々は、ウィーン万国博覧会に期待するものは、イギリスで開花した工業技術のヨーロッパへの伝播の状況と、一九世紀末の世界の国民経済・民力の状況を知る機会とすることであった。この点について、博覧会の主催者オーストリア・ハンガリー帝国のフランツ・ヨーゼフI世は、日本に寄せた「ウィーン府（澳地利ノ都）ニ於テ来一千八百七十三年博覧会ヲ催ス次第」の第一条で「世界各国ノ開化ト人民当令ノ開化ト経済ノ有様ヲ著ハシ且其進歩ヲ助クルノ目的ニ有之[1]」と述べ、あるいは一八七〇年の博覧会開催の布告では「わが国の近代文明と、すべての諸国民の国民経済とその現状を陳列し、その発展に寄与する」ことにあると、その目的と意義を強調している。[2]ドナウ運河とドナウ川に挟まれた博覧会場のプラター公園は、一八六七年のパリ万国博覧会の五倍、一八五一年のロンドン万国博覧会のハイド・パークの三〇倍の規模であった。五月一日の博覧会の開会の日は朝から寒くて、荒れ気味で絶え間なく小雨が降り、断続的に突風が吹いた。[3]この悪天候の中で行われた開会式でフランツ・ヨーゼフI世は「オーストリアはあらゆる方向に向けてすばらしい飛躍を続けている[4]」と挨拶した。参加国四四ヶ国、入場者七二五万人、一日平均三万九〇〇〇人で、ロンドン、パリを上回る盛況であった。七万点の出品物があった。[5]フランツ・ヨーゼフI世は一八四八年のウィーン三月革命で即位し、一八七三年のウィーン万国博覧会はフランツの即位二五周年を記念して開催されたものであった。一八六五年五月にウィーンにリング・シュトラーセが開通し、一八六七年にはオーストリア・ハンガリーの二重帝国が成立してオーストリアの経済と国情が安定することになった。

成立したばかりの政府は一八六九年にオーストリア・ハンガリー帝国と修好通商航海条約を締結した。一八七一年にプロシアを中心にドイツ帝国が成立し、ヨーロッパの状況に関心が引き付けられる状況にあった。一八七一年に廃藩置県で財政徴収上の基礎を確保した政府は正院顧問のお雇い外国人フルベッキ（G. Verbeck, 1830-98）の建言を容れて右大臣岩倉具視を全権大使に参議木戸孝允、大蔵卿大久保利通、工部大輔伊藤博文、外務少輔山口尚芳を理事官とする総勢四六名（留学生四二名、随従一五名を加えると一〇三名）の米欧回覧の実施に踏み切った。これは不平等条約の改定問題を契機に国家建設のためにアメリカ、イギリス、フランス、ドイツ、イタリア、ロシア、オーストリアなどのヨーロッパの近代社会を見聞し、近代の国家制度や租税、銀行、貿易などの経済、大学、高等学校、工芸学校、商業学校などの教育、陸海軍の制度などを調査研究することであった。ウィーン万国博覧会への参加は、このような日本の近代ヨーロッパ社会に学び、諸制度を摂取する必要性を認識したそのときに開催された万国博覧会であったために、その参加は最初から近代ヨーロッパの工業技術を学び、それの日本への移転を含むヨーロッパの産業社会の実情を調査研究するねらいを持った国家プロジェクトであったのである。米欧回覧中の岩倉具視がウィーン万国博覧会開催中の六月三日から同一七日までウィーンおよび博覧会を訪ね、フランツ・ヨーゼフI世と謁見したのは六月八日であった。[6] 米欧回覧とウィーン万国博覧会への参加はともに日本の近代国家建設上の要請に基づくものであったが、その契機は異なるものであった。

　ウィーン万国博覧会への参加の契機は、オーストリア側からの要請に基づくものであった。ウィーン万国博覧会への参加者で出版した『澳国博覧会参同紀要』上篇の「事務所弁」では、「澳国博覧会の参同の起源」の章を設けて記述している。これによると、オーストリア公使ヘンリー・ガリッチ（ハインリッヒ・フォン・ガリーツェ）[7]が明治四年二月五日（太陽暦同四年三月二〇日）に外務省で外務卿澤宣嘉《のぶよし》と会談した際に澳国博覧会への参加を要請したのが最初であるとし、さらに公使は同年一一月二七日にも外務卿副島種臣および外務大輔寺島宗則との会談のときにも博覧会への参加を重ねて要請があったとしている。[8] しかし、ガリーツェがオーストリア公使として正式に東京に着任したのは陰暦の明治四年一一月二四日（太陽暦同年一二月三一日）のことで、自国の軍艦ファザナ号で日本に到着し、イギリス公使館に投宿した。[9] そして、ウィーン万国博覧会への参加を正式に日本に要請したのは陰暦一二月三日の参朝式に臨んだときのことであった。このときに、公使は「和親貿易航海ノ条約」によって両国は「交誼尚親密ナランコトヲ我政府ニテ期（希）望スル」と述べ、「余ハ両国裨益ノ為其交誼ヲ益厚カラシメンコトヲ努テ尽力スヘシ、余カ前ニ謹述セシ主意ヲ果サンニ好機会ト考フル事アリ、是他ナラスウキンナ府ニ於テ万国産物等ノ展覧会ヲ開クコト近年ニアレハ貴国（ニ）オイテモ其展覧会ニ加リ給フヘキ様貴政府ニ告述スヘキ旨ヲ我政府ヨリ余ニ命シタリ、之両国人民ノ裨益ヲ開クヘキ一端ニシテ、如是互ニ両国民相接遇スル時ハ自其交誼ヲ増コトヲ疑ヒナカルヘシ」と。このときは参加の意志を示さず、オーストリア公使への勅答案は「展覧会ノコトハ重臣ニ命シ猶詳ニ問シムヘシ」[10]というものであった。『澳国博覧会参同紀要』の記述は日時を勘違いしているように思われる。

明治四年一二月一四日に参議大隈重信、外務大輔寺島宗則、大蔵大輔井上馨に博覧会事務取り扱が命ぜられ、翌五年一月八日に博覧会事務局が正院に設置されて、内史、外務、文部、大蔵、工部の各省から官員を集めて国家プロジェクトとしてウィーン万国博覧会への参加体制を整えられた。同年一月に太政官から国民に対してウィーン万国博覧会への参加の布告が発せられ、事務局の最初の仕事は全国から出品物の採集を行うことであった。

2　参加目的の作成

1　ウィーン万国博覧会前後の万国博覧会

ウィーン万国博覧会が「技術伝習」を参加目的としたことが、いかに他の万国博覧会の参加目的と比較して特殊な目的であり、任務であったかを明確に把握するために、ウィーン万国博覧会の前後に開催された万国博覧会の特徴を検討しておきたい。ウィーン万国博覧会の前に開催された一八六七年のパリ万国博覧会、その後に開催された一八七六年のフィラデルフィア万国博覧会について、以下に見ておきたい。

（1）一八六七年パリ万国博覧会

ナポレオンⅢ世が一八六七年に開催したパリ万国博覧会（四月一日～一〇月三一日）は「サン＝シモン主義のユートピア」といわれ、「地上ユートピア」の夢を建設することにあったといわれる。このために、一八五一年のロンドン万国博覧会のクリスタル・パレス（九万六〇〇〇㎡）をしのぐ規模のメイン会場を建設する必要があった。そこで、敷地を現在のエッフェル塔が立っているシャン・ド・マルス広場に求め、メイン会場となる一四万六〇〇〇㎡のパレスを建設した。特に、最大の目玉であった幅三五ｍ、高さ二五ｍの空間に、高さ五ｍの見学台を持つ機械展示会場は新進の鉄骨技師によって建設され、水圧を利用した家庭用のエレベーター、機関車と列車、レール、蒸気自動車、蒸気を利用した工作機械、パルプ製造機による大量製紙の製造技術、輪転機などの印刷機械、砂糖大根をすりつぶして製造する砂糖製造機械、蒸気利用の農業機械、クレーンなどの建設機械、改良された電信装置や織物機械、ミシン、宝飾品類、ガス暖房、ガス湯沸器、練炭の製造機械などが陳列された。このほか、銀食器、ガラス、香水、本の活字の組工程、製本・装丁、絵画、彫刻、版画、建築の展示もあった[11]。

一八五八（安政五）年に日仏通商条約を締結した日本は初めてこの万国博覧会に参加した。この博覧会への幕府の参加目的は、ナポレオンⅢ世のフランスとの親善を深めることにあった。ナポレオンⅢ世からのパリへの訪問の要請を受けた徳川慶喜は、かぞえ一四歳の弟昭武を自分の名代として派遣したのであった。この博覧会への参加にあたって、幕府は各藩にも参加を呼びかけたけれども、これに応えて参加したのは薩摩藩、佐賀藩のみであった。このとき幕府は出品物を入れた箱一八七箱、薩摩藩五〇六箱、佐賀藩五〇六箱をパリ万国博覧会に送った。幕府の出品物は衣服、漆器、銅器、武器、船具、鉱物、書物などであった。薩摩藩は漆器、材木、農業道具、茶器、竹細工、縮緬《ちりめん》・羽二重などの反布《たんぷ》、樟脳《しょうのう》といったもので、佐賀藩は陶磁器類を中心に出品した[12]。

薩摩藩は幕府の許可を得ないで勝手に出品を決めて参加したのであるが、その背景には、これに先立って軍器・

弾薬の調達を目的として薩摩藩からイギリスに密航していた者がパリに渡って薩摩藩の博覧会係として準備をしていた。パリにおける薩摩藩は、レジョン・ド・ヌール勲章をモデルとした勲章を作ってナポレオンⅢ世以下の政府の高官や万国博覧会の首脳に贈るなど、ほとんど独立国のような振る舞いを示した。このとき、幕府はフランスとの親善をより一層深めることを目的として徳川慶喜の弟昭武をこの博覧会に派遣したのであったが、日本との貿易をめぐってフランスと対立していたイギリスを背景にした薩摩藩は、幕府と参加目的を共有するどころか、日本の主権者であることを世界に示すことを参加目的としていた。薩摩藩はこの立場を佐賀藩にも呼びかけており、明治維新へと傾斜を強めていた政治状況の中にあって、それぞれの思惑に基づいて参加したのであった。(13)

佐賀藩は会期の最後まで陶磁器を中心とした出品物の販売に努めたけれども、五分の一しか販売できなかった。(14)この点については、パリ万国博覧会では人目を引く多くの出品を陳列したけれども、日本の商売になる出品物ではなかったと、オーストリア公使ガリッチが日本の外務卿・外務輔との対談で指摘したところである。

ウィーン万国博覧会（五月一日～一〇月三〇日）への参加にあたって、政府は参加目的を明確にすることが求められており、パリ万国博覧会と今回のウィーン万国博覧会との開催趣旨の違いや特徴についてオーストリア公使ガリッチとの対談でも確認して参加の目的を決める必要があったのである。後述するように、公使は日本はパリ万国博覧会に多くの国産品を出品したけれども、商売となる出品とはなっておらず、どれも人の目を喜ばせるもので、日本の利益となっていない、と手厳しい批評をしている。このために、ウィーン万国博覧会の参加にあたって、日本政府は日本の国益となる出品をする必要があり、出品物の選択にあたって、どのような商品が国益となる商品なのか、さらに国益となる商品を生み出すにはどうすればよいのか、明治政府は国益をあげるための方法の検討が迫られたのである。

（2）一八七六年フィラデルフィア万国博覧会

アメリカの独立一〇〇年を記念して一八七六年に開催されたフィラデルフィア万国博覧会（五月一〇日～一一月一〇日）へは政府および民間（四〇人）が参加した。『米国博覧会報告書』は、この博覧会への参加目的について、第一に工業術芸の改良、第二に天産人造の品物の繁殖、この二つをあげている。すなわち、五大州中の製品を一場で通観することによって、相互の精粗便否を考較することができ、このことを通して、「天産人造工業術芸」を振起興隆して文明各国と比肩しようと欲する、と報告書は述べている。[15]

この点について『海外博覧会本邦参同史料（第一輯）』[16]は次のように解説している。フィラデルフィア万国博覧会ではウィーン万国博覧会の経験を踏まえて、日本の製品を陳列して紹介するほかに、開催国および参加国の出品物に対して周到な調査研究を行うことを通して、日本の殖産興業に直接の利益をもたらすことを目的とした。このために、諸外国の出品物にたいする調査研究は周到な準備のもとに行われた。この点で、ウィーン万国博覧会では日本から博覧会に参加した人々がその国で技術伝習を直接実施したこととは対照的な特色をなすものであった。

調査研究のためにとられた方針は、第一に、日本に有る物品ではあるが、製造方法を異にするもの、第二に、日本に無い物品については、その製法を取り入れるか、ないしは智巧を知る必要のあるもの、第三に、貿易上、品種、または価格を比較できるもの、第四に、盛大な装置で、すぐには製造を始めることはできないけれども、他日各国の工業に対峙する必要のあるもの、以上の四つの視点から調査研究を実施する方針であった。なお、この万国博覧会でも、日本の出品物の多くはウィーン万国博覧会でも好評であった陶磁器で、評判は高く、多くは販売された。このほかに刺繡、扇、生糸を出品したけれども、依然として機械部門への出品はなかった。

以上に述べたように、一八六七年のパリ万国博覧会では幕府、薩摩藩、佐賀藩が参加したけれども、国益となるべき出品物を陳列したものではなく、したがって、国益を確保するための参加目的ではなかった。フィラデルフィア万国博覧会では製造方法を学び、新産業を取り入れる方法として、ウィーン万国博覧会のように直接に伝習を受ける方法ではなく、出品物について製造方法の相違点、あるいは新産業として受容できる産業であるかどうか、その製造方法、出品物の製造価格ないし貿易上の取引価格、将来必要な大規模な産業について、周到な準備のもとで調査研究を行うものであった。

この二つの万国博覧会の間に開催されたウィーン万国博覧会は、前後の万国博覧会とは異なる特異な目的のもとに実施された万国博覧会であった。それは、①図説等を加えて国産品を海外に紹介する、②機械妙用の工術を伝習して、学芸進歩と蕃殖の道を開く、③学芸進歩のため博物館を創設し、博覧会の基礎を整える、④各国の日用品となる国産品の輸出を増加する、⑤各国の貿易品・価格を調べ、貿易の利益となる国産品を調べる、というものであった。とりわけ、②の機械妙用の工術を伝習するという目的は、ヨーロッパの工業技術を摂取して日本の工業を発展ないし新産業を移植するために、ヨーロッパの諸商品の製造技術を直接に学ぶ技術伝習を目的としたもので、いわゆる「技術伝習」として、この博覧会が総力を挙げて実施した目的であった。

ウィーン万国博覧会に参加するにあたって、このような特異な目的はどのようにして決められたのであろうか。次に、澳国公使と外務卿・外務輔との対談と、澳国博覧会規則の検討を通して、この対談と規則に基づいてウィーン万国博覧会への参加目的が決められたものであったことを明らかにしたい。

2　澳国公使と外務卿・外務輔との対談および澳国博覧会規則

（1）澳国公使と外務卿・外務輔との対談

ウィーン万国博覧会への参加をめぐって、外務卿と外務輔がオーストリア公使と対談した内容を記録した大隈文書は「澳国維納博覧会ニ関スル外務卿・輔ト澳国公使対話之大意」[17]というタイトルで知られているけれども、この文書の見出しは「辛未十二月三日於延遼舘墺地利條約本書交換後卿輔と墺地利公使対話之大意」という長いタイトルである。この文書に記されているように、明治四年一二月三日（陰暦）にオーストリア＝ハンガリー修好通商条約（明治二年九月一四日調印、陰暦）の交換の後に行われた外務卿副島種臣、外務輔寺島宗則、オーストリア公使ガリッチとの対談を「子安少記執筆」の署名のある文書として大隈文書に収録されているものである。この日の対話は午後五時まで行われ、晩餐後に解散している。ガリッチが日本に強調したように、政府は日本の利益のために貿易を促進し、「開化」「学術進歩」を促すことを目的として開催するウィーン万国博覧会に参加すべきであることを、寺島外務輔は対談の席上でガリッチに「明後第五日には陛下に奏す辺し」と約束している。寺島外務輔がウィーン万国博覧会への参加を天皇に奏上したのは一二月五日であったとみられる。

「寺嶋曰　過日御申立有之候維納府博覧会之義ニ付御弁解之趣承リ度候」で始まるこのときの対談は、日本側の外務卿と外務輔がオーストリア公使ガリッチに質問し、ガリッチが答える形式で進められている。ガリッチが日本側に答えた内容を要約して示すと、⑴博覧会に参加することによって得る日本の利益について、⑵博覧会の特徴について、⑶イギリス・フランスの博覧会への出品物と今回の出品物の考え方の違いについて、⑷これまでの博覧会の目的と今回の博覧会の目的の違いについて、の四項目に要約できる[18]。

各項目の要点は以下のとおりである。

⑴博覧会に参加することによって得る日本の利益について

①国の開化を促す一助となる。

②世界を巡覧しなくとも博覧会場で世界各国の名産を知ることができる。
③博覧会に参加しなければ、各国の名産は来日した各国人に一々尋ねなければ知ることはできない。
④この度の博覧会は小児教育をはじめとする学校教育から水利、鉄道、掘割、道路、建築、電信を展示する。出品物の長所、生産国の長所などを討議できる。
⑤陸軍でいえば軍服、軍器、ラシャなどについてどの生産国が良いかを聞いて決めることができる。
⑥農地の開拓のための機械、農具も展示するので、品定めができる。
⑦鉄工ではどの国人を雇うと良いか、どの機械を使用したら良いかを決めることができる。
⑧衣類の価格は日本は高いので西洋の機械を用いて生産すべきで、この生産に関係のある外国人を雇用して熟覧させたらどうか。
⑨商業は重要であるから、各国と貿易条約を締結して商業を盛んにし、各国と併立する必要がある。さもなければ利益は西洋人に占められる。

(2)博覧会の特徴について
①出品物の製造法、使用法、価格、入費などについて、討議することができる。
②そのために、出品物の歴史、製造方法、価格の変遷等について説明書を提出してもらう。

(3)イギリス・フランスの博覧会への出品物と今回の出品物の考え方の違いについて
①先年の英仏の博覧会には多くの国産を出品したけれども、どれも人の目を喜ばせるものではあるが、日本の利益となっていない。
②この度の博覧会では、このような出品物はいらない。商売のためになる品を出品することによって、日本の利益となる。

③このためには、これらの事情に詳しい外国人を選んで、内地に出向いてどのような品物があるかを知らせる必要がある。そして、選任された官員と拙者とで協議して、両国の利益となる品を選びたい。また、官員等の人数、展覧の手続きなどは選任された外国人と相談したいので、速やかにその旨を奏して決定されたい。

⑷これまでの博覧会の目的と今回の博覧会の目的の違いについて

①これまでの博覧会の目的は諸物価を定めることを主としており、各国の名品を出品することであった。

②今回の目的は、商業に関する品は悉《ことごと》く出品し、また学術進歩開化を促すことを主とする。

③それゆえ、出品物を種類ごとに区分して陳列するので、機械の場合は機械のところに行き、製作の方法、運用の方法を記した説明書きがあるので、自学ができるし、展覧場で世界中の識者が講義・弁解を行い、機械師、分析師たちも集まってきて弁解・討議できる。

この対談内容をもとにして日本の参加目的を作成したのは、ワグネルとガリッチであったと推測される。少なくとも、ワグネルが参加目的の原案を作成し、佐野常民がこれを決定したといえよう。ウィーン万国博覧会の技術顧問としてワグネルを推薦したのはガリッチで、それは対談内容の⑶③の方針に沿った人選であったと思われるからである。ガリッチはワグネルと協議して、日本の利益となる品を選びたいと述べ、このために出品物の選定にあたりたいこと、また、ウィーン万国博覧会に派遣する官員等の人数、展覧の手続きなどについても選任された外国人と相談したいので、速やかにその旨を奏して決定するように要請している。この対談から見ると、ウィーン万国博覧会への出品物、派遣人員、展覧の手続きについてガリッチとワグネルとが相談のうえで決めていったことが知られるのである。

参加目的の「⑴図説等を加えて国産品を海外に紹介する」は対談内容の⑵②および⑷③、参加目的の「⑵機械妙用の工術を伝習して、学芸進歩と蕃殖の道を開く」は⑴①、⑵①②、⑷③、とりわけ⑴⑤は羅紗製造を日本に導入する契機となった対談であった。参加目的の「⑶学芸進歩のため博物館を創設し、博覧会の基礎を整える」は、重要な参加目的であったけれども、対談内容では触れられていない。参加目的の「⑷各国の日用品となる国産品の輸出を増加する」は⑷②③、同「⑸各国の貿易品・価格を調べ、貿易の利益となる国産品を調べる」は⑴⑨、⑵①②でガリッチが述べたことであった。

日本にとって重要であったことは、ガリッチのいうとおり日本の利益となる貿易と開化・学術進歩を促進するために参加することで、発達したヨーロッパ社会の技術文明に触れ、アジアで最も進んだ文明国として「開化」発展することであった。ヨーロッパの製造品の製造法を著作物で学び、世界中の識者、機械師、分析師の説明と議論を聞くだけでなく、製造現場で実際に製造技術の伝習を受けることの方が、技術をいち早く日本に取り入れ、優良製品に改良するための最短距離であることを、ワグネルとガリッチによって認識されたであろうことは疑う余地のないところである。

⑵　澳国博覧会規則

日本政府に示された「澳国博覧会規則」は、一八七二年九月一六日に展覧会総督ライネル王族および同執事フヲンシワルセンボルン貴族の両名がウィーンで署名したものである。先に述べたガリッチと大蔵卿・大蔵輔との対談は明治四年一二月三日（旧暦）であるから、対談はこの規則が日本に示される九か月も前に行われたことになるけれども、対談内容はこの規則に沿って行われていることが知られる。

この規則は全文一五条で、「ウイーン府〔澳地利の都〕に於て来一千八百七十三年博覧会催す次第」として太政官より国民に布告された。[19] オーストリア政府のウィーン万国博覧会の開催目的は「澳国博覧会規則」でみると、世界の開化・学術進歩を促すことに貢献することであった。このために一八五一年のロンドン万国博覧会後の発明品の陳列を各国に求め、その発明品の来歴や製造方法の著作物を博覧会に陳列する義務を負わせ、珍しい発明物については試運転を行わせ、性質が不明な品物については実験を試み、その心得のある人々には集まって会議・講釈することを求めた。特に貿易にとって重要な貿易品の価格をめぐっては学者、術者、教師、医師、術業のムゼウム（ミュージアム）の代表、図取学者、工部師、商法と工作寮の代表、バンク（銀行）と取引する会社に関係したる人、農業、林木を養う業、鉱山、金属製造、そのほかに関係したる人に価格について衆議することができるとしている。このことにみるように、ウィーン万国博覧会ではロンドン万国博覧会後の発明品の製造方法、試運転、実験、価格をめぐる討議を行うことが規則で規定された。

先のガリッチとの対談内容およびウィーン万国博覧会への参加目的と関連する「澳国博覧会規則」の条文は、第一条、第三条、第五条、第七条、第八条、第九条、第一一条で、各条文の内容を要約して示すと以下のとおりである。

第一条は、ウィーン万国博覧会は世界各国の開化した経済の実態を示してその進歩を助けることを目的とすること、会期は一八七六年五月一日から一〇月三〇日までプラテル（プラター公園）で開催する。

第三条では、例えば織物・縫物の器械、電信機、写真などの器械、道具などの実物を陳列し、これらの発明の来歴、製造方法を著して知らせること。さらに手作業と器械で製作した製品を並べて器械が手を助けることの功益を知らせること。

日本ではこの規定を受けて、製造物や美術・工芸品などの出品物の「諸説著シ方之手続」を定め、優れた技術を著作にまとめてウィーン万国博覧会に出品して日本の技術を海外に知らせた。[20] この博覧会の目的である開化・学術進歩の状況を具体的に示すために、その一つとして手作業と機械作業との違いを世界および国民に認識させるための工夫をしていることである。出品物の製造法、歴史、価格の変遷などの著述や図表を作成して陳列を義務づけたのもこのためであった。

第五条は、製造を進歩させる学問の勢いを示すために「屑余」およびそれで製造した物品を陳列する。ただし、一八五一年のロンドン万国博覧会後の発明の製造についてのみ著す。

第七条は、物産の貿易することを明らかにするために世界中の要用な貿易港の品物の見本を陳列し、品物ごとの出所、行先、輸出入数、価格を知らせ、図表で一〇年前からこれまでの各港の貿易状況を示す。

第八条、一八五一年のロンドン万国博覧会後の発明進歩を公表する。

第九条では、この展覧会は「人智を開く」ことを目的としているので、発明品で新奇の物の試運転を行い、性質が不明な品物について実験を試みる。例えば、酒を温め、その水を抜く機械を用いること、風船を揚げること、蒸気力の耕作機械を用いること、平路で蒸気車を使うこと、蒸気力の消火器を用いること、等についてその心得のある人は試運転、実験を試み、砂糖大根で砂糖を製造する機械、その他の物を製造する機械について各国の人々は競って講釈することができる。

第一一条、展覧のときに必要な物品の価格について各国人民が論議するための集会があるべし。議論となる価格、あるいは展覧の物品の価格について別段の問題を出すことができる。このとき、学者、術者、教師、医師、術業のムゼウム名代、図取学者、工部師、商法と工作寮の名代、バンク（銀行）と引き受け会社に関係したる人、農業、林木を養う業、鉱山、金属製造、そのほかに関係したる人も衆議することができる。

以上に要約した「澳国博覧会規則」（以下、規則と略記）の条文でみると、日本の参加目的の「(1)図説等を加えて国産品を海外に紹介する」は、博覧会に出品する物品について、その製造方法、価格等を図表で提出することを博覧会当局が要請していたものであった（規則第三条）。このために、当然のことながら、日本の出品物も製造方法、図表を添えて博覧会に出品したもので、これをウィーン万国博覧会への第一の参加目的としたことが知られる。

参加目的の「⑷各国の日用品となる国産品の輸出を増加する」および「⑸各国の貿易品・価格を調べ、貿易の利益となる国産品を調べる」は、ウィーン万国博覧会では貿易を促進し、価格問題を議論するとした規則の規定を踏まえて決められた目的である。世界の主要な貿易港、貿易品と数量、価格を一〇年以前に遡って図表で示して展示すること（規則第七条）、出品物の価格について、各国は価格を明示する必要があり、各国から博覧会に参加しているあらゆる職種の人々が価格について衆議できることを規定している（規則第一一条）。

参加目的の「⑶学芸進歩のため博物館を創設し、博覧会の基礎を整える」は、ウィーン万国博覧会への参加そのものは、この目的の一部を実現するものではあるけれども、このときの博物館の調査はイギリスの博物館を対象としていた。それは、ウィーン万国博覧会への参加を機会にイギリスのサウス・ケンジントンの博物館を調査・研究することであった。

ウィーン万国博覧会で最も特色のある参加目的は「⑵機械妙用の工術を伝習して、学芸進歩と蕃殖の道を開く」ことであった。いわゆる「技術伝習」といわれるものである。ウィーン万国博覧会の博覧会規則で明示されているように、「開化」と「学術進歩」を促進することに博覧会開催の目的があった。このために規則の第三条、第五条、第九条に示されたように世界中の発明品を展示し、その製造方法、使用法、価格等を明示し、さらに世界中の人々が議論を深めることを通して、発明品を世界に広めていくことを意図して開催された博覧会であった。

博覧会の機会に技術伝習を行うことを目的としたことは、例えば第五条は学術の進歩を端的に示す「屑余」で製品を作る技術を展示するもので、この技術は博覧会の展示物を見、講釈を聞くことのみでは学び得ない技術であった。日本では屑糸を屑繭とともに屑物として一括して安価に輸出していたのであるが、屑糸や屑繭で紡績する技術はこのときに博覧会場で開示された新しい技術で、この技術を学ぶことは日本の利益になることで、ウィーン万国博覧会の機会を活用して、この製造場で技術を直接伝習することの意義を認め、ワグネルもガリッチも技術伝習をウィーン万国博覧会の参加目的としたものであろう。「屑糸」を使用して紡績する技術を伝習して日本に取り入れ、政府が移植産業として設立したのが群馬県高崎市の新町紡績所であった。

3　参加目的の特殊性としての「技術伝習」

日本が万国博覧会へ初めて参加したのは、開国によって近代化への歩みを始めたばかりの一八六七年のパリ万国博覧会であった。徳川幕府はこの機会を利用してフランスとの友好を強め、世界にその存在を示すことであったけれども、薩摩藩は倒幕の政治状況をこの博覧会に持ち込み、薩摩藩の存在を世界に主張したのであった。このときのパリ万国博覧会では、一八五一年のロンドン万国博覧会のときに展示した工業製品の向こうを張って、フランスは最高水準の科学技術の成果を機械展示会場に展示した。このときの日本の出品物は美術・工芸品を中心とした伝統工芸品であったから、鉄の時代に突入した世界の科学技術と日本の手工業的技術との格差がいかに大きいものであったかを認識した瞬間であった。

一八七六年のフィラデルフィア万国博覧会におけるアメリカの開催目的は、アメリカの発展した大量生産体制のもとで生産された生産物および大型機械を中心とした機械の展示と貿易の拡大を狙ったものであった。すでに、一八五一年のロンドン万国博覧会にアメリカが出品したコルト銃は、部品の互換性を基礎とした大量生産方式で生産された出品物として世界の注目を集め、ミシンやタイプライターなどの日用品も大量生産されていたし、蒸気力を利用したマコーミックの収穫機のような大型機械も部品の互換性の原理のもとで生産されていた。先にも述べたように、日本はこのような機械の展示はなかったけれども、日本は「開化」と「学術進歩」の一層の促進を願って、つまり、この博覧会に工業術芸を改良・発展させ、天産人造の品物の蕃殖を目的として参加した。機械工業の立ち後れている日本にとって、ただちに大量生産方式や大型機械の生産技術を導入することは困難であったけれども、日本の工業術芸の技術改良と発展が展望できる出品物および将来導入すべき機械等を対象として、アメリカおよび参加国の出品物について調査研究を行うこととしたものであった。

ウィーン万国博覧会は、この両者の間に開催された万国博覧会であった。参加・出品することを目的としたパリ万国博覧会、アメリカおよび世界の進んだ科学技術を基礎として生産された工業製品を調査研究してその技術を日本に取り入れることを目的としたフィラデルフィア万国博覧会、この両者の間に開催されたウィーン万国博覧会への参加は、この両者とは異なる「技術伝習」という特殊な目的をもっている。それは万国博覧会参加史上において特殊な歴史的位置を占めるものであったということができる。

歴史的な特殊な位置を見ると、徳川幕府が崩壊して成立した日本政府が最初に参加した万国博覧会であったこと、それゆえ、万国博覧会への参加は日本政府の国家事業として参加したこと、出品物は民間から買い上げたけれども、みな政府の品物として出品したこと、これがウィーン万国博覧会参加の第一の特殊性である。一八五一年のロンドン万国博覧会および一八六七年のパリ万国博覧会は、蒸気機関に象徴されるように、鉄の時代を迎えたヨーロッパの進んだ科学技術を基礎とした工業製品が出品物を特色づけるものであった。それゆえにオーストリア政府は、ウィーン万国博覧会の開催目的を「開花」と「学術進歩」の促進として掲げたのであるが、それは鉄の時代の機械工業を基礎とした学術文明のさらなる促進を意味するものであった。

オーストリア公使ガリッチと外務卿・外務輔との対談および澳国博覧会規則で規定されたように、日本も「開花」と「学術進歩」の促進を参加目的として掲げ、本気で「開化」すること、つまり「近代化」「工業化」を目指すことを国家意志として宣言したものであった。政府を挙げて博覧会に参加した理由の一つがここにある。もう一つの理由は、日本の美術・工芸品を中心とした伝統的な技術に基づく出品物であることをみたとき、パリ万国博覧会への参加と出品の経験から、日本の手工業製品とヨーロッパの機械工業製品との圧倒的な格差の存在を「学術進歩」の格差として認識したためであったということができよう。

それゆえに、政府はウィーン万国博覧会に参加することによって、「開花」「学術進歩」を実現するためにどのような目的を掲げるか、これが政府に問われた課題であった。すでに述べたように、ウィーン万国博覧会への参加目的は⑴図説等を加えて国産品を海外に紹介する、⑵機械妙用の工術を伝習して、学芸進歩と蕃殖の道を開く、⑶学芸進歩のため博物館を創設し、博覧会の基礎を整える、⑷各国の日用品となる国産品の輸出を増加する、⑸各国の貿易品・価格を調べ、貿易の利益となる国産品を調べる、ことであった。この参加目的は、ガリッチと外務卿・外務輔との対談および澳国博覧会規則の規定した趣旨に沿って、ガリッチとワグネルとが協議して原案を作成したものを、佐野常民が太政官上院に提出したものであったと推測されるものである。このなかで、⑵の「機械妙用の工術を伝習して、学芸進歩と蕃殖の道を開くこと」は、いわゆる「技術伝習」とよばれてきたもので、この技術伝習を参加目的としたことがウィーン万国博覧会の第二の特殊性である。それは日本の万国博覧会参加史上で、ウィーン万国博覧会を除くと技術伝習を目的に掲げて参加した万国博覧会はなかったということである。それゆえ、なぜウィーン万国博覧会で技術伝習を目的とし、技術伝習を行ったかが問題となる。

「機械妙用の工術」は澳国博覧会規則第三条では、例えば織物・縫物の器械、電信機、写真などの器械、道具などの実物を陳列し、さらに手作業と器械で製作した製品を並べて器械が手を助けることの功益を知らせること。九条で見ると、風船を揚げること、蒸気力の耕作機械を用いること、平路で蒸気車を使うこと、蒸気力の消火器を用いること、これらにみられるように、気球、蒸気機関を動力とした農耕機械および自動車、蒸気力による消防、砂糖大根を原料とする砂糖製造機械といった機械製品が陳列されることが予告されており、これらについてその心得のある人は試運転や実験を行い、これらについて各国の人々があらゆる角度から競って講釈できることを規則で規定していた。また、世界中の発明品を展示し、その発明品等の製造方法、使用法、価格等について説明した著作物を同時に展示して、参加者を集めて公開で討議することになっていた。

日本にとって、ウィーン万国博覧会は会場に陳列された世界の「機械妙用の工術」を俯瞰できる絶好の機会となったし、会場に配布された出品物の製造方法、使用法、価格等について説明した著作物を収集し、質問して学芸進歩の一端に触れることができた。また、発明品についての試運転や実験が行われる出品物の認識を深めることもできた。発明品ではないが、日本でも製造されている出品物も多くあり、その製品について劣っている場合には、他国の出品物がどのような製造方法を採っているかを実際に学ぶことによって、日本の製品を改良することができる場合もある。会場にも陳列されている出品物の中には、日本でも製造されているけれども今後の需要が見込まれる生活関連の製造物について、その製造技術を学ぶ必要もある。このように、「機械妙用の工術」を学ぶための多様な選択肢を与えたのがウィーン万国博覧会であった。「機械妙用の工術」を学ぶことによって、ウィーン万国博覧会の開催目的である「開化」と「学術進歩」の促進、日本でいう「学芸進歩」を遂げるための切り札として採られたのが「技術伝習」を参加目的に掲げた理由であった。したがって、技術伝習が日本から派遣された博覧会参加者の任務となったのである。

「技術伝習」は、ウィーン万国博覧会に派遣された官員と職工三〇人のほか、米欧回覧の岩倉大使や木戸孝允が推薦した人々も参加して行われた。これらの人々は帰国後には日本の産業の発展のためにいろいろな方法で技術移転に努力したほか、移植産業として、羅紗製造の千住《せいじゅう》製絨所、屑糸を使用した新町紡績所が設立されたのである。それゆえ、ウィーン万国博覧会研究を近代日本の「近代化」「工業化」のスタートラインに立つことのできた万国博覧会であったことに視点をおいて研究を行う必要がある。特に「技術伝習」は日本の在来技術を改良するうえで、どのように改良すればよいか、改良の方向に技術的根拠を与え、いわゆる殖産興業を国民的に推進するプロモーターとしての役割を果したことは、技術伝習者および「技術伝習」についての研究成果の示すところである。

このほかに、林業、統計術、染織、地図製法、図学などの学術伝習も行われた。

注

(1) 自明治四年八月、至同一〇年一二月『太政類典　第二編　第百七十一巻』。
(2) 金井圓編訳（一九八六）『描かれた幕末明治――イラストレーッド・ロンドン・ニュース日本通信一八五三‐一九〇二』増訂第三刷、雄松堂出版、「イラストレーッド・ロンドン・ニュース」一八七三年五月一〇日号、一九四頁。
(3) 同前、一九四‐一九五頁。
(4) 加藤雅彦（一九九五）『図説 ハプスブルク帝国』河出書房新社、九四頁。
(5) 田中芳男・平山成信編（一八九七）、前掲書、付録、二一頁。
(6) ペーター・パンツァー、ユリア・クレイサ著、佐久間穆訳（一九九〇）、前掲書、二六頁。
(7) 同前、二〇頁。
(8) 田中芳男・平山成信編（一八九七）、前掲書、上篇、九‐一〇頁。
(9) 辛未自一〇月、至一一月『公文録 外務省之部 全』。
(10) 同前、「澳地利公使　言上振」。
(11) 鹿島茂（一九九二）『絶景、パリ万国博――サン＝シモンの鉄の夢』河出書房新社、一六四頁以降。
(12) 高橋邦太郎（一九七九）『花のパリへ少年使節――慶応三年パリ万国博覧会奮戦記』三修社、二五‐三九頁。
(13) 尾佐竹猛（一九八九）『幕末遣外使節物語』講談社、二四二頁以降。
(14) 西川みどり（二〇〇四）「慶応三年パリ万国博覧会での佐賀藩」『大正大学大学院研究論集』第二八号。
(15) 米国博覧会事務局『米国博覧会報告書』（明治九年三月）「首言」、三‐四頁。
(16) 永山定富編（一九二八）『海外博覧会本邦参同史料（第一輯）』博覧会倶楽部、フジミ書房復刻（一九七九）、八一‐八三頁。
(17) 「澳国維納博覧会ニ関スル外務卿・輔ト澳国公使対話之大意」、早稲田大学図書館編『早稲田大学所蔵大隈文書』第一〇一巻、Ａ３６３７（マイクロフィルム）。
(18) このほか、ウィーン万国博覧会入費はおよそ六〇〇万ギュルデン（英六〇万ポンド、米三〇〇万ドル）、ウィーンの人口は八〇万人であることをガリッチが述べている。

(19)『太政類典　第二編　百七十一巻』文書番号二十二。永山定富編（一九二八）前掲書、フジミ書房復刻（一九七九）、一五-二二頁。

(20)「諸説著シ方之手続」『太政類典　第二編　百七十一巻』文書番号二十二。藤原隆男（二〇〇六）「一八七三年ウィーン万国博覧会賛同の産業発達史上の意義（中）」『富士大学紀要』第三九巻一号。

第2章　ウィーン万国博覧会参加者の観たオーストリアの「工業化」とウィーン

1　オーストリアの「工業化」

フランツ・ヨーゼフI世は、一八七〇年の博覧会開催の布告で「わが国の近代文明と、すべての諸国民の国民経済とその現状を陳列」し、また博覧会の開会式で「オーストリアはあらゆる方向に向けてすばらしい飛躍を続けている」と挨拶した。オーストリアの「近代文明」および「国民経済」はどのような状況にあったのか、日本の出席者はその状況に関心を寄せている。

博覧会事務局は、ウィーン万国博覧会から帰国してまもなくの明治六年一二月に「墺国博覧会筆記」(1)を刊行して、「墺地利国の事」「維納の事」でオーストリアの国民経済の状況とウィーンを紹介している。「墺地利国の事」

によると、一八六九（明治二）年の調査ではオーストリー・ハンガリー帝国の人口は三五九〇万四四三五人、このうち三分の二は農業人口であった。しかし、ボヘミア、下オーストリア、モラビアは機械をもって物を製造すること夥しき知名の地で、この地方の農家は人口の半分である。全国の鉄道の長さは三三四七里、電信線は五一八四里である。国民所持の商船漁船は七九〇〇艘の多きに至る。ボヘミア、モラビア、ハンガリーなどは、鉱山が多いので、金、銀、銅、銕《てつ》、鉛、水銀、石炭、石塩、を出すことはなはだ多く、葡萄、麻布、絹布、羅紗、その他毛織物、煙草、なめし皮、ガラスなど、みなこの国の特産である。ことに、ボヘミアには広大なガラスの細工場があり、また磁器、銅器の類もこの国で製作する。穀物、麺粉をもってこの国の第一の輸出とし、器械類これに次ぐ。木綿、銕、絹類などは輸入第一のものである。この国の交易は、輸出入とも総高の三分の二まではドイツ、これに次いでトルコ、イタリア、ロシアなどの隣国で、フランス、イギリスと交易することは少ない。
以上の記述は、ウィーン万国博覧会に出席して帰国した官員が博覧会場等でオーストリア政府等の関係者が配布したパンフレット、あるいは購入した原書を翻訳して日本国民に紹介したものである。この時期のオーストリアはイギリス、フランス、ドイツに次いで産業革命を終え、「工業化」の著しい進展がみられた。ミネソタ大学のリチャード・L・ルドルフは、一八三〇年代と一八四〇年代に綿紡績工業を中心にオーストリアの工業化が始まったと指摘している[2]。

オーストリアの「工業化」にとって鉄道業の発達が重要な役割を担った。一八二五年にイギリスのダーリントン・ストックトン鉄道が石炭の輸送を開始したことによって、世界は鉄道の時代を迎える。一八三〇年のリバプール・マンチェスター鉄道は、マンチェスターの綿紡織業に原料の棉花を輸送するほかに人も運送する最初の鉄道となったが、イギリスの鉄道はただちにアメリカおよびヨーロッパ大陸に普及し、一八三二年フランス、一八三三年ベルギー、一八三五年ドイツ、そして一八三七年にはウィーンに鉄道が開通した。一八四〇年代にはオーストリアに八〇〇kmの鉄道が国家の手で建設された。先進国における主要幹線は一八六〇年までに完了し、ヨーロッパとアメリカの鉄道の約九〇%が建設を終了したといわれる。(3)オーストリアの鉄道建設は一八五〇年まではウィーン―プラハ線の建設に集中していたが、一八五六年にウィーン―トリエステ線が着工し、南部鉄道とよばれた。日本からのウィーン万国博覧会への旅行はスエズ運河を経由して地中海のトリエステ港に達し、ここからウィーンへのルートとしてこの南部鉄道を利用したのである。ウィーン―リンツ―バッサウ線とザルツブルク線の開通でオーストリアと西欧諸国とが結びつき、一八六七年のアウグスライヒによってオーストリアの状態が安定した後、大豊作と熱狂的な企業勃興とによって、未曾有の鉄道建設ブームが生み出され、一万kmの鉄道がオーストリアの西部に敷設された。この間、フランツ・ヨーゼフ線、ピルゼンを経由してウィーンとドイツのザクセンの工業地帯とが結びつけられた。(4)こうして、一八六〇年代までにはオーストリア国内の主要幹線が開通しただけでなく、ヨーロッパの国々と鉄道で結ばれることになった。鉄道による大量輸送がウィーン万国博覧会の開催を可能にしたが、金融制度の発達は鉄道業の建設を促進し、これがオーストリアの工業を飛躍的に発展させることになった。(5)

オーストリア・ハンガリー帝国の「工業化」の発展の状況をみると、西側の諸州では、マリア・テレジア、ヨーゼフⅡ世が主として財政的理由から工場の創設を奨励する重商主義政策を採ったことから、一八世紀から繁栄を見せ、これらの工業の多くは貴族が創設したもので、ボヘミアに集中していた。一八世紀末の時点で、工場数が最も多かったのは、繊維工業、ガラス工業、鉱山業であった。(6)一七八九年、ヨーゼフ・ライテンベルガーがイギリス製の水力紡績機を使用したのが記録上の最初の機械の使用であったといわれ、一八〇一年にイギリス人ジョン・ソートンがボヘミアのポッテンドルフで機械制紡績工場を設立したのが最初の動力運転の大工場であった。一八〇五年には一万八〇〇〇錘《すい》以上の紡錘《ぼうすい》が稼働し、一八二九年までには四万七〇〇〇錘を超えた。一八〇七年までには、六つの動力運転の織維工場が設立された。一八一五年頃から織布工場でも機械化が進展した。一八一六年にウィーン近郊に最初の機械制亜麻織物工場がフィリップ・ドゥ・ジラールによって設立される。一八二六年にはプラハ郊外の製紙工場が機械化され、一八三〇年代までに三か所の動力運転の製紙工場が操業した。

軽工業における機械制工場は一九世紀初頭から展開をみせるが、その動力である蒸気機関の国内生産も一九世紀の初めから行われるようになった。一八一八年にイギリスから輸入した最初の蒸気機関の使用から、一八二五年にはオーストリアで最初の蒸気機関が生産され、一八三〇年までに一一台の蒸気機関が稼働するようになる。一八四〇年代には九〇三台の蒸気機関が使用され、このうち七〇〇台がオーストリア国産の蒸気機関であった(7)。一八三一年にヴィートコービッツ製鉄所に近代的バトル法を使用した最初のコークス炉が建設され、一八四〇年代中頃には最初の蒸気ハンマーが据え付けられて鉄鋼の供給体制が整ったことが蒸気機関の国内製造をはじめとする機械工業の発展をもたらした。

製鉄業の発展を基礎に蒸気機関車の生産も行われるようになる。一八四三－一八四五年にオーストリア最初の蒸気機関車がヴィエナー・ノイシュタットで生産され、一八七〇年までには一か月の機関車生産台数は一五台となった。この間に、ウィーンに第二の工場が建設された。一八七〇年には一〇〇〇台めのオーストリア製の蒸気機関車が造られた(8)。

オーストリアの「工業化」を統計上からみると、「工業化」の進展が確認できる一八四一年のオーストリアの総生産額は一二億四三七〇万フローリンであった。このうちの五六・一％の六億九八〇〇万フローリンが農業生産額、二九・八％の三億七一八〇万フローリンが工業生産額であった。工業生産額のうち四〇・四％が織物業、二〇・七％がビール醸造などの飲食物工業であった(9)。一八四一年のオーストリアにおける工業の状況を地域的に

表1　ボヘミアの機械制綿紡績業の発展

	工場数	紡績機数	錘数	労働者数	紡糸生産量(トン)
1841	172	5,088	988,248	21,265	11,887
1857	203	5,799	1,623,760	31,604	29,259

出所：御園生眞（1983）「19世紀中葉におけるベーメン（チェコ）機械制綿紡績業の成立」『経済学研究』北海道大学、33-1，表7より引用。

表2　1875年オーストリアの貿易品目構成

輸入品目構成（%）	輸出品目構成（%）
1．原棉　6.5	1．穀物　9.5
2．コーヒー　6.3	2．木材　6.8
3．原毛　4.6	3．鉄・鉄製品　4.1
4．穀物　3.1	4．砂糖　3.6
5．鉄・鉄製品　2.2	5．ガラス製品　3.5
6．機械・器具　1.7	6．羊毛製品　3.2
7．石炭・コークス　1.5	7．褐炭　1.9
	8．綿製品　1.1
	9．機械・器具　1.1
1～7計　25.9	1～9計　34.8

出所：佐藤勝則（1990）「オーストリア・ハンガリー関税・貿易政策対外決済危機」『イギリス資本主義と帝国主義世界』（九州大学出版会）表13-1より引用。

みると、北イタリアのロンバルジア、ベネチアでは製糸業、絹織物業、ボヘミア（ベーメン）はガラス工業（輸出産業）、綿紡績業、綿織布、捺染《なっせん》、羊毛工業、ビール醸造業、ニーダ・エスターライヒ（下オーストリア）は鉄加工業、機械器具製造業、綿と絹の繊維業、化学工業、アルプス地方のシュタイエルマルクは製鉄業、鉄加工業であった。この中でも、工業発展の中心地域はニーダ・エスターライヒ（下オーストリア）、ボヘミア、ロンバルジアであった[10]。

一八六〇年代のオーストリアは「創業の才と企業心の時代」とよばれる熱狂的な企業の創業時代を迎え、オーストリアとボヘミアの工業生産の発展は年間八－一〇％の成長率を達成した[11]。産業革命期の一八四一－一八五七年におけるボヘミアの機械制綿紡績業は工場数、紡績機数ともに増加したが、特に一工場当たりの錘数は一八四一年の約六〇〇〇錘から一八五七年八〇〇〇〇錘へと一・六倍に増大し、労働者数も一万人増加した。この時期のボヘミア（ベーメン）の綿紡績工業は工場規模の拡大を伴って発展した（**表1**参照）。

「墺国博覧会筆記」が、この国の交易は、輸出入とも総高の三分の二まではドイツ、これに次いでトルコ、イタリア、ロシアなどの隣国で、フランス、イギリスと交易することは少ないと記述した。博覧会開催時の貿易状況を示す一八七五年の貿易品目構成は**表2**のとおりで、綿紡績や毛織物業の原料である原綿、原毛を輸入して、羊毛や綿製品を輸出するほか、鉄・鉄製品の輸出割合が輸入割合より高いことが知られる。穀物、木材の輸出が多く、嗜好品のコーヒーの輸入が多いことも貿易の特徴である。

2　万国博覧会開催地ウィーン

先の博覧会事務局の「墺国博覧会筆記」の「維納の事」は、ウィーンについて次のように紹介している。これによると、一八七二（明治五）年冬の調べとして、人家一万二〇〇〇軒、寺五二か寺、住民九一万一三八〇人と記されている。さらに、この都、昔は内郭とて、両溝の郭ありしが、一八五七年（安政四年）、今の帝の命にて、内郭を取り除き、土塁を壊し、堀を埋めて、人家をここに立てたり、と述べている。また、都の周囲六個所に蒸気車の鉄道館があり、音楽はこの地の住民最も上手なる由、と特記している。産業革命と鉄道網の発達の結果、一八五〇年のウィーンの人口は世紀の初めの人口の二倍の四〇万人に増加し[12]、さらにその後の二〇年間で二倍以上の九一万人へと増加したことになる。こうしたウィーンの人口増加は、オーストリアの国民経済の発展に対応して地方からウィーンに人口が集中したことのほかに、博覧会事務局が指摘したウィーンの都市改造があった。これはかつてのトルコの大軍からウィーンを守ってきた中世以来の堅固な城壁の撤去と、その外側に環状道路＝

表3　オーストリアの物価指数の変化（1872～1874）

	1872	1873	1874
ウィーンの食料品・飲料品	95.6	102.1	99.6
宿泊料	57.4	63.2	74.4
光熱料	107.9	108.8	102.4
衣料	141.9	115.7	111.0
洗濯料	168.1	152.8	131.9
総合	96.2	98.3	97.1

注：消費者物価指数1914＝100。
出所：Vera Mühlpeck, Roman Sandgruber and Hannelore Woitek (1979), The Consumer Price Index from 1800 to 1914. *Beiträge zur österreichischen Statistik*, **550**, 649-88, translated from the German, in Herbert Matis (ed.) (1994), *The Economic Deveropment of Austoria since 1870*, Edward Elger Publishing Limited. USA. pp.223-224により作成。

リング・シュトラーセの建設を行うもので、一八五七年のフランツ・ヨーゼフI世の即位一〇年目に布告されたウィーンの市域拡大と改修美化に関する勅令によって開始され、幅七五m、全長六・五㎞のリング・シュトラーセが一八六五年五月に開通式を迎えた。リング・シュトラーセの両側にはハプスブルク家の帝都にふさわしい壮大な建築物が配置された。ウィーン万国博覧会の開催までに完成した建物は一八六九年のオペラ劇場だけであったけれども、その後一八七九年にフォティーフ協会、一八八三年オーストリア帝国議事堂、一八八三年ウィーン市庁舎、一八八五年ウィーン大学、一八八八年ブルク劇場、一八九一年美術史博物館と次々に完成していった。

ウィーン万国博覧会はリング・シュトラーセの建築ブームに支えられた好景気の絶頂期に開催された。この景気は一八七一年の普仏戦争でフランスから得たドイツの五〇億フランの賠償金が折からの建設ブームと株式ブームのウィーンにも流れ込み[13]、バブル経済を加速させた。この結果、ウィーン経済はインフレーションに見舞われることになった。この点について、米欧回覧中の木戸孝允は、ウィーンの物価は他国に比べて四‐五倍も高い都市であると日記に記している[14]。たしかに博覧会開催の一八七三年のウィーンの食料品・飲料品の価格は前年より六ポイントも上昇した。オーストリア全体でみても物価は上昇しており、宿泊料や光熱料の上昇に対して衣料品、洗濯料は下落した（**表3**）。

しかし、翌一八七四年には宿泊料を除くすべての物価が下落した。その要因は加熱したバブル経済の絶頂点で発生した株価の暴落であった。フランツ・ヨーゼフI世がウィーン万国博覧会の開会を宣言した一週間後の一八七三年五月九日にウィーンの株式市場の株価が暴落した。株価は七〇％以上も下落し、数千人が蓄えを、さらに数万人が職を失い、多数の自殺者を生んだ[15]。このとき、破産した銀行八行、精算した銀行四〇行に及んだ[16]。

ウィーン万国博覧会は、オーストリアの「工業化」の展開とウィーンのリング・シュトラーセの建設による都市改造、海外投資がもたらした株価上昇による経済の過熱とバブル経済下でのインフレーションの高進、その頂点でのバブル経済の崩壊という、オーストリア経済の激動の中で開催されたのであった。このために、日本の博覧会参加経費の大幅不足を生じる事態が発生し、博覧会場の日本館の準備が整い次第、無用の人員を帰朝させる方針が米欧回覧中の木戸孝允から提案され、日本から帰朝命令が出されるなど、博覧会副総裁佐野常民の博覧会参加の重要な目的の一つである職工によるオーストリアの産業技術の伝習が危ぶまれた。また、ウィーンの銀行に預金をしていた日本の博覧会出張中の官員の給料等の払い出しができなくなるなどの緊急事態も生じた。

注

（1）博覧会事務官「墺国博覧会筆記」明治六年一二月、明治文化研究会編（一九二九、一九五七改版）『明治文化全集』第一二巻・経済篇所収。

（2）Richard L. Rudolph (1975). The Pattern of Austria Industial Grouth from the Eighteenth of the Early Twentieth Century, *Austrian History Yearbook*. 11, 3-35, in Herbert Matis (ed) (1994). *The Economic Deveropment of Austoria since 1870*, Edward Elger Publishing Limited.USA., p114.

（3）I・T・ベレンド、G・ラーキン著、南塚信吾監訳（一九七八）『東欧経済史』中央大学出版部、六六-八一頁。

（4）同前、七九-八一頁。

（5）オーストリアの金融制度の発達については、同前、六七頁参照。

（6）同前、一三四-一三五頁。

（7）同前、一三五-一三六頁。

（8）同前、一三七頁。
（9）Nachum T. Gross (1968). An Estimate of Industrial Product in Austria in 1841. *Journal of Economic History*, 28. Table 8. 10.
（10）御園生眞（一九七四）「一九世紀前半のオーストリア＝ハンガリー間貿易――ハプスブルク帝国内の経済的統合に関する位置考察」『獨協大学経済学研究』第一五号、二九-三四頁。
（11）I・T・ベレンド、G・ラーキン著、南塚信吾監訳（一九七八）、前掲書、一三八頁。
（12）加藤雅彦（一九九五）『図説 ハプスブルク帝国』河出書房新社、八八頁。
（13）同前、八八-九四頁。
（14）『木戸孝允日記 第二』日本書籍協会（一九三三）、明治六年五月四日の条、三五七頁。
（15）ヒルデ・シュピール著、別宮貞徳訳（一九九三）『ウィーン――黄金の秋』原書房、六二-六三頁。
（16）加藤雅彦（一九九五）、前掲書、九四頁。

第3章　出品物の収集および派遣者の選定と経費問題

1　出品物の収集

1　出品物の収集計画

ウィーン万国博覧会参加に関する事務取扱の機関として博覧会事務局を明治五年一月八日に正院に設置し、一月一四日に博覧会事務局は博覧会事務取扱御用掛人員参議大隈重信、外務大輔寺島宗則、大蔵大輔井上馨の連名でウィーン万国博覧会に地方から出品する出品物を選定する際の取扱心得を次のように説明している(1)。ウィーン万国博覧会は同盟各国が参加するもので、その国の天産、人造品を出品し、学術工芸の進歩、経済の状況を示すもので、相互交易に資益するものである。人造物の精良であるのはその人民の知恵芸術の妙なるべき、その著述する諸説の精微なるは究理学理の深きを表すものである。わが国は器機の発明はないけれども、製糸、蚕卵《さんらん》紙、茶、陶器、漆器の製造は東洋一の産物である。名声を広め、国益を計ることになるので、進んで出品することを勧める。以上がおおよその大意である。このときに「物品差出方之手続」と「諸説著シ方之手続」[2]を次のように公布して、物品の収集計画を示している。

「物品差出方之手続」

①博覧会に出品して各国の公評を受けようとする天産・人造ともに住所、氏名、価格を記して博覧会取扱局に提出すること。

②博覧会取扱局は品物を鑑定したうえで代価を決め、品物の預かり切手を出品者に渡し、ウィーンで販売できたときはその代金に運送費を加算した金額で預かり切手と引き替えに代金を渡す。ウィーンで販売しない物品で褒美を受けた場合はその褒美を添えて切手と引き替えに返却する。

③出品物の代価を博覧会の前に受け取りたい者には官より代金を渡す。

④ウィーンへの運賃、国内運送費、旅費等は官にて支払う。万一破損した場合は相当の金高を支払う。

⑤出品物の見本図説は洋文に翻訳する関係上、本年六月三一日までに提出すること。

「諸説著シ方之手続」

①何業何品によらず創業の人、創業の年代、歴代の種々なる変革、その由縁などの顚末を著す。

②器物の変革、古今の異なるはすべて図解をすること。

③製造方法、原料を詳述すること。
④農業、草木の栽培方法も前述のとおりとする。
⑤物品の代価の古今の相違を著すべし。
⑥製造物はおよそ一年間の出来高および昔と今との相違、国用に供すべきと、外国に輸出する員数とその代価の高を著すべし。天産物もこれに準ずる。
⑦その説を著する者の住所、地名ともに記し、これを翻訳して彼の地に頒布しその名を顕わすべし。
⑧その著説により相当の御手当を下さるべし。

以上が出品物の収集計画であるが、その特徴の第一はこれを政府が買い上げること、第二は同一物品を二点ずつ収集することである。収集する物品の一点はウィーン万国博覧会に出品し、他の一点は日本の博物館に備えておき、国民に展示する計画であった。

2　出品物の区分

「展覧会総督ライ子ル王族、同執事フヲンシワルツセンボルン貴族」の著名で一八七三年九月一六日にウィーンで示された「ウイン府（澳地利ノ都）ニ於テ来一千八百七十三年博覧会ヲ催ス次第」十五か条によると、第二か条で「展覧会品ハ左ノ二十六類ニ別ツ」として、「品物其他展覧会へ供スルモノヽ場所左ノ通区分ス」で、二六区の展覧会品の内容を詳細に規定している。(3) 要点を摘記すると次のとおりである。

一区　鉱山業、金属生産：八類。
二区　農業、林業：一五類。
三区　化学製品：一〇類。（例：三類焼酎、リキュール類、四類ワイン等、五類ビール等。煙草、チョコレート類を含む）
四区　食物・飲料。
五区　繊維製品：一二類。
六区　皮革、ゴム類：四類。
七区　金属品製造：六類。
八区　木製品：一二類。
九区　石器、土器、ガラス品：五類。
一〇区　細小品：七類。（例：象牙細工、杖、扇、玩具など）
一一区　紙、楮製造：七類。
一二区　書画、図取の術：九類。（例：出版、木版、銅版、写真など）
一三区　機関、物品運送器械：一〇類。（例：蒸気機関の製造する機械、滑車、物を作る機械、鉄道に必要な蒸気車および鉄道に必要な機械の製造・修理の機械、製造場）
一四区　学問に関する器機：四類。（例：測量・計量などの器具、入れ歯の類、時計および時計製造に必要な部品など）
一五区　楽器：五類。（例：楽器、弦、楽器の部品など）
一六区　陸軍についての事：七類。（例：衣服、武器、大砲、医療など）
一七区　海軍についての事：六類。（例：船の製造に必要な機器、衣服、灯台など）
一八区　工業の事：一〇類。（例：建築資材および建築用具、道路・鉄道建設に使用する機器、鉄道に関係する建物、河川の掘削・防波の法、橋梁の建設法、学校等の建築法・建物の移動などの器機、耕地からの排水の法、畜舎などの農業施設の建築法、ビール・ワイン工場・倉庫の建築など）

一九区　都市の住居、内部、家具：二類。

二〇区　田舎の住居、附属建物、内部、家具：二類。

二一区　各国の住居の内部、装飾品、家具：四類。

二二区　美術：二類。

二三区　神祭に関する術業：四類。（例：礼拝堂の装飾、礼拝に使用する什器など）

二四区　古昔の美術：骨董品二類。

二五区　今世の美術（一八六二年ロンドン博以降の美術品）：四類。

二六区　学校教育：三類。（例：小学校、中学校、工部学校、大学、聾学校、盲学校、成人教育など）

第三か条では、縫物器機、織物器機、電信機、写真などの「器械道具手続製造ノ法」を著述して発明の来歴を明らかにし、器械が手の業を除き、あるいは手を助けて「其ノ功」を知らしむること、第五か条では、技術進歩に果たす学問の役割を知らしむるために、「屑余ヲ利益」とした商品の開発を展示し、一八五一年のロンドン万国博覧会以後の発明品を展示する、としている。

博覧会事務局は二五区今世の美術、二六区学校教育は該当する出品物はないとして予算を計上していない。学制頒布直後の日本にとって、二六区の近代教育の問題はワグネルが述べているように、将来に備えるために海外の教育事情を学ぶ機会と捉えていたのである。次に述べるように、約二二万四〇〇〇円の物品収集の予算のうち、一万円（一両＝一円）以上の収集経費は五区絹布、麻、そのほか織物他五品およそ三万五〇〇〇両、八区竹細工物、そのほか五品およそ三万五〇〇〇両、二一区陶器一切およそ三万五〇〇〇両、七区金銀等の細工物およそ二万両となっている（表8参照）。日本からの出品物には機械類はなく、その主力は繊維織物類、陶磁器、金銀細工、竹細工などの美術工芸品であった。

3　出品物の収集

一級事務官としてウィーン万国博覧会に派遣された塩田眞は『澳国博覧会　自今採集物取調書　各区列品評』を残している。この記録は「自今採集物取調書」「各区列品評」から構成されている。樋口秀雄の解題によると、澳国博覧会関係書類の一つとみられる記録で、体裁は美濃判一冊六八丁、成立年は明治五年七月以降から同六年二月とみられている。「自今採集物取調書」では各区の収集状況の記述にあたって、「ワグ子ル氏談合之内」と説明しており、「各区列品評」は一応採集した出品物をウィーン万国博覧会に持参する前に博覧会事務局の博覧会物品陳列場に陳列したときのワグネルの批評であると述べている。[4] この記録によると、博覧会事務局はワグネルと出品物の産地、収集すべき分量などを具体的に協議をしながら各区の出品物を収集していることが知られる。例えば、二区七類の「革ヲ作ルニ用ユル木皮其外木渋等」の収集の際、「ワグ子ルニ分量其外問合」と鉛筆で注記されている。「各区列品評」では、四区の飲料の酒類は「日本陶器ニ入替ベシ」と指示している。これに対して、「既ニ成セリ」と附箋しているので、ワグネルの指示どおりに行っていることが知られる。八区では盃類はたくさん出品すべしとか、一五区の琴三味線ではたくさん持っていくこと、二六区については「学問ノ書色々出スベシ」と注文をつけている。酒の容器を陶器にしたり、盃や琴、三味線といった純日本風の出品に注意を払っていたことが知られる。このとき、「美術」の造語が生まれたといわれ、大量の美術工芸品を精力的に収集している。[5]

この博覧会の出品物の特徴について農商務省は「……出品物ハ主トシテ美術工芸品ニシテ、農産物ハ早稲、晩稲、大麦、小麦、豆、小豆、其他雑穀見本等ナリ」と述べている(6)。

上記の「自今採集物取調調書」の記載をみると、一区一類の石炭の収集では大塊を収集することとし、出仕小野又太郎に伝えて筑後三池、肥前唐津多久《たく》の大塊を収集するほか、炭坑図を収集すること、高島炭鉱の分は吉井高山権頭出張して大塊を持ち帰るはず、と具体的な収集方法を記載している。同区三類の食塩の収集では、播州焼塩は東京で品質等を吟味のうえ、県に達すること、伊万里塩は出仕小野又太郎に伝えて収集の手続き等を調査させること、と記録している。石炭や伊万里塩の収集にあたって佐賀県属の出仕小野又太郎を地方に派遣していることが知られよう。実際のところ、府県に物品の収集を布告してはみたものの、自発的に物品を提出させることは困難であったことから、特に出品物の多い地方には博覧会事務局から官員を地方に派遣して物品の提出と収集を督促した。

例えば、筑摩県飯田出張所の場合は次のとおりであった。博覧会事務局は明治五年三月、筑摩県・長野県両県に対して「信濃国産物大略」を示し、鉱物・動植物二一七品の収集すべき信濃国の特産を指定していた。五月に博覧会事務局から官員が訪れて収集を督促するところがあった。物品の具体的な収集にあたって、筑摩県飯田出張所では本草学や博物学に詳しい者二名を物産取調方世話役に任命して収集の体制を整えた。けれども、「信濃国産物大略」で示された物品の収集の実現性が低かったので、博覧会事務局は五月二五日に、鉱物以外の繊維や農産物、陶磁器等を含む「物産表」を新たに示して収集に当たらせた(7)。物産取調方世話役は村々の名主を通じて収集に当たり、六月中に収集を完了し、博覧会事務局に搬送している。このときの「信濃国産物大略」は明治五年に作成された『諸国物産大略』から信濃国の分を抽出したものであったといわれる(8)。

このとき、輸出の目的あるもの、職業抜群なるものは博覧会事務局に呼び出して次の物品を製造させた。

東京　新古の漆器、その他細小の製造品、蒔絵
京都　織物、陶器
佐賀県　磁器
愛知県　磁器、七宝焼き
滋賀県　水口細工
兵庫県　有馬の竹細工
静岡県　寄せ木および竹細工
石川県　九谷焼陶器、銅器
越中高岡　銅器
鹿児島県　薩摩焼
栃木県　桐生の織物

さらに、陶器の絵付けは博覧会事務局一二等出仕服部杏圃《きょうほ》、岸雪圃《せっぽ》を教師として、東京府下の絵付け職人十数人を募集して東京・浅草芝崎町四番地の安祢寺を仕事場として花瓶等の新規の図柄を描かせたほか、御国画法は各県の有名な画工に描かせた。このほかの出品物として、お雇いドイツ人、バロン・アレキサンドル・フォン・シーボルトの建言によって、東洋風俗の奇観として西洋人から注目される物品の収集をしている。名古屋城の金の鯱《しゃち》、鎌倉の大仏の張り抜、東京・谷中天王寺の五重塔の雛形、大太鼓、大挑灯のほか、園園、神社の建築、売店を出すことにしている。明治五年一一月に出品物の収集を終了したので、明治五年一一月一九日に日比谷門内の博覧会事務局の博覧会物品陳列場を両陛下が縦覧した。同年一一月二〇日より二八日まで庶民にも縦覧させた。

2　派遣者の選定

1　人選基準

明治五（一八七二）年七月にウィーン万国博覧会当局が各国のチーフ・マネージャー用に刊行した博覧会参加国の役員名簿によると、(9)日本の役員として大隈、寺島（Terathima）、J. Noje の三人が名字のみでリストアップされている。オーストリア人のコミッションとして日本在住のマーティン・ドーメン（Martin Dohmen、江戸の代理大使）、D・ケムペルマン（D. Kempermann、ドイツ公使館通訳）、イ・デ・バビール（E. de Bavier、横浜在住の商人）、カール・クラマー（Carl Kramer、植物家、横浜菜園経営者）、ワグネル博士（Dr. Wagner）が記載されている。ワグネルは江戸（Yeddo）の開成所（Kaisedjo）における外国語教師であると紹介されている。ウィーンでは東京を江戸とよんでおり、参議大隈重信は政府議員と紹介し、外務大輔寺島宗則は外務次官、J. Noje は内務次官としてリストアップされている。ウィーン万国博覧会への参加を表明してまもなくの明治四年一二月（太陽暦明治五年一月）に博覧会事務取扱として大隈重信、寺島宗則、井上馨が決まったので、J. Noje は Inoue の I を J に間違えたうえ、さらにイニシアルとして記載し、j は u と混同したと推測できるから、J. Noje は大蔵大輔井上馨のことと思われる。在日オーストリア公使は手書きでこのメンバーのリストを本国に送ったものであろう。

工部大丞《たいじょう》佐野常民がウィーン万国博覧会の事務取扱となったのは明治五年五月三日、理事官となったのは同五月二五日であった。澳国博覧会事務官の職制を決め、大隈重信が総裁、佐野常民が副総裁になったのは一〇月二七日であった。ウィーン万国博覧会へ派遣する人選を本格化するのはこのとき以降のことである。佐野常民は博覧会のスタッフの構成について、一〇月二七日に正院宛てに次の伺いをしている。これによると、正院六等出仕の関澤明清を先発隊としてウィーンに派遣するにあたって、オーストリア公使官員のシーボルトの進言を容れて、「官名凡職員等」を「他邦掛官員ノ名義ニ照準」して作成して関澤に持参させ、オーストリアに伝えたいというものであった。このときに「他邦掛官員ノ名義」を参考にして構成を考えるとし、イギリス、フランス、オランダ、スイス、スペインなどが参考にされた。結局、イギリスの総裁、副総裁、書記官、事務官の名称を採用し、このほか主任、統括通弁・翻訳主任を置いた構成となった(10)。

博覧会掛官名並職員

総裁　プレジデント　一員
副総裁　ヴァイスプレジデント　一員
書記官　セクレタリー　二員
事務官　コミショナール　一九員

事務分課

列品主任　四員　内一員英国
会計主任　二員
編集主任　三員
職工統括　三員
通弁並翻訳主任　七員

通計二三員

他に外国人
随行ノ者

佐野常民は、このスタッフ構成を基準として具体的な人選を行うにあたって、先の澳国博覧会参加の五か条の目的を達することができることを至上命令として、人選、経費、主任の権限について述べている。それによると、このたびの博覧会への参加は国の栄誉を内外に高めるかどうかに関係すること、数十万円の金額を資用して今後の国益を期する重要な事件であるので、渡航者の人選にあたっては、①渡航すべき上下の人員はその任に堪えうる者を精選すること、②今後の経費に必要の金額は出格詮議のこと、③選定した主任には権限と責任を与えること、であった。(11)

2　派遣者の決定と人選理由

書記官以下の具体的な人選は明治五年一一月から出発直前の翌年一月にかけて行われた。職工を選定したのは明治五年一一月二八日であった。**表4**はこうして選定されたウィーン万国博覧会派遣者一覧であるが、現地雇いを含めると佐野副総裁以下総勢七七人となっている。その内訳は、副総裁一人、書記官二人、事務官二四人、随行官員一八人、職工二四人、手伝い一人、外国人六人、ほかに大蔵省から定額金出納のために派遣された御用掛一人となっている。このうち随行官員一人がロンドンの博覧会に派遣されている。列品主任、会計主任、編集主任、職工統括、通弁並翻訳主任等の職務分掌を計画どおりに実施しているほか、博覧会の審査官、動植物取調べ、澳国道路制度質問、澳国学制大意取調べ、英国博物館及び博覧会取調べ、麻糸牽方取調べ、翻訳報告書類取調べ、

表4　ウィーン万国博覧会派遣者一覧（明治5年11月）

氏名（年齢）	所属省等	博覧会職務分掌	技術伝習者	帰国年月	備考
佐野常民（52）	工部省3等出仕	副総裁、墺伊弁理公使		7.12	
岡本健三郎（38）	大蔵大丞	御用掛、定額金出納		＊6.5	
小松壽盛	岩倉大使付2等書記官	1級事務官、先行列品場受取、諸応接		＊6.5	小松済治現地合流
関澤明清	正院6等出仕	1級事務官、同上		＊6.7	病気帰国
山高信離（32）	同上	1級書記官、庶務		＊6.6	
古川正雄（37）	同上	1級事務官、編集		＊6.7	
近藤真琴（43）	海軍省6等出仕	1級事務官、編集		＊6.9	
田中芳男（36）	文部省6等出仕	1級事務官、動植物取調、10区紙部審査官副長		＊7.1	
竹内正義（38）	工部省6等出仕	1級事務官、会計		＊6.12	
塩田眞（37）	工部省7等出仕	1級事務官、随行商人統括、8区木具10区漆器銅器審査官		＊7.1	
佐々木長淳（43）	勧工寮7等出仕	1級事務官、随行職工統括	○	＊6.11	
石田為武（37）	事務局8等出仕	2級事務官、列品取捌物価収納		＊7.1	
武田昌次（38）	事務局8等出仕	2級事務官、英国博覧会出品主任		＊6.11	
石川巌（36）	事務局8等出仕	2級書記官、売店取締		＊7.1	
山崎直胤（22）	工部省技術2等中師	2級事務官仏通弁、翻訳、墺国道路制度質問、報告書類取調、田中芳男付添通弁		8.1	
藤山種廣（34）	勧工寮9等出仕	2級事務官、列品監視、交易品収受	○	＊7.5	
今村有隣（28）	主船寮8等出仕	3級事務官、仏列品場通弁		＊6.6	
相原重政（27）	文部省9等出仕	独列品場通弁、翻訳、墺国学制大意取調	○	7.11	
東條一郎（25）	外務省10等出仕	3級事務官、独通弁、翻訳報告書取調		7.12	
富田淳久（25）	工学寮10等出仕	3級事務官、英通弁、英国博物館及び博覧会取調、報告書取調		7.11	西山淳久
緒方道平（27）	事務局10等出仕	3級事務官、独通弁、報告書取調	○	7.11	
和田収蔵（22）	事務局10等出仕	3級事務官、仏通弁、審査官津田仙付添通弁、見聞録編纂手伝		＊6.11	
平山成一郎（21）	事務局11等出仕	3級事務官、仏通弁、審査官塩田真付添通弁、報告書取調、書記官兼務		＊7.12	平山成信
竹内毅（39）	出納寮少属	3級事務官、会計、残品取捌	○	＊7.9	
朝日昇（37）	事務局12等出仕	3級事務官、列品		＊6.6	
納富介次郎（29）	事務局11等出仕	3級事務官心得、列品、9区陶器審査官	○	＊7.6	
津田仙（35）	事務局御雇	3級事務官心得、園中樹芸補助、2区植物審査官	○	＊6.9	
緒方惟直（19）	事務局御雇	3級事務官心得、仏通弁、翻訳、審査官納富介次郎付添通弁麻糸牽方取調		＊6.12	
ゴットフリード・ワグネル（41）	南校御雇教師	列品事務協力、技術伝習誘導、報告書編成、通弁、翻訳	7.12	独人	

（次頁へ続く）

（表4の続き）

氏名（年齢）	所属省等	博覧会職務分掌	技術伝習者	帰国年月	備考
ヘンリー・フォン・シーボルト（19）		通弁、翻訳		（7.1）	独人
カヒテル・ワザロ（44）		物品輸送、会場応接		［6.7］	澳人、病死
G.A.グレーフェン（39）		建築事務協力、職工誘導		（6.11）	独人
モゾロ（18）		建築所並売店通弁	○	（7.6）	澳人
バロン・フォン・シーボルト	正院翻訳課雇	翻訳、通弁		（7.1）	澳人
深澤勝興	大蔵省7等出仕	随行、定額金出納		--	
寺西積（29）	海軍大録	随行、書記		＊7.6	
岩橋教章	正院9等出仕	随行、書記	○	＊7.11	
稲垣正之	仏留学生	随行、仏通弁		＊6.9	現地雇
服部杏圃	事務局12等出仕	随行、列品		＊6.6	
藤嶋常興（40）	勧工寮15等出仕	随行、童子館列品主任	○	7.6	
松尾信太郎（24）	製作寮技術見習	随行、列品監視補助、貿易品授受	○	7.11	
石井範忠	勧工寮技術見習	随行、建築補助	○	7.6	
伊東信夫	勧工寮附属	随行、建築補助	○	7.6	
阪田春雄	勧工寮附属	随行、英国列品英行き職工統括	○	（8.5）	英国滞在
田中精助（36）	電信寮附属	随行、列品貿易品配達	○	7.1	
井口直樹（45）	事務局御雇	随行、列品		＊6.6	
中村喜一郎（23）	事務局御雇	随行、列品	○	7.6	
野田熊右衛門（30）	事務局附属	随行、建築補助		＊6.6	
生方彌三（33）	事務局附属	随行、建築補助		＊6.6	
吉田要作（23）	伊国公使館通弁	随行、仏通弁		-.-	伊国滞在
石橋政信（20）	外務省語学所生	随行、英通弁、売店		＊6.9	
平山英三（20）	外務省語学所生	随行、英通弁、売店	○	（11.12）	澳国滞在
松尾伊兵衛（40）	大工肝煎	職工肝煎、建築棟梁、諸建築術取調	○	7.8	東京
伊達弥助（60）	織工	職工肝煎、物品販売、売店	○	＊6.11	西京
椎野正兵衛（35）	織物商	商人肝煎、物品販売、売店、織物そのほか商品取調		＊6.11	横浜
松尾儀助（36）	製茶、茶商	諸職商、物品販売兼列品、茶そのほか商品取調		＊7.1	佐賀
河原忠次郎（25）	陶工	諸職商、物品販売兼列品	○	7.8	佐賀
若井兼三郎（39）	漆器商	諸職商、物品販売、列品取収め補助、商品取調		7.8	東京
丹山陸郎（20）	陶工	諸職工、物品販売、列品取収め補助	○	7.12	西京
圓中文助（23）	銅商	諸職工、物品販売、列品取収め補助	○	7.11	石川
朝倉松五郎（31）	玉工	諸職工、物品販売、列品取収め補助	○	7.6	東京
山添喜三郎（31）	大工職	諸職工、建築方	○	7.8	東京
近藤半次郎（33）	大工職	諸職工、建築方	○	7.8	東京
中野留吉（33）	大工職	諸職工、建築方		＊6.6	東京
関口善助（37）	大工職	諸職工、建築方		＊6.6	東京

（次頁へ続く）

（表4の続き）

氏名（年齢）	所属省等	博覧会職務分掌	技術伝習者	帰国年月	備考
小林市五郎（30）	屋根職	諸職工、葺屋方		＊6.6	東京
小林忠八（48）	屋根職	諸職工、葺屋方		＊6.6	東京
堀江菊造（38）	経師職	諸職工、経師方		＊6.6	東京
内山平右衛門（24）	庭作	諸職工、園庭築造	○	＊6.6	東京
佐久間房五郎（43）	庭作	諸職工、園庭築造		＊6.6	東京
宮城忠左衛門（39）	庭作	諸職工、園庭築造（墺英）	○	7.8	東京
斉藤正三郎（22）	蒔絵師	諸職工、列品漆器修繕	○	7.6	東京、清野三治
山田熊吉（25）	鋳工	諸職工、列品銅器修繕		＊6.5	東京
黒川忠七	織工	諸職工、列品兼物品販売		＊6.11	東京、伊達忠七
鼠屋伝吉（25）	剪綵工	諸職工、列品兼物品販売		6.11	東京
椎野賢三（23）	織物商	諸職工、物品販売	○	7.8	東京
大崎藤三郎（25）		列品手伝	○	7.5	東京、山田藤三郎

注：1）岡本健三郎の随行として渡澳した深澤勝輿は「佐野常民復命書」に記載されていないが派遣者に加えた。このほか、このときウィーンに派遣された者に海軍大丞兼主船頭赤松則良、海軍省6等出任高畠眉山、佐野常民の随行として渡澳した佐野常實、浅見忠雅がいた。また、現地では博覧会の手伝いをした竹村本五郎、公使官員の渡辺洪基、副田節がいた。
2）○印は技術伝習者。
3）帰国年月は明治8年5月現在調べ。＊は帰国届け（同上『太政類典　第二編　第百七十二巻』文書番号十二）と照合の結果、ウィーン出発年月と確認された者。（　）のうち、雇外国人は現地御用済みのために自国に再渡させた年月、日本人は明治8年5月以降に帰国した者の帰国年月。［　］は死亡年月。
4）備考欄の氏名は改名後の氏名、地名は出身地。

出所：自明治4年8月、至同10年12月『太政類典　第二編　第百七十一巻』文書番号二十五、同『太政類典　第二編　第百七十二巻』文書番号十四により作成。（　）の年齢は角山幸洋（1999）『ウィーン万国博の研究』関西大学経済・政治研究所研究双書、第113冊、40～45頁、ほかによる。

見聞録の編集等、細かく役割分担をしている。特に日本側の通訳に使用した言語は英語、フランス語、ドイツ語で、そのために外国人のほかに現地に滞在している留学生も動員して博覧会への参加目的の実現を期している。

以下に佐野副総裁が大使へ建議した際に提出した派遣者の説明によって、(1)官員、(2)職工の順に人選の若干の理由をみておきたい[12]。なお、(3)外国人についても知られる限りで選考理由を述べておきたい。

（1）官員

・関澤明清（石川県士族）：英語に通じ両度のヨーロッパ

への渡航経験があることから外国人との応接の便益もよろしいので、先発として渡澳し、博覧会場および庭園の設営準備を担当させ、副総裁に代わって外国人の応接を担当するほか、貿易の取り調べを担当している。

・山高信離（浜松県士族）：弁事の課を兼務し、茶、織物類を担当し、その著説の編纂も担当している。

・古川正雄（浜松県士族）、近藤真琴（度会県士族）：この両人はイギリス、オランダに通じ、学術博達の者で、出品目録、諸著説等一切の編集を担当している。

・田中芳男（東京府士族）：草本学に熟達の者で、かつ国産物に通じているので、物品の原質、産地等の取り調べの主任となるほか、審査官を兼務し、会議にも出席する予定である。

・塩田眞（長崎県士族）：漆器、銅器等をはじめ、国産製造に詳しいので職工を誘導し、すべての出品物を担当してその飾り付けと売り捌き方の主任となり、かつ審査官も兼務している。

・佐々木長淳（敦賀県士族）：建築に達し、勧工寮製糸場を築造したほか、その機械の製造をも担当して成功し、今般は神社等の建築、庭園を受け持ち、器械に属する諸工業、なかんずく製糸工術の取り調べ方を兼務し、イタリアに行っている。

・石田為武（佐賀県士族）：陶器、銅器の製造に通じ、陶器一切の主任で、銅器を兼ね、その著説を編纂し、出品売り捌き方を兼務する。

・藤山種廣（佐賀県士族）：化学に属する工業に精通し、勧工寮活字の事業を専任いたし、列品の専任、特に鉱物一切の主任で、活字版、銅版を研究するはずである。

・納富介次郎（佐賀県士族）：画術に達し、ことに陶画によく、陶器製造をも心得ており、その図説を編成し、伊万里新製品の主任で、陶器一切の出品を担当する。かつ審査官を兼務し、会議にも出席する。特に、会場に陳列してある諸品を熟見して、その形状、模様等を写し取り、製作物図学を研究させたい。

・津田仙（東京府士族）：農業に通じ、英語を弁ずる者で、出品農具を主任し、庭園、植物を担当するほか、農業の道を取り調べ、第三区農学審査官を兼務する。
・服部杏圃（東京府平民）：画術に達し、東京新製錦手の主任、西洋陶画を模写し、納富介次郎と同様に図学を研究させる。
・藤嶋常興（山口県士族）：測量器製造をはじめ、小器械術に達し、その列品および童子館列品を主任し、小器具製作および轆轤《ろくろ》の用法等を研究させる。
・松尾信太郎（山口県士族）：従来、製図を伝習し造船術を学んでおり、列品造船所、灯明台に関するものと諸製図を主任し、製図術を研究させる。
・石井範忠（佐賀県士族）：大坂理学校で英学伝習した者で、諸列品手伝いであるが、石炭油製出の器用、画具、石鹸の製造を研究させる。
・田中精助（佐賀県士族）：時計電機等の術に通じ、その課の出品を主任し、時計製作の研究をさせる。
・中村喜一郎（佐賀県士族）：分析術に通じ、オランダ語を学び、諸出品手伝いであるが、染め物の事業およびハーダ製造等を研究させる。
・野田熊右衛門（佐賀県管下）、生方彌三（佐賀県管下）：横須賀で数年造船精鋳の業を学び、出品造船所、灯明台に関する諸物、大工、鍛冶等の諸具、家屋等の雛形類を主任し、野田熊右衛門はその専科の事を見取りし、水車、風車等の切り組み方、生方彌三はこれに附属する製鋳の事を購求させる。

以上が官員の人選理由であるが、語学および外国事情に精通している者を選定しているほか、出品区分に従って、その分野の専門家を選定していること、さらにその分野の技術伝習を前提にした人選であることが知られる。

（2）職工

・椎野正兵衛（織物商、神奈川県横浜本町二町目）、椎野賢三（織物商、東京南鞘町）、松尾儀助（製茶、茶商、佐賀県）、河原忠次郎（陶工、佐賀県）、若井兼三郎（漆器商、東京松山町）、圓中文助（銅商、石川県）：以上は売店に出張して売り捌き方専務であるが、余暇に日本物産の輸出を増益する筋を講究し、また西洋諸器の代価を日本品と比較して貿易上の利不利を計り、物品の巧拙を熟知させる。

・伊達弥助（織工、西京天神北町）：出品織物一切を担当し、イタリアで製糸取り調べ中であるが、織物についての諸件を講究し、染め方の事を研究させる。

・松尾伊兵衛（大工肝煎、東京銀座一町目）：西洋の家屋取り調べ、建て方の事業を見取り、講究させる。

・丹山陸郎（陶工、西京三条通り）：売店に出張しているが、陶器製造の事業、方法を考究させる。

・朝倉松五郎（玉工、東京松山町）：売店に出張しているが、各国玉類の出品を見取り、その細工法を講究させる。

・山添喜三郎（大工職、東京八丁堀長沢町）、近藤半次郎（大工職、東京参拾間堀一町目）、中野留吉（大工職、東京新橋日吉町）、関口善助（大工職、東京銀座一町目）、小林市五郎（屋根職、東京新橋日吉町）、小林忠八（屋根職、東京宗十郎町）、堀江菊造（経師職、東京銀座一町目）：以上は未建築等の事業があり、大工の両人は松尾伊兵衛に附属して研究させる。

・内山平右衛門（庭作、東京巣鴨町）、佐久間房五郎（庭作、東京七軒町）、宮城忠左衛門（庭作、東京雑司ヶ谷町）：以上は本業はあるが、庭園草木の手入れ方、接木の方法、果物を美味しくする方法を研究させる。

・斉藤正三郎（蒔絵師、東京南鞘町）：漆器損品等の修復の仕事をしているが、西洋漆の用法等の研究をさせる。

・山田熊吉（鋳工、東京下谷二町目）、黒川忠七（織工、東京曼陀羅町）：両人は売店に出張しているが、忠七は伊達弥助へ附属し、熊吉は銅聚《ママ》の出品を見取り、鋳造研究をさせる。

・鼠屋伝吉（剪綵工、東京人形町）：列品の飾り付けをし、大仏建設をさせるはずであるが、売店に出張している。

・大崎藤三郎（列品手伝、東京）：局中の雑事、諸方への使いを引き受けている。

職工についてもその道の達人と称される職人を人選している。東京の職工を多く人選しているが、この場合にも技術伝習をさせることが予定されている者であった。全体として官員、職工に至るまで各分野の人員を採用したものである。わが国の出品は外国の出品と違い、国内の物産を政府で買い上げて出品しているもので、この意味から政府は全国の出品人の名代として参加しているために、事務官は職務のほかに各類の物産を分掌するもので、国産の一層の進歩と、輸出を増進するために、彼の長所を取り、短所を補うという「分掌分習一挙両用ノ者」を選定したものであると説明している。[13] 明治五年一一月二八日に佐野副総裁が正院に諸職工の人数を三〇人ほど選定したいと上申したときの説明によると、物品排列方等の手伝いが必要であるので、陶器・織物の職工をはじめ、画工等を市中より然るべき者を選定したいと述べ、この方針は即日許可されている。[14]

（3）外国人

・ゴットフリード・ワグネル：明治五（一八七二）年七月のウィーン万国博覧会当局が刊行した博覧会参加国の役員名簿に江戸の開成所の外国語教師として紹介されていた。

博覧会事務局が出品物の収集開始を布告したのは明治五年一月一四日であったが、博覧会事務局はワグネルを博覧会準備のための技術顧問として雇用したのは同一月二七日であった。さらにウィーンでの職工の指導と技術伝習の誘導を行う目的でウィーンに派遣することにしたのは明治五年一〇月二七日であった。博覧会事務局が正院に宛てた伺いで、職工をウィーンに派遣して彼の工作場で技術を伝習させるにあたって物産に通じ、懇切に世話をしてくれる外国人が必要なので、南校のお雇いドイツ人ワグネルを雇用したいと述べている。すでにワグネルは博覧会事務取扱として物品の収集に加わっており、陶器、織物などの製造物に詳しく、その精粗、形状等に至るまでよく研究している。数年間日本に滞在しているので天産・人造にも所見をもつ者で、「実ニ可信任人物」なので「此ノ者ヲシテ職工ヲ誘導セシメ工業学術上」の事を委託し、帰国後に大いに工業を開き、その基礎を築いて国産の増殖、国益を増進させたい。南校雇いではあるが、ウィーンに特別の計らいで派遣したいと述べている。(15) ワグネルはウィーン万国博覧会への出品物の収集の技術顧問にとどまらず、ウィーン万国博覧会における技術伝習者および伝習先の選定と斡旋を任務としていたのである。

・カヒテル・ワザロ：博覧会事務局は明治五年一〇月七日に正院に対してワザロを雇用するに至った経緯について、次のように説明している。オーストリアはイギリスやフランスと違ってこれまで交流がなかったので、物品の輸送やオーストリアの風習、作業場の状況など全般について不案内であることから、オーストリアの事情を熟知している者を雇用して職工等と同行させる必要があった。このことについて澳国公使館から副島外務卿に対して澳国の元海軍士官ワザロの紹介があった。同人は東洋に在留しており、彼我の情実に通じていることから博覧会事務局雇いとしたいとしている。さしあたり博覧会事務局雇いとして著説、翻訳の仕事をさせ、二〇〇円の給料で本局雇いとしたいと述べ、出港まで数か月もあるので、この間を人物を試験する期間とし、澳国行きは後日決定したいというものであった。澳国公使館はワザロの雇用について副島外務卿に二〇項目におよぶ詳細な経歴書を提出した。これによると、ワザロは英語、フランス語、イタリア語、ドイツ語の四ヶ国語を話すこと、現在は支那運上所の人数の削減のために失業中であることが記されている。(16)

翌年一月六日に佐野副総裁は正院に伺いを出し、ワザロをウィーンに派遣したいと述べている。ワザロの勤務状況は良好で、兼ねて見込みの職工の面倒を見てくれること、オーストリア公使からの推薦もある、というのが雇用し派遣する理由であった。(17) 月給二〇〇円で雇用している。(18)

・ヘンリー・フォン・シーボルト、G・A・グレーフェン、モゾロ：明治六年一月三〇日の佐野副総裁から史官宛ての報告によると、同日午前六時三〇分に横浜港を出港予定のハーズ船にオーストリア人モゾロを通弁（通訳）として乗船させたことが知られる。このとき、一級書記官山高信離《のぶつら》、一級事務官田中芳男、同近藤真琴ら一九人の官員とシーボルト、グレーフェンが乗船した(19)。

・バロン・アレキサンドル・フォン・シーボルト：博覧会副総裁佐野常民が明治五年九月一八日に正院に上申して次のように述べている。澳国公使館付きのシーボルトは長年日本に滞在しているので日本語が堪能であることから、ウィーン万国博覧会の通弁および翻訳のために雇用したいと述べ、澳国公使館の了承を得た旨を報告している。このとき、オーストリア弁理公使ヘンリ・フォン・ヤリチ（ヘンリー・フォン・ガリッチ）は、博覧会開催中のシーボルトの雇用を快諾したうえ、給料はオーストリアで支払うけれども、日本のシーボルトに対する博覧会御用は勝手次第であると返書している。翌一月のシーボルトとの雇用契約では、博覧会開催中の雇用であること、佐野副総裁の指令に基づいて博覧会事務官、書記官と協力して編集、翻訳等を行うこと、オーストリアへ随行中は、旅費として一か月二五〇円を支給することとしており、正院翻訳課雇いであった(20)。

3　出発と帰国および渡澳ルート

ウィーン万国博覧会の列品会場および宿泊施設の確保等のために関澤明清が横浜港を出発したのは明治五年一〇月二八日であった(21)。先発隊としてウィーンへの派遣スタッフの出港に先立って、博覧会への出品荷物を明治六年一月一〇日にフランス郵船メッサジェリー・マリチーム会社のファーズ号に積載して出港した。残りの荷物はフランス郵船に積載して四月二三日に出港している。ウィーン万国博覧会派遣スタッフの第一陣六〇人が横浜港を出港したのは明治六年一月三〇日であった。これに続いて、同二月一八日に第二陣五人、同二月二五日に第三陣として副総裁佐野常民、ワグネル、バロン・フォン・シーボルトらがそれぞれ横浜港を出港した。第二陣はフランス郵船ファーズ号、第三陣はイギリス郵船マラッカ号であった。最後に四月一日、岩橋教章《のりあき》がフランス郵船オルカー号で横浜港を出港している。

第一陣がアドリア海のトリエステ港に到着したのは三月二一日、トリエステ港から鉄道でウィーンに向かったのは翌二二日から二四日で、ウィーンに到着したのは翌二三日から二四日であった。佐野常民らがウィーンに到着したのは四月一四日であった。横浜港出港からウィーンまで約五〇余日の旅行期間を要したことになる。最初の博覧会出品物がウィーンに到着したのは三月二八日から二九日であった。

このときの渡航ルートについて、第一陣で横浜港を出港した平山成一郎（のち、平山成信と改名）の「澳航日記」[22]でみると、明治六年一月三〇日横浜港出港→二月六日香港着→二月一三日シンガポール着→二月二二日ポアント・ド・ガール着→三月四日アデン着→三月一四日ポート・サイド着→三月二一日トリエステ着→三月二二日〜二四日鉄道でウィーンへ出発→三月二三日〜二五日ウィーン到着、というルートになっていた。この間、到着した港ではアデンで船泊をしたほかはホテルに投宿している。アデンでは紅海を蒸気船から帆船に乗り換えてスエズに至り、ここから明治二（一八六九）年に開通したばかりのスエズ運河を航行して地中海のポート・サイド港に到着した。さらに、ここから地中海を経てトリエステに到着して午後上陸している。

トリエステ港の埠頭にはオーストリアへの玄関口トリエステからウィーン南駅に至る南部鉄道が敷設してあり、日本からの第一陣は、トリエステに上陸した二一日はトリエステのホテルに宿泊し、翌日の二二日の午後七時に四〇人、残り一九人は二三日にそれぞれ南部鉄道でウィーンに出発した。平山成一郎は命があってトリエステに残り、二四日午後七時に鉄道でウィーンに出発、翌二五日早朝五時にウィーンの汽車会館（ウィーン南駅）に到着し、

表5　ウィーン万国博覧会覧会派遣者帰国状況（単位：人）

	官員	随行者	雇外国人	諸職工	計
明治6年5月	2			1	3
6	2	5		7	14
7	2				2
9	2 (1)	2			4 (1)
11	3 (1)		1	4 (2)	8 (3)
12	2		1*		3
明治7月1月	4	1 (1)	2		7 (1)
5	1 (1)			1 (1)	2 (2)
6	2 (1)	4 (4)	1 (1)	2 (2)	9 (8)
7				1	1
8				6 (6)	6 (6)
9	1 (1)	1 (1)			
11	3 (2)	2 (2)		2 (1)	7 (5)
12	3		1	1 (1)	5 (1)
明治8年1月	1			1	
留学中		3 (2)			3 (2)
不　明		1			1
合　計	28 (7)	18 (9)	6 (1)	25 (13)	77 (30)

注：1) 官員は佐野副総裁および事務官、書記官。諸職工には小使を含む。
　　2)（　）は技術伝習者の人数。*は現地での死亡者。
出所：明治8年1月「佐野常民復命書」『太政類典　第二編　第百七十二巻』
　　　文書番号十二、表4により作成。

ここから馬車で現地博覧会事務局のあるホテル・ド・ラ・クール・ドートリッシュに向かい、旅装を解いた。

四月一日にフランス船オルカー号で横浜港を出港した岩橋教章の「澳国渡航日記」では、スエズ運河を航行して地中海のポート・サイド港に至る航路は第一陣と同じであったが、岩橋はここで乗り換えてアレキサンドリアを経由してマルセーユ港に上陸し、鉄道でミラノを経由してウィーンに到着している(23)。

五月一日にウィーン万国博覧会が開会したが、日本庭園がオープンしたのは五月一九日、博覧会の日本館全館がオープンするのは開会から約一か月後の五月二八日のことであった。この間に、インフレーションのためにウィーンの物価が騰貴したことから、経費不足問題が生じ、官員二〇人を残して帰国させるという問題が発生した。次節の経費問題にみるように、結局は一一月二日の博覧会の閉会を待たずに派遣者を帰国させることとなり、さみだれ式に帰国することになった。
帰国状況を**表5**でみると、博覧会は明治六年五月一日に開会したが、翌六月に官員二人、随行者五人、職工七人、計一四人が帰国した。これはウィーンのインフレーションによる経費不足の解決を理由にした日本からの帰国命令に従ったためであった。その後、ウィーン万国博覧会が閉会する一一月二日以前に帰国したのは六人だけであったが、閉会後から翌七年一月までに二〇人が帰国した。明治七年五月以降の帰国者は技術伝習者で、同年一二月までには留学生を残してすべて帰国している。副総裁佐野常民がウィーンを離れて帰国の途についたのは明治七年一二月のことであった。

3　経費問題

1　ウィーン万国博覧会参加経費

明治政府にとって明治維新直後のウィーン万国博覧会への参加は、博覧会という国際イベントを通じて世界にデビューする最初の機会であった。地租改正がいまだ着手されていないことから、国家財政の基礎ができていないこの時期に、**表6**に示すように明治前期に派遣されたどの万国博覧会よりも多い経費を支出した。ウィーン万国博覧会への参加は国家プロジェクトとして参加したことの証である。
表7はウィーン万国博覧会の決算書である。これをみると、元受金は第一に二五万円の定額金と一五万円の澳国入費定額金、第二に定額金不足を補うための借入金および増額として大蔵省より借り入れた輸送運賃三万五〇〇〇円と五万九〇〇〇円の澳国入費定額不足分増額、第三に一〇万六五六三円の博覧会出品物の販売金

表6　明治前期の万国博覧会参加経費一覧（単位：万円）

		博覧会経費総額	国家歳出額	農商務省歳出額
明治6年	ウィーン万国博	58	6,267	79
明治9年	フィラデルフィア万国博	36	5,930	463
明治11年	パリ万国博	21	6,094	93
明治12年	シドニー万国博	3.9	6,031	118
明治13年	メルボルン万国博	3.3	6,314	154
明治21年	バルセロナ万国博	1.3	8,150	160
明治22年	パリ万国博	13	7,971	107

出所：博覧会経費総額は農商務省農務局編（1939）『明治前期勧農事蹟輯録　上巻』大日本農会（長崎出版、1975年復刻版）、465-466頁。歳出額は朝日新聞社編（1999）『復刻版　明治・大正期日本経済統計総覧　上』並木書房、60、76頁。

表7　ウィーン万国博覧会決算書（明治5年2月〜明治8年3月）（単位：円）

元受高　合計　600,563	
250,000	定額金
35,000	輸送運賃不足分、大蔵省より借入れ
150,000	澳国入費定額
59,000	澳国入費定額不足分増額
4,752	東京で販売分、その他共納金分
97,469	澳国博覧会で出品販売分、その他共納金分
4,342	英国博覧会で物品販売分
支払高　合計　588,381	
291,750	博覧会物品買上代、輸出汽車、船、その他運賃、旅費（明治5年2月-明治8年3月15日まで）
2,489	同上仮渡、追て本払分
204,150	澳国入用払（明治6年1月東京出立-明治8年3月15日まで）
4,452	同上仮渡、追て本払分
35,000	大蔵省より借入金返済
5,300	出品残、絹織物類揃方のため羅紗、洋服と交易買取代
29,793	博物館備えのため器物その他買上げ代
6,000	技術伝習入用
1,473	報告書編成、物品展覧、残務取りまとめの経費（明治6年4月18日-明治8年3月10日）
1,474	建築その他伝習試験入用
6,500	米国博覧会事務局買上代、追て同局売払返納すべき分
残額　12,182	

出所：田中芳男・平山成信編（1897）『澳国博覧会参同紀要　下篇』私家版、68-70頁。

の三つの項目に分類される。

第一の定額金のうち、二五万円の定額金は支払高の博覧会出品物の買上げ、国内の物品収集旅費、ウィーンへの出品物の輸送およびウィーン派遣者のウィーンまでの運賃・旅費を主な内容とした物品収集関係経費、一五万円の定額金はウィーン滞在経費および帰国旅費を主な内容とするウィーン滞在費関係経費として計上されたものであった。しかし、博覧会事務局が大蔵省に申請した定額金は、前者は三〇万円、後者は二〇万円で、示達されたこの定額金では最初から不足することが見込まれていた。事実、支払高の二九万円余は二五万円の定額金を超過して支出されているもので、この不足分を埋めるための対策が輸送費に充当する経費として大蔵省から借り入れるという方法であった。さらに、ウィーン滞在費と帰国旅費を主な内容とする澳国入費も支払高二〇万四〇〇〇円余で、五万円余の不足であった。第二の項目の元受高は定額金不足対策の項目である。第三の項目は、博覧会出品物を日本およびウィーンで販売した収入で、これの一部は定額金不足の支出と技術伝習経費に支出されている。この博覧会の決算は出品物の買い取り経費予算分と販売収入が重複して収入に計上されている可能性があるという問題もあるけれども、元受高六〇万円余、支払高五八万八〇〇〇円余、一万二〇〇〇円余の黒字であった。

以下に、第一、第二の定額金および定額金不足、第三に技術伝習関係経費について具体的にみておきたい。

2　物品収集関係経費

明治五年四月一〇日、博覧会事務局はウィーン万国博覧会の経費の試算にあたって、丁卯年《ひのとう》（一八六七）のパリ万国博覧会に旧幕府が出品したときの経費を参考にして、その後の物価騰貴や出品物の収集経費、輸送費等の

表8　出品物収集経費見積

1区	金銀その他鉱石の各種	凡３万両	16区	陸軍についての事	出品未定
2区	竹木各種、穀物諸種他7種	凡６千両	17区	海軍についての事	出品未定
3区	絵の具、漆、その他6品	凡9千両	18区	大工道具	凡3百両
4区	酒、醤油、その他5品	凡2千両	19区	都鄙人家雛形等	凡2千両
5区	絹布、麻、その他5品	凡3万5千両	20区	品なし	
6区	各種革細工物等	凡2千両	21区	陶器一切	凡3万5千両
7区	金銀等の細工物	凡2万両	22区	品なし	
8区	竹細工物、その他5品	凡3万5千両	23区	祭典の器物	凡千両
9区	硝子細工、その他1品	凡7百両	24区	古書画等	凡3千両
10区	亀甲象牙の細工物、他3品	凡2千両	増加	禽獣、虫、魚等	凡4万両
11区	紙の各種	凡2千両	右物品積入るべき外箱		凡1万両
12区	書画、国図、その他4品	凡千5百両	運送船賃、非常請負蒸気車		凡4万両
13区	機織道具、他3品	凡千5百両	諸著説編集入用褒章等		凡2万5千5百両
14区	測量道具等	凡9千両			
15区	楽器	凡5百両	総計		凡29万7千両

出所：壬申『公文録　課局之部　全』文書番号六十、『太政類典　第二編　第百七十一巻』文書番号三十による。

合計経費を三〇万円と試算して正院に報告し、大蔵省と交渉するように求めている。試算の基礎になったパリ万国博覧会の経費内訳は次のとおりであった。(24)

凡　五万円　旧幕府より差し出しの物品代
凡　三万円　商人より差し出しの物品代
凡　二万二五〇円　スエズまでの運賃
凡　三二〇〇円
このほかに、薩摩両家より差し出しの物品代三万円前後

これは、パリ万国博覧会のときのおおよその見積で、パリ万国博覧会の三倍をウィーン万国博覧会の経費とみている。とりあえず二〇万円を確定しておき、残りの一〇万円は大蔵省より一時借用することとし、ウィーンで出品物を販売し、その販売代金で返済する方法をとりたいこと、さらに販売代金の残金が出た場合にはウィーンで物品を購入して持ち帰り、博物館に備えたいこと、また売却残の出品物が出た場合には彼の国の物品と交換して持ち帰りたいこと、を正院に提案している。**表8**は物品収集関係経費として定額要求三〇万円の

根拠となった見積の内容である。

ウィーン万国博覧会への国産の出品は「御国ノ栄誉ヲ海外へ揚候」ことであったから、廃藩置県を終えたばかりの政府にとって、最初から経費問題を抱えていた。特に、これと同じ時期に岩倉具視らの大使一行がヨーロッパに滞在しており、このための経費支出もあった。博覧会への出品物を通して世界に日本を宣伝するための必要な出品物の収集を行う必要もあったことから、国民の自主出品によらずに政府の方針によって物品を収集する方法を採ったのである。この場合に、ウィーンの博覧会当局から示された展示区分に従って出品物を収集することとして、収集物品を積み上げて予算見積を行った結果がおよそ二九万七〇〇〇円（この時期は円と両の単位を使っているが、一両＝一円）であった。これによると、二二万一五〇〇万円の物品収集費、外箱代一万円、国内およびウィーンまでの運送費四万円、著説編集・褒賞費二万五五〇〇円、合計二九万七〇〇〇円と見積もっている。この経費は一六、一七区の「出品未定」や、二〇、二二区の「品なし」を含んでいる。

この予算見積に対して政府は経費多端の折りという理由から四万九〇〇〇円の経費節約を要求して、出品物の収集と運送等の経費を二五万円の定額とする決定をした。しかしこの定額金では運賃分の不足金が生じることになった。

明治五年九月一八日に定額金二五万円が示達されたが、翌六年二月現在で、物品収集経費の支払いをした結果、定額二五万円では三万五〇〇〇円が不足する事態に立ち至った。現に京都西陣織物代金や陶器の買い上げ代金は京都府で一時立替をしている始末であったほか、ウィーンまでの船、鉄道の運賃の支払見込みが立たないので、チャーターしているフランス船への残りの物品の積み込みができない状況にあった。博覧会事務局は、「澳国博覧会要費不足金三萬五千円大蔵省ヨリ繰替渡ノ儀申上今　以御沙汰無之然ル処澳国出品残リ荷物来ル十五日頃出帆仏国飛脚船ニテ積送手順ニ差臨候へ共繰替金御下渡無之内ハ運賃渡方差支右飛脚船へ輸送ノ談判ニモ渉兼去迚追々時日延遷致シ候へバ彼地開場ノ機会ニ後申ハ必然ニテ御不都合申上候」と述べ、ウィーン万国博覧会の開会に間に合わない事態が生じかねないので、立替払いを至急実施してほしいと大蔵省に訴えている。

三万五〇〇〇円不足（円以下省略）の根拠は次のとおりであった。(25)

一二万七六八九円　東京での買上げ代金。漆器、銅器、陶器、その他。
四万一六五〇円　諸県より出品代金。漆器、銅器、陶器類諸職工へ注文代金。
　一九四六円　諸著説代金。
　一八四〇円　荷造り、外箱代金。
四万六一三八円　東京、諸県出品買上げ品荷造り入用金。
　三〇六九円　諸県より出品の荷物博覧会事務局へ到着の運賃、澳国行き総荷物横浜までの運送入用金。
六万二五一七円　外国飛脚船雇い荷物運送五度の船賃共。
　総計二八万四八五一円六八銭九厘七毛
　差し引き不足　金三万四八五一円六八銭九厘七毛

以上のように、収集した物品等に対する支払いをした結果、定額二五万円に対して差し引き不足三万四八五一円余となったのは、明治五年四月一四日見積三〇万円定額要求の際に「運送船賃、非常請負蒸気車　凡四万両」と見積もったのであるが、実際の運送等の経費は七万円余で、三万円も増額になったことが不足が生じた主要因であると説明している。(26)この不足分はウィーンで博覧会に出品した物品の販売代金で支弁することとし、大蔵省の準備金から立替払いが決まったのは明治六年六月四日であった。

3　ウィーン滞在関係経費

明治六年一月一四日、佐野副総裁は正院に対してさしあたり二〇万円の下渡しを要請した。このとき、経費問題について次のように訴えている。明治六年一月二〇日にウィーン万国博覧会の総経費として、諸入費、往路の運賃を含めて一五万円の経費で賄うことに決められたけれども、この経費には英国への出品経費も含まれており、彼の国で支払う税金、建物の建築費用、官員等の支度料、そのほか帰路の運賃、ウィーンの「旅宿借料物価ニ至ル迄格別騰貴致シ候由」であることから、この経費では不足することが見込まれることを訴え、精々経費を節約して使用したいと述べている。日本を出発前から経費不足の問題を抱えていたのである。

明治六年六月三〇日に山高信離書記官を帰国させて正院に建議したときのウィーン万国博覧会の定額金の不足について、「佐野副総裁上申」[27]で佐野副総裁の説明をみると、ウィーン万国博覧会に出港前に経費見積を提出したとき、「御用多端ノ折柄」なのでなるべく節約することという理由から一五万円に減額されたものであった。再三にわたって二〇万円の定額金を要求したが受け入れられなかったので、現地ウィーンで「万一不足相立候時は、速やかに追加を要望することとし、ウィーンに派遣している岡本大蔵大丞と協議するか、米欧回覧中の岩倉全権大使に建議するようにとの口頭による指示があったので、安心してウィーンに出港したのであった。しかし、実際にウィーンで庭園の建築などの作業をしたところ、「物価ハ勿論家屋並雇夫賃銀等ニ至ル迄格別騰貴致居」るウィーンの物価高騰のために、「会場地税列品飾匣其外旅宿借料等」を節約しても「入費嵩ミ尤六万弗余ノ不足」が生じたと述べている。このために、現地ウィーンで岡本大蔵大丞と協議したところ、定額金の範囲で支出内容を検討するのであれば協議できるけれども、不足金の追加支出については協議できないというものであった。逆に、随行等の人員を削減して対応するように言われた。そこで、全権大使に書面で建議することにしたが、国から何の指示もないことから、専断できる権限はないので「術業等ハ先見合可成丈ヶ減員可致旨」を言われ、技術伝習を中心とした工業研究を中止する方針が提案される。特に、岡本大蔵大丞から顚末を聞いたウィーン滞在中の木戸参議は、ウィーン滞在中の者の賃金支払いを停止するほか、「職工等諸術為研究各国へ派出ノ儀被廃、事務官二十余名ヲ残シ其他ハ帰朝」させることを提案している。このとき佐野は、建議も泡沫に帰し、「愕然ノ外他事無御座候」と落胆している(28)。

これより先にウィーンの岡本大蔵大丞から定額経費問題について詳細な報告を受けていた大蔵省は、明治六年八月九日、定額金一五万円は現地の物価の高騰から博覧会の終了までの経費を満たさないと判断し、その対策として職工等の諸術研究のための外国出張は認め難いので、「官員二十名ヲ除クノ外総テ帰朝ノ事」の電信をウィーンの佐野副総裁に達した。このときの岡本大蔵大丞からの報告によると、事務官、随行、職工、雇い外国人の総計七〇余人がウィーンに滞在しており、ウィーンの物価は逐日騰貴し、平生に比べて三倍に上昇していること、物価の上昇が続くとすれば博覧会の終了までに必要な経費は三〇万円に達する見込みであることが報告されていた。岡本によると、職工は博覧会の会場準備・設営等の仕事が終われば「聾唖ノ徒」であることから、わずか三ないし四か月で技術伝習の修業の見込みはないので、修業と経費の得失を考えると失う方が大きいことから、断然帰国させるべきであると述べている(29)。

山高信離書記官から佐野の上院に対する建議の具体的な内容の説明を受けた博覧会事務局は、ウィーンでの経費節減は限界であるとの認識から、博覧会の会期は半ばであり、ここで経費不足を理由にウィーンを引き上げることは不体裁で外聞も悪いことから「事実不得止事次第」として不足経費の支出を明治六年八月二七日に大蔵省に求める。佐野副総裁は官員二〇人のほかは追々帰国させ、事務官、随行の者合わせて一八人まで減少させ、職工等のうち必要な者のみを残して、諸般すべて経費を節減することを大蔵省に報告している(30)。しかし、佐野の本

表9　澳国入費定額見積および現場入用増減調べ（単位：ドル）

項目	最前見積調	現場入用調	増減
1）会場場所税	5,000	10,000	＋5,000
2）諸建物取立方諸入用	15,000	28,000	＋13,000
3）諸工作所見取、製図著説他	15,000	10,000	－5,000
4）官員支度料、旅費	37,500	15,570	－21,930
5）官員、外国人船中賄料	7,500		25万円から支出
6）御雇外国人月給	5,000	18,430	＋13,430
7）官員澳国滞中賄料	27,000	25,080	－1,920
8）随行者支度料	1,000	1,275	＋275
9）随行職工手当	6,000	9,330	＋3,330
10）随行職工船中賄料	4,200		25万円から支出
11）同澳国滞留中賄料	17,100	29,910	＋12,810
12）官員他旅宿借料	9,000	12,000	＋3,000
13）馬車雇賃	1,300	1,300	0
14）官員随行外国人職工帰路船賃	15,600	16,620	＋1,020
15）帰荷物諸入用	20,000	5,000	－15,000
16）英国博諸入用	10,000	6,000	－4,000
17）諸雑用	3,800	8,500	＋4,700
18）役所小買物入用		1,500	＋1,500
通　計	200,000	198,510	

出所：明治6年6月17日「佐野副総裁上申　大使へ差出書面写」『太政類典　第二編　第百七十一巻』により作成。

心は、技術伝習を中止することは博覧会参加の趣旨からしてとうてい容認できるはずもなく、対案として博覧会事務関係で仕事のすんだ八人、職工六人を帰国させる案を立て、さらに、五万八〇〇〇ドルの不足の根拠を示すためにウィーンの現場の模様を説明し、かつ建言するために、澳国入費定額見積および現場入用増減調べを山高信離に持参させて帰国させたのである。さらに佐野副総裁は、病気を理由に帰国する関澤明清にも経費不足の現場の状況を説明し、大隈参議、山尾工部大輔、杉浦権大内史、町田従五位に宛てた申立書を持参させて不足金の支出を懇請している。(31) 六月に交渉を開始してから五か月後の一一月二五日に五万九〇〇〇円（五万八〇〇〇ドル弱）が送金され、不足分の支出が許可されることになったのである。

表9、**表10**、**表11**は、佐野副総裁が澳国入費定額金不足五万九〇〇〇円の増額を求めて岩倉具視大使に上申したときに提出した説明資料で

ある。しばしば述べてきたように、博覧会開催中のウィーンは物価騰貴のために日本館の会場設営経費、会場借用料等の諸経費、出品物の飾具の経費、借家、外国人の賃金に至るまで高騰したことから、節約経費を相殺してもなお不足金が生じたと説明している。最前見積調べは明治六年一月に請求した経費見積額二〇万ドルの内訳、現場入用調べは明治六年六月のウィーンにおける経費額一九万八五一〇ドルの内訳である。**表9**で最前見積調べと現場入用調べで主な増加経費をみると、会場関係経費が一万八〇〇〇ドル、外国人給料一万三〇〇〇ドル、滞在経費関係一万五〇〇〇ドル、雑費関係経費六〇〇〇ドルであった。これに対して節約した経費は官員の支度料・旅費二万一〇〇〇ドル、帰り荷物および英国博関係経費一万九〇〇〇ドル、職工の著説関係経費五〇〇〇ドルが主なもので、官員・外国人の旅行中の船中賄い七五〇〇ドルは二五万ドルの定額からの支出に変更している。一五万ドルの定額金に対して最前見積では五万ドル、現場入費では四万八五一〇ドルのそれぞれの経費不足となっていた。

増加経費の内容を**表10**、**表11**でみると、外国人給料は五〇〇〇円から三倍以上の一万七三五〇円に増加したが、これはヨーロッパの賃金水準に準じて支払った結果であろう。ワグネルの月給は三五〇円で最も高く、グレーフェン、ワザロは二五〇円、ドイツ人のシーボルトは二〇〇円、モーゼロ（モゾロ）五〇円で、オーストリア公使館のバロン・フォン・シーボルトはオーストリア政府からの支給であった。このほかに旅費の支給があった。ワグネルは技術世話料が加算されている。

官員等の澳国滞在費も増加した。ウィーン滞在のための宿舎の借家料の最初の見積は不明であるが、現場入用でみると博覧会会場近くのプラター公園近くのプラーテル通一五番に一戸、同一七番に三戸、同三一番に一戸の計五戸の借家賃が一万二〇〇〇ドルであったことが知られる。ウィーンの食料品や飲料品が高騰したことはすでに述べたが（**表3**参照）、官員、外国人の賄い料を二万七〇〇〇ドル、随行、職工一万七一〇〇ドル、合計

表10　澳国入費定額最前見積内訳（単位：ドル）

1）	20,000			会場地税、諸建物取立方入費
		5,000		地税
		15,000		諸建物取立方入費
2）	15,000			諸工作所見立、製図著説他入費
3）	50,000			副総裁、その他官員支度料、旅費および船中賄代
		3,900		副総裁以下官員支度料
			457円	副総裁　1人
			1,744円	1級事務官、書記官　28人
			753円	2級事務官、書記官　5人
			945円	3級事務官、書記官　9人
				小計3,896円のところ
		33,600		同上手当
			350	1か月副総裁　1人
			1,440	1か月1級事務官、書記官　8人
			650	1か月2級事務官、書記官　5人
			810	1か月3級事務官、書記官　9人
				合3,250ドル×11か月分=35,750ドルのところ
		7,500		副総裁、官員、御雇外国人とも船中賄
				副総裁1人、事務官書記官22人、御雇外国人6人、合29人分。1人×250ドル×29人
		5,000		御雇外国人月給
4）	27,000			副総裁、諸官員、澳国滞留中賄料
				副総裁1人、事務官書記官22人、御雇外国人6人、合29人分。
				1人1日4ドル×300日×29人=34,800ドルのところ
5）	28,300			随行、職工の旅費、手当、船中および彼地賄料とも
		1,000		随行者支度料　13人、11等以下官員
		6,000		随行者手当　13人、1人1か月20ドル×11か月分
				職工者手当　29人、1人1か月12ドル×11か月分
				合6,686ドルのところ
		4,200		随行、職工船中賄料
				随行者13人、職工29人、合42人。1日1人100ドル
		17,100		澳国滞在中賄料
				随行者13人、職工29人、合42人。
				1人102ドル×300日×42人=25,000ドルのところ
6）	9,000			澳国で諸官員その他の旅宿借賃
7）	1,300			彼地の馬車雇賃
8）	35,600			帰路諸入用
		15,600		副総裁以下総人員船賃
				副総裁1人、1級事務官書記官8人、御雇外国人6人、合15人。1人300ドル
				2級3級事務官書記官14人。1人300ドル
				随行職工42人。1人200ドル
				合16,400ドルのところ
		20,000		荷物運送費その他諸入費、持帰り荷物、彼地で買上諸荷物
9）	10,000			英国博覧会へ諸荷物諸入用、出張官員英国滞留中賄料、および帰路諸入用
10）	3,800			諸雑用
	200,000			通計

出所：表9に同じ。

表11　澳国入費定額現場入費調内訳（単位：ドル）

1）　10,000　会場地税
2）　28,000　列品所飾箱、机類、園建築入用人足、諸買上物代
3）　10,000　諸工作所見取図、著説編輯課諸入用
4）　15,570　官員支度料、日当
　　7,525円　1級官員6人×12か月分、1人×9か月分、1人×7か月分
　　3,524円　2級官員4人×12か月分、1人×9か月分
　　4,487円55銭　3級官員6人×12か月分、1人×9か月分、2人×7か月分
5）　17,350　御雇外国人5人分　月給手当
　　6,600円　ワグネル
　　　月給350＋旅費150＋技術世話料100＝600×11か月分（2月-12月）
　　4,250円　グレーフェン
　　　月給250×11か月分（1月-11月）、旅費150×10か月分（1月-10月）
　　4,100円　ワザロ
　　　月給250×11か月分（1月-11月）、旅費150×9か月分（1月-9月）
　　1,800円　ヘンリー・シーボルト
　　　諸雑用200×9か月分（1月-9月）
　　600円　モーゼロ
　　　月給50×12か月分（1月-12月）
6）　1,080　御雇モーゼロ賄料1日4ドル×9か月分
7）　25,080　官員賄料
　　16人×9か月分、3人×7か月分、4人×5か月分、1人1か月分。
　　　1人1か月（1日）4.5ドル宛
　　内2,440　英国両人賄料
8）　5,200　随行支度料、日当
　　7人12か月分、1人10か月、9人7か月。1人1か月375宛
　　内1,800　英行1人賄料
9）　5,405　職工支度料、手当
　　10人12か月分、7人9か月分、8人7か月分
　　8）9）合　10,605
　　　1,275　支度料
　　　9,330　手当
10）　13,800　随行賄料
　　7人9か月分、1人7か月、9人5か月。1人1日4ドル宛
11）　16,110　職工賄料
　　10人9か月分、7人7か月分、8人5か月分。1人1日3ドル宛
12）　12,000　借家賃
　　1,500コルデン　プラーテル通17番
　　8,000コルデン　プラーテル通15番
　　7,500コルデン　プラーベン通31番
　　650コルデン　プラーテル通17
　　2,000コルデン　プラーテル通17番
　　3,000ドル　15番その他にて諸道具買入
13）　1,300　臨時馬車代
14）　14,900　帰路船賃、汽車代
　　6,300　1、2、3級事務官21人分。1人300ドル
　　8,600　1,080円随行、職工42人分。1人200ドル

（次頁へ続く）

（表11の続き）

15）	1,720	御雇外国人帰路船賃 1人520ドル、4人300ドル
16）	5,000	持帰品汽車代、船賃
17）	7,000	英国博覧会入用見込
18）	8,500	諸雑用見込
19）	1,500	役所小買物代見込
計	198,515	
		内　15万両大蔵省より請取。この洋14万ドル
		差引　5万8,515ドル不足

注：コルデンはグルデン（Gulden）。
出所：表9に同じ。

四万四一〇〇ドルと見積もったのであるが、実際は官員二万八〇ドル、随行一万三八〇〇ドル、職工一万六一一〇ドル、合計五万四九九〇ドル、ほかにモーゼロの賄い料一〇八〇ドルが支出されている。官員の一日の賄い料は四・五ドル、随行四ドル、職工三ドルであった。このときの官員の日当額がウィーンの物価騰貴の影響を受け、また定額金不足から二転三転した。横浜を出港前に決められていた一か月の日当は一級事務官一五〇ドル、二級事務官一〇〇ドル、三級事務官六〇ドルであった。ハーズ号の出港後にウィーンの物価騰貴の情報から一〇%の増額の指示があった。しかし、現地の物価騰貴のために一〇%の増額では不足なので倍額支給を申し出たが許可されなかった。実際のところ、「辛勤」しているもので、物価騰貴のために私費を支出して生活している者も少なくなく、そのままでは見捨てかねる状況が生じていると佐野副総裁は大使に訴えている。

4　技術伝習関係経費

技術伝習経費は**表10**の澳国入費定額最前見積で5)の職工手当二九人分一一か月（一人一か月一二ドル）の滞在経費として要求していた。しかし、**表11**の現場入費9)では職工手当が一〇人一二か月、七人九か月、八人七か月と縮小のうえ減額された。定額金不足から技術伝習経費が支出されていない。政府は経費不足から技術伝習の廃止を決定してきたことに対して、佐野副総裁にとってはウィーン万国博覧会参加の趣旨からして一切これを廃止することは容認できることではなかった。「工業研究ノ儀ハ抑始原ヨリノ御主意ニテ其御委任」されたことであり、書生等の学科終業と根本的に異なる本職筋を研究する性質のものである。技術の各業を教授してくれる者の懇切な申し出でもあり、かつワグネルはこれらの教道のために誘導しており、特に費用に関しては政府が支出しないというならば自分の給料から支出しても良いと申し出ている。このようなわけで、「成業必然」の者を残して、その他は帰朝させるので技術伝習経費として別途に六〇〇〇円の支出の許可を太政官に上申したのである。[32]

技術伝習は国産増殖の基本を立てることを実現するためにウィーン万国博覧会の機会に行うものであるが、博覧会の会場に出品されている各国の出品物について、貿易上の意見交換は可能であるけれども、その製造上の技術を習得することには限界があるので、工場等の現場に派遣して外国の出品物の生産技術について伝習を受けさせる必要がある。このために、一人の伝習期間を一年間としたとき、その伝習経費は一人三五〇円で、合計六〇〇〇円（一七人）の伝習経費が必要であると見積もっている。この場合、「少々ノ言語ハ既ニ相通候而巳ナラス殊其筋研究モ多少相進居候者」を人選しており、語学研修のための経費と期間を必要としないので、技術の伝習に要する最小限の必要経費の見積金額であると説明している。技術伝習の時期は、博覧会の開期中は博覧会事務が繁雑であるので、その終了後に実施することになるけれども、技術伝習が「手後レ」になる場合には「手透次第」に伝習に専念さる計画であった。[33]

ところで、帰朝を申し付けた者で、閉会まで自費で滞在して技芸を講究したいと願書を提出した者があった。この者はかねて見込みのある者で奇特の者であるから、この申し出を容れて会場の事務が終了次第に伝習させたい。これは御主意にもかなうことなので願いのとおり許可してほしいと、自費伝習者の許可を正院に上申すると

表12　自費による技術伝習者の伝習期間と費用

伝習者	自費伝習期間（明治年月日）	費　用		
		申請額	査定額	助成額
相原重政	7. 7. 1～7. 9. 8	350ゴルデン		150円
緒方道平	7. 7. 1～7. 9. 8	350ゴルデン		150円
松尾信太郎	7. 4.21～7. 9. 7	560ゴルデン	430ゴルデン	181円9銭7厘
中村喜一郎	6. 7.11～6.12.17	1,328ゴルデン	850ゴルデン	357円98銭2厘
阪田春男	6. 7.11～6.12.17	1,328ゴルデン		135円
石井範忠	6. 7.11～6.12.17	1,328ゴルデン	520ゴルデン	219円1厘
伊東信夫	6. 7.11～6.12.17	1,328ゴルデン	775ゴルデン	326円39銭6厘
平山英三	6. 7.25～6.12.17	1,216ゴルデン		280円
圓中文助	6. 7. 1～6.12.17	765ゴルデン		360円
	7. 4.21～7. 9. 8	423ゴルデン		
丹山陸郎	6. 7. 1～6.12.15	756ゴルデン	510ゴルデン	214円78銭9厘
清野三治	6.10. 1～6.12. 7	351ゴルデン		120円
合計		10,083ゴルデン 4,246円51銭1厘		1,494円26銭4厘

注：1）賄料を含まず。申請額の日当は事務官の相原、緒方は5ゴルデン。随行の松尾は4ゴルデン。同中村、阪田、石井、伊東、平山は明治6年11月15日まで8ゴルデン、以降は7ゴルデン。職工の圓中、丹山、清野（旧姓斉藤正三郎）は4.5ゴルデン、ただし圓中は明治7年4月以降は3ゴルデンであった。

2）助成額のレートは1ゴルデンにつき42銭1154および42銭115で計算している。

3）ゴルデンはグルデン（Gulden）。

出所：明治8年12月『公文録　寮局之部』。

ころがあった。ただし、得業の見込みのないものはこの限りでないと、あくまでも技術伝習の実現を強力に働きかけた。このときの博覧会事務局の説明によると、六月三〇日の佐野副総裁の建議の趣旨をふまえて、すでに官員二〇人を残して他の人員に対する帰国命令を受けているけれども、「是非トモ引払迄相残度見込ノ者」がいるので、「自費」で留学したい官員に対しては「官ヲ免」じて留学させたい。ついては六〇〇〇円の費用を要するので、ウィーン万国博覧会の出品物を販売し、その販売代金の内から支出して自費で留学ができるように援助したいというものであった。伝習人員も削減し、技芸講究の期限もなるべく短縮するので許可願いたいと述べている。「自費」留学であれば大蔵省も留学を拒否できないばかりか、官職を免じてまで伝習のために留学するとなれば、大蔵省としても六〇〇〇円の支出に応ぜざるを得なかったのである。関澤明清、山高信離の両人と町田成久も佐野副総裁の意を汲んで技術伝習の実現のために当局に掛け合うところがあった。当初の予定では定額金一五万円のうち一万五〇〇〇円を技術伝習経費として見積もっていたのであるが、今回は六〇〇〇円に減額して見積もっていること、さらに技術伝習は博覧会への参加目的の一つであること、技術伝習中の者もいること、などの理由が述べられている。

財務課は売上代金から支出することは「不条理」なので、今般達しのとおり、「伝習人モ断然帰朝」のこととし、ただし自費留学は勝手のことを佐野副総裁に達する案であった。しかし、明治六年一〇月四日になって正院は一転して六〇〇〇円の支出を大蔵省に達し、出品物の売上代金から支出を認めることになった。すなわち、「澳国博覧会事務局申請技術伝習人費用ノ儀聞届候條金六千円渡方可取計此ノ旨達候事」[34]を大蔵省へ達したのである。ただし、博覧会事務官は残らず帰朝することとし、伝習の見込みのある者もできるだけ減少し、自費留学願いの者はその本官を免じて自費留学できるように取り計らい、六〇〇〇円を伝習経費として売上代金から支出を認めるというものであった。[35]技術伝習者三〇人中、一九人に六〇〇〇円が支出されたが、残りの一一人は自費で技術伝習を行った。**表12**は自費の技術伝習者のリストで、自費伝習を希望した者は官員八人、職工三人であった。この伝習者にも伝習経費の助成が行われた。

佐野副総裁の技術伝習の実現にかけた執念と巧みな作戦で技術伝習の費用を捻出することに成功し、予算の裏打ちを得て後世に伝えられる技術伝習の途が拓かれたのである。

注

（1）　壬申『公文録　課局之部　全』文書番号五十三。自明治四年八月、至同一〇年一二月『太政類典　第二編　第百七十一巻』文書番号二十一。

（2）壬申『公文録　課局之部　全』文書番号五十三。

（3）同前、『太政類典　第二編　第百七十一巻』文書番号二十二。（　）内は割注。

（4）樋口秀雄翻刻・解題（一九七〇）「澳国博覧会　自今採集物取調調書　各区列品評」『博物館研究』一五巻六号－八号。

（5）横溝廣子（一九九三－一九九四）「研究資料 ウィーン万国博覧会出品目録草稿（美術工芸編）（一）－（三）」『美術研究』帝国美術院附属美術研究所、三五七－三五九号。収集された美術工芸品は六、七、八、九、一〇、一二、一五、一九、二〇、二三、二四、二五の各区にわたっており、一件ごとの物名、質・製、数・尺、産地・工名、元価・雑費・売価が詳細に記されているので参照されたい。

（6）農商務省農務局編（一九三九）『明治前期勧農事績輯録　上巻』大日本農会（長崎出版、一九七五年一〇月、復刻版）四六五頁。

（7）橋詰文彦（一九九八）「ウィーン万国博覧会の展示品収集――明治五年筑摩県飯田出張所官内における収集過程」『信濃』五〇巻九号。同（一九九八）「万国博覧会の展示品収集と『信濃国産物大略』」『長野県立歴史館研究紀要』四号参照。

（8）角山幸洋（一九九九）『ウィーン万国博の研究』関西大学経済・政治研究所研究双書、第一一三冊、四六頁。

（9）(Universal Exhibition 1873 in Vienna)(1872). *List of the Foreign Commissions*. First Edition, Published on the 31st July 1872, Vinna, 1872, p.39. 表題は英文、本文は独文。

（10）壬申『公文録　課局之部　全』文書番号六十六。

（11）同前、文書番号五十三。

（12）「佐野副総裁建議　大使へ差出候書面写」明治六年九月『公文録　課局之部　全』文書番号二十、「佐野副総裁建議　大使へ差出候書面写」『太政類典　第二編　第百七十一巻』文書番号十七。

（13）自明治四年八月、至同一〇年一二月『太政類典　第二編　第百七十一巻』文書番号三十二。

（14）壬申『公文録　課局之部　全』文書番号七十三。

（15）明治六年従一月、到四月『公文録　各局之部博覧　全』文書番号八。

（16）「澳国公使ヨリ差出候横文廿通大意取調候処大約左ノ通」同前、文書番号六十五。

（17）明治六年従一月、到四月『公文録　各局之部博覧　全』文書番号一。

（18）同前、文書番号十六。

（19）同前、文書番号十七。

（20）壬申『公文録　課局之部　全』文書番号六十二。なお、バロン・アレキサンドル・フォン・シーボルト（Baron Alexander von Siebolt）はフィリップ・フランツ・フォン・シーボルト（Philipp Franz von Siebold）の長男で、駐日英国公使官員の通訳官として勤務していた。一八六六年一〇月、父の死亡のために一時ドイツに帰国する際に、幕府から一八六七年パリ万国博覧会に参加する徳川慶喜の弟昭武の通訳として同行が求められた。ヘンリー（ハインリッヒ）・フォン・シーボルト（Heinrich von Siebolt）はアレキサンダー・フォン・シーボルトの弟で、駐日オーストリア公使館員の臨時通訳練習生であった。沓沢宣賢（二〇〇〇）「明治六年ウィーン万国博覧会と日本の参同――明治初期我が国殖産興業政策を中心に」、東海大学外国語教育センター異文化交流研究会編『日本の近代化と知識人――若き日本と世界Ⅱ』東海大学出版会、六三－六四頁参照。

（21）自明治四年八月、至同一〇年一二月『太政類典　第二編　第百七十一巻』文書番号十一。

（22）平山成信（一九二五）『昨夢録』私家版、二五－三四頁。

なお、第一陣に乗船していた近藤真琴の「澳航日記――一名法船録」（攻玉社学園編（一九八六）『近藤真琴資料集』攻玉社学園）は、このときの航海の状況を詳しく伝えているので、以下に航海の概要を紹介しよう。これによると、このとき日本がチャーターしたフランス船ファーズ号は三七五馬力、七〇〇トンの蒸気船で、船長はウオールクルであった。この日記は横浜を出港する二日前の明治六年一月二八日からトリエステ港で上陸した明治六年三月二一日までの航海日記で、一月三〇日午前八時に横浜港を出港して三月二一日午前一一時にトリエステ港に到着するまで海上法理一万一五八〇里、五〇日昼夜と三時間の航海であった。この間、近藤真琴は六分儀で船上から太陽の高度を測定して船の緯度を算出し記載している。セイロン島からアデンに向かうアラビア海上でファーズ号の機関が故障したために修理を二回も行うなど、平坦な航海ではなかった。

二月六日一一時すぎ、香港に上陸したとき、ホームシックになり、ウィーンに行かないでわが家に帰りたいとゴネ出す者もいた。香港をすぎてマレーシアに向かう二月の上旬頃には日ごとに暑さが増し、船中で若い人々に算術などを教えて過ごす者もあった。近藤真琴は乗船直後の一月三一日からオーストリア海軍のキャプテン、ワザロの著「颶風説」（くふうせつ）の翻訳を始める（三月一二日翻訳の草稿完了）。三月四日に紅海の入り口のアデンに到着し、ここで六日の出港までアデンを見学する。アデンの山はみな岩石で、水不足なので家ごとに平らな屋根を作って雨水を貯めて利用しており、飲み水の確保のために大きな溜池のあることを述べている。近藤真琴らは馬車を雇ってこれらの溜池のほか、アデンにあるイギリスの要塞を見学した。この要塞の「砲墩（ほうとん）は海に沿ひ山を帯ひ十余町に綿延し、鎮城野戦諸種の巨砲を夥しく備へ、数層に銃眼を穿ち、常備兵三千人を備へたり。その荘厳いうべくもあらず。」（句読点―引用者）と記している。

ここから、いよいよ紅海を過ぎて開通したばかりのスエズ運河に向かう。三月八日から一〇日まで、紅海に逆風が吹き、強い西風のために航行はままならず、船の揺れが大きかったので船酔いする者が多かった。三月一一日にエジプトのスエズ湾に到着し、一二日六時前に出発して午前中にスエズ運河に入る。一四日午前八時に運河を抜けてポート・サイド港に到着した。スエズ運河を航行中の船は運河に碇泊し、乗船者も上陸しないで船に宿泊した。運河の航行料金は積荷一トンにつき一〇フラン（二円弱）、旅客は一人につき二〇フラン（四円弱）であった。

三月一五日朝八時にポート・サイド港を出港、いよいよ地中海を越えてトリエステに渡る。一五日から一七日までの間、地中海の天気は大荒れで、甲板に波が打ち上がり川のように流れ、水夫は物品を網でくくり、嵐対策をする。船揺れが激しかったので、旅行李（たびごり）が絶え間なく転げ廻り、食堂に会食する者は少なかった。一八日になって波は次第に収まってきた頃、陸地が見えるようになり、一九日の午後にアドリア海に達し、漁をする小船を見る。二〇日、トリエステまで二一〇里となったところでファーズ号の船長ウオールクルは日本人の乗船者に珍しい酒を振る舞う。下船の準備を始める。

三月二一日一一時頃、トリエステ港に到着。先発隊としてウィーンに来ていた関澤明清は小舟で本船に来る。この日の午後に上陸、そこにあるホテルに着く。ここよりウィーンに行く者、ロンドンに行く者の袂を分かつところなので、ファーズ号船長はじめ士官をもホテルに招いてともに別れの盃をくむ。事務官武田ぬし、富田ぬし、従五位小笠原忠忱朝臣および工部省の遊学生多賀、繁澤、清賀の三人みなここより蒸気車にてイタリアを過ぎパリに出でて英に渡る人々なり。関澤明清がトリエステとウィーン間の鉄道を手配してくれる。

（23）岩橋章山編（一九一一）『正智遺稿』私家版、二三－二五頁。

上陸地トリエステ港は一三八二年以来、ハプスブルク家の領地であった。一七一九年に自由港となり、オーストリアを後背地にアドリア海第一の貿易港として発展した。梅棹忠夫監修・松原正毅編集（代表）・NIRA編集（一九九五）『世界民族問題事典』平凡社、七九八頁。

(24) 壬申『公文録　課局之部　全』文書番号六十。
(25)『太政類典　第二編　第百七十一巻』文書番号三十一。
(26)「明治六年二月二二日、博覧会事務局申牒」『太政類典　第二編　第百七十一巻』文書番号三十一。
(27) 同前、『太政類典　第二編　第百七十一巻』文書番号三十二。
(28) 明治六年八月九日「澳国博覧会事務副総裁佐野常民へ達」同前、文書番号三十四。
(29) 同前。
(30)「六年一一月三日、佐野副総裁回答」同前、文書番号三十四。
(31) 明治六年七月一二日「関澤明清帰朝ニ付澳国博覧会経費不足輸送申牒」同前、文書番号三十三。
(32) 明治六年六月三〇日「佐野副総裁上申」『太政類典　第二編　第百七十一巻』文書番号三十二。
(33)「明治六年九月八日、大蔵省へ達」中の「佐野副総裁上申　正院」および「佐野副総裁建議　大使へ差出候書面写」同前、文書番号三十二。
(34) 明治六年九月「佐野副総裁へ御達案」『太政類典　第二編　第百七十一巻』文書番号三十五。
(35) 同前。

第4章 ワグネルの技術伝習の構想・要領と技術伝習者の選考

1　技術伝習のワグネルの四つの建議

ウィーン万国博覧会参加の第二の目的は、文明が開化した日本の国産増殖のために「工業化」しているヨーロッパの「機械妙用ノ工術」、すなわち諸工芸の生産技術を学び、それを日本に移転することであった。ウィーン万国博覧会関係の太政官文書では諸工芸の生産技術を学ぶことを工芸講究、工業研究、諸術研究、業術伝習、技術伝習など、様々な呼び方をしているけれども、これまでの慣行に従って単に「技術伝習」とよぶこととする。

ヨーロッパの工芸技術の伝習は、その必要性を認識していた大蔵省の勧業政策の一つである「国力増進」策として実施に移されていったものである。大蔵省は国力増進のためにヨーロッパの工芸技術を日本に移転する必要があると考え、廃藩置県直後の明治四年一一月、大蔵少輔吉田清成、大蔵大輔井上馨は「内国租税改正見込書」および「留学生取締之儀ニ付伺」で、官費留学生に対して「努メテ工芸ノ学ニ達セシメ」ることを要請すること、今後の留学生の選考にあたっては「高尚文事」の者ではなく「工芸技術」を研修する者を選考することが必要であることを正院に意見書として提出している。[1] 大蔵省はこの方針の実現のために、明治五年二月、農業、牧畜、染色、ガラス製造、メリヤス、製絨《せいじゅう》、ガラス玉、酒造等の諸職業研究を目的とする技術伝習者を二年間アメリカに派遣するために一四人を選考したが、派遣を前に酒造伝習予定者が病気を理由に辞退したので一三人を派遣した。[2]

ヨーロッパの諸工芸の生産技術をウィーン万国博覧会派遣者にも伝習させる計画は、大蔵省のこのような工芸技術伝習策の延長上に構想されたものであったといえる。この構想を実現するにあたって、当然のことであるけれども、お雇い外国人ゴットフリード・ワグネルの構想・建議に負うところがすこぶる大きかった。ウィーン万国博覧会におけるワグネルの技術伝習の構想は、博覧会事務局に提出した彼の四つの建議（ワグネルは、建白、建言、建議等の文言で事務局に提出しているが、これを「建議」と表記する）に示されている。

第一の建議は、ウィーンへ出発前の「明治五年一〇年一五日、東京ニテ　ワグ子ル」の署名のある「第一　ワグ子ル氏建白ノ書簡」である。第二の建議は技術伝習者の選考の過程でワグネルがウィーンで明治六年五月一一日に提出した「第二　華氏建議」、第三の建議は同じくウィーンで明治六年八月八日に提出した「第三　華氏建議」[3]、そして「以書面奉建言候大日本学校ノ儀」で始まるのが第四の建議である。[4] 第四の建議には日付が記されていないけれども、明治五年一〇月以降、翌六年一月以前の間の建議であると思われる。この建議は明治六年従一月到四月『公文録　各局之部博覧　全』の明治六年一月の項の「独人ワグ子ル并クリフェン澳国へ召連度伺」に収録させている一連の文書の一つで、この「伺」の文書の配列順序は次のとおりである。冒頭の文書は明治五年一〇月二七日に博覧会事務局が正院に宛てた文書で、ワグネルに諸職工を誘導して工業学術上の伝習をさせる任務を委託し、帰国後に「大ニ工業ヲ開キ候基礎モ相立」てて国産増殖を図りたいので、ワグネルをウィーン万国博覧会に派遣したいという文書である。この文書の次に、日付と宛先の無い「以書面奉建言候大日本学校ノ儀」のワグネルの建議が置かれており、三番目に六年一月一二日に佐野副総裁が正院宛てに、ワグネルのウィーン万国博覧会への派遣を早急に許可するように催促した文書が置かれている。以上の「伺」の文書配列の順序からみて、「以書面奉建言候大日本学校ノ儀」のワグネルの建議は明治五年一〇月以降、同六年一月以前の文書であるとみることができる。ワグネルの「第三　華氏建議」は第3節の各区の技術伝習の要領の項で取り上げるので、ここでは「第一　ワグ子ル氏建白ノ書簡」、「以書面奉建言候大日本学校ノ儀」、「第二　華氏建議」の三つの建議に述べられているワグネルの技術伝習の構想をみることにしたい。

1　「第一　ワグ子ル氏建白ノ書簡」

⑴　大利益を謀るための方策

「第一　ワグ子ル氏建白ノ書簡」は「明治五年一〇年一五日、東京ニテ　ワグ子ル」の署名があり、「数日前御約束」に応えて博覧会事務局宛てに提出した建議である。この建議は、佐野常民のウィーン万国博覧会参加の五つの目的に沿った内容となっているので、参加目的を具体化するための求めに応じて述べた建議であるとみてよい。ワグネルは冒頭で、日本政府はこの博覧会を機会に、「国家将来ノ幸福トナルヘキ大利益ヲ謀ルヘシ、決シテ一時貿易上ノ小利ヲ以テ足レリトスベカラス」と述べ、参加目的の順序とは異なるが、大利益を謀るための方策について、五つの項目を挙げて意見を述べている。以下に第一から第五までの項目を簡単にみておこう。

第一項目は参加目的の第一に相当する項目である。日本は文明国として進歩し、西洋と並立しようとする気勢を示すために、博覧会への出品物は日本固有の物品を出品する必要がある。例えば、絹糸、漆器、青銅、金属である。この飾具、刀剣類、屏風、絵画、「イナメルトウヲルク」、銀箔物、磁器、陶器、象牙、木の彫刻物、鼈甲《べっこう》等を出品すること。

第二項目は参加目的の第四に相当する項目で、ヨーロッパ人は横浜の貿易場で装飾、玩具に充てる目的で日本の奇物類を購入していることが多く、家具に充てるものの購入を好む。このために精巧で有用な物品を選んで相当の価格で交易するとよい。例えば、絹類、漆器、象牙細工、金属装飾具、扇子、竹、藁、鯨骨細工物、革に擬する紙、磁器等を交易品とすれば貿易の利益となる。

第三項目は参加目的の第五に相当する項目で、日本から輸送した未製の鉱物、植物、動物の類は将来効用のある物産があることに注意すべきで、どのように使用できるかを発明すべきである。この目的のためには欧州の相当の物産を購入して日本に送り、これらの物産が国の富源としてあることを国民に知らせてその物産の育成をすべきである。すでに輸出している蝋、樟脳《しょうのう》、タバコのほかに、紙に製すべき原料、油を含む種物、果実、漆、真珠貝の種、籠に編むべき竹、藁、諸種の海草、葛、毛皮、魚、膠等もヨーロッパに送致したい。

第四項目は参加目的の第三に相当する項目で、ヨーロッパの繁華の都市にはみな博物館を設けて未製の物品、製作物、諸機械類を集めて工業に従事する人のための参考にしている。学校にも小さい博物館があり、生徒の教育に欠くべからざるもので、ウィーン万国博覧会を機会に日本でもこの博物館を設けるための準備をすべきである。

第五項目は参加目的の第二に相当する技術伝習を述べた項目で、一四丁もの長文で、建議書の半分以上を占め、技術伝習の要領について述べている。

（2）研究掛の選抜と研究項目、伝習に有益な国

⑴ 研究掛の選抜

まず、日本が「国家将来ノ幸福トナルヘキ大利益ヲ謀ル」ための方策は、ヨーロッパの工芸の生産技術の伝習を実施することが必要であるとする。ウィーン万国博覧会に日本人数千の事務官を派遣する意義は、ウィーンでの見聞によって日本に大利益をもたらすことにあるのであるから、事務官の一部分を研究掛として選抜して研究させるべきで、研究掛は士農工商から広く選考すべきである。特別の知識が必要なものは普く見聞したことを研究し、最大遺漏の無いように記録して世に公表すれば四民の学術がことごとく備わるので、文明が開化し進歩に裨益《ひえき》する。このために、官員の研究掛の責任ははなはだ重いとして、ワグネルは研究掛の研究すべき事項として、次の甲～丙の三点を挙げている。

［甲］上記に述べた一～三の項目について、日本の出品人の利益のために出品物の価格、欧州人の人気に合うかを了察して、日本の製作法を改正すべき点を比較考量して研究すべきである。この際、欧州の工人と交流して日本製品の真価、用法を議論すべきである。

［乙］四の項目に注意して学校用および博物館に陳列すべき物品を外国の製品と交換しあるいは買い取るべし。

［丙］さらに研究掛は次の点に注意すべきである。外国の士農工商と懇切に交流して論議を聞いて益を得るだけでなく、博覧会のみではなく別所いずれかの地において十分に見聞を広めるべきである。経済上において、山林、道路、大工業、農業などに注意し、商と工とは工業の実務上のことに注意するのみならず、経済における百般の措置および資金と勉強の離るべからざることと、労を分かつことに注意する必要がある。これみな外国人の富強の根源である。このような見聞の要事を自国の商工の間に伝播を及ぼすときは事業早晩必ず成果を得るべし。ことに若く秀才な工人は、彼の国の工場に留めて学習、鍛錬せしめ、成業の後はこれを同職に伝えれば術芸の進

歩を得ることが大である。農業も欧州の田畝《でんぽ》を巡覧して自ら資益し、牧畜の緊要なること、麺類の善悪、酢の製造、バター、チーズの製造、麻の紡績、パンの焼き方などについて研究すれば後満べし。

ワグネルは技術伝習者を「研究掛」とよんでいる。研究掛＝技術伝習者は帰国後に日本国民にその成果を技術移転すべきこと、この場合に日本の製造技術のどの点を改良するべきかを念頭に技術伝習をすべきであること、生産のための経費、生産のための労働の配分（分業）、農業生産物を原料とした工業製品との関係、牧畜と乳製品などに注意して、選抜された技術伝習者は伝習すべきことを喚起している。

(2) 研究すべき項目

次の一二項目を挙げる。

①刃物、農工用の鉄器具類の製造。
②鋼鉄を鍛錬する術。
③金属を鋳造するのに、粘土の模型を用いないで砂の模型を用いる術。
④諸種の陶器。
⑤練化石製造法、石炭漆喰「ジブスム」。
⑥ガラス、ガラス板、ビンの類。
⑦染め物の法。
⑧索（?）の製作。
⑨紡績、織物の類。
⑩運輸の車。

⑪家屋の建て方。
⑫ザボン製法。
このほか、日本にない職業として大機械を使用しない家屋の建築方の研究があると述べている。

ウィーン万国博覧会への出発前のこの時点では、ワグネルは日本に存在する製造関係の職種を研究＝伝習すべき職種を念頭において考え、その職種についてのおよその項目を示すにとどまっていた。

(3) 技術伝習の有益な国

オーストリア、ドイツの二つの国を挙げる。オーストリアが日本人の見聞の有益な国である由縁は「材木ヲ焼物トシ水ヲ運動力トスル種々大切ナル職業」があるからであり、ドイツは「前記セル諸種ノ家業ヲ整備シ、且ツ教育ノ法ニ至テハ最モ名誉ヲ得タル国」だからである。

このほか、諸製作場を縦覧し、日本人を永く彼の国に滞在させれば、彼の国の精巧なる工人と親しく相交わり、ついには容易に職工を日本に雇うことができよう。すべての事務官は見聞するごとに、あるいは学習するごとにその事物を一々記録し、説き、示して国民に伝える必要があるので、十分詳細な記録をとるためには一定の居所を定めて見聞百般のことを招採して記録することが必要である。政府はこの建議を採用され、これを天下に公布して諸工人等に志願意見を建言させることが肝要である。これがウィーン万国博覧会への参加によって日本の将来の幸福を招く大意である。

以上が「第一　ワグ子ル氏建白ノ書簡」の内容である。この建議では明治五年六月に佐野常民がウィーン万国博覧会への参加目的として掲げた五項目のうち、特に技術伝習について建議したワグネルの最初の技術伝習構想である。技術伝習者の選考の必要性とその任務および伝習すべき工芸技術の職種、伝習先の国としてオーストリアとドイツを挙げ、すべての職種について日本の国民に伝えるための記録をとることの必要性、彼の国に滞在して現地の工人から直接に伝習すべきこと等について述べた技術伝習の骨格となった最初の建議である。

2 「以書面奉建言候大日本学校ノ儀」

ワグネルの「以書面奉建言候大日本学校ノ儀」の建議は、先に見たように明治五年一〇月以降、同六年一月以前の文書であると見ることができるから、「第一　ワグ子ル氏建白ノ書簡」の後の建議である。この建議では、第一の建議で論及できなかった技術伝習のあり方について具体的な構想を述べている。国益を扶植するための大要を述べ、国益を実現するための留学生の職業伝習のあり方を示している。この際に、ワグネルは留学生を学校に入学させないで学者の私塾に寄留して修学させ、あるいは職掌の人に就いて実地に修業させる「生徒一学ヲ限リ研究」を行い、技術伝習を確実に行わせるための方法を主張している。

(1) 国益扶植のための各国宝財の大要

この建議の冒頭で、日本の「国ノ益盛ナルコトヲ欲スルノ目的」を立て、国益の増進は「平民入費ノ外余計ニ物産ヲ生セスンハ開化捗取能ハス」と入費を上回る生産を実現する国民経済を構築する必要があることを述べ、そのための要務は「自然ノ国力ヲ以前ニ異ナル様ニ能用ヒ欧羅巴ノ発明ヲ以テ種々ノ政務職業ヲ改革」する必要があるというものである。しかし、性急に西欧の学校に倣って新学校で教育をするのは「宝財光陰」を費やすのみで、ヨーロッパの繁栄は一朝一夕に生じたものではなく、世々辛苦勉強によるものであることを知るべきで、また人民の職業を一時に変更することは難しく、自然に国の開化に従って国民の職業等も追々開け、国益の増大に及ぶもので、また職業等万事の発明にも及ぼすことが「富強永久ノ策」である。このために、学校規則を立てる前に、如何様な職種、如何様な物産が速やかに生み出すことができるかの目的を立てるべきであるとして、開化捗取のための留学生の技術伝習のあり方、「商法製造学問」のための学校の教育モデルを建言した。(5)

そこで、まず日本はどのような職種が必要であるのか、どのような物産を生み出すことができるかを知ることが必要であること、そして、これを知るうえで必要なことは「各国ノ宝財」を知ることであるとして、これを五つに分類して示した。それによると、「各国ノ宝財」として、鉱物の採掘、森林とこれに付随する林産物、農産・畜産物とこれらを原料とする加工、小規模な各種の製造業、鉄道・道路等の運輸・交通とそのための施設等を挙げ、これが、日本がこれから国益扶植のための職種であり物産とすべきであることを述べている。その要点は次のとおりである。

第一、山内の鉱物。政府が外国人に鉱山業を許可するか、または外国の鉱山学者を雇用して生徒に教授し、実地の修業を行って鉱山技術者を養成すれば石炭その他の鉱物の採掘が可能となる。その後に洋行して海外の鉱山学者のもとで鉱山学の研究をさせることである。

第二、自然生の産物。外国の最も重要な政府の事務は森を防護して国益を増加することである。森に附属する炭、薪があり、このほかの物産に、チャン、木脂、染色薬、ボッタスがあり、富強の要務としての牧場がある。

第三、地。牧畜、茶・桑などの植物の耕作である。牧畜と植物に関係する職業としてビールの醸法、砂糖の製法、牛乳、パンの製法、石鹸の製法、獣脂で燭の製法がある。

第四、細工。大製造所を始めることは難しいので、次のように海外での小規模な工法を伝習させる。すなわち、金属の揃え方、染め物、紙漉、織物、輜車《ししゃ》についての仕方、ギアマンの製法、焼陶器法、建物の法。このほかに種々の細工の製法を変革する。小製造の穀物の製粉、製材所、搾油、その他の金属を製する器機を用いることは早急に行う必要があるけれども、高価な海外の器機を購入する必要はなく、自製の器機でよい。塩の製造、硫酸の製造は盛大に行うべし。

第五、交際。鉱山、牧畜、耕作、製造等の職業を進歩させようとするならば、鉄道、道路、橋、車、船の通行のための運河、港、造船等が必要であり、これらの製造、普請のための学問、詳細な地理の調査が必要である。

(2) 留学生の技術伝習のあり方

以上は国益を扶植するための職種と物産の大要であるが、留学生の技術伝習のあり方の建議についてみると次のとおりである。

日本人はこれら海外の五つの宝財を学び、これを日本に移転し、海外のごとき文明の開化に及ぼすためには外国語の勉強のみではなく、学問（職業）修業のために洋行する必要がある。しかし、数年間の洋行でも種々の学に惑い、何の学も修得しないで帰国することは良くないことであるから、一つの学の修得を目的とした洋行をすべきである。この場合、学校に入学させないで学者の私塾にて寄留修学させて一学を学ばせると早く修得ができるのであり、帰国後には修学した事業を行わせることが肝要である。最も大切なことは、森については森職人、牧場普請、牧畜（最も大切な緬羊の飼育）、耕作などは学校ではなくこれらの人々に就いて実地に修業させることである。硫酸製造、ギアマン製造、食塩の製造はそれぞれの製造場所で実地に修業させ、路普請、水車建物等の測量術も海外の職人について修業させ、特に道路、橋、運送車の製造も職人について学ばせる。壮年の商人には海外商館・両替所等で見習させる。これまで述べたように「生徒一学ヲ限リ研究」させて、帰国の後に「自孤」に行うことを命ずることである。日本の壮年の人は海外の製造場で職人となり、研鑽に励んだうえ、好きな海外の職人を雇用して帰国し、その製造場を建て、検査を受けてその職人なしでも営業できるようにすることが学者を雇用するより有用なことである。

この建議でワグネルは、日本の職種選択として、西洋の「諸職人多ク力ヲ合セ（ル）製造場、鉄道、舟造所」のような大規模な製造場、大規模な農業および牧畜業は日本に無い職種であるから、ただちには日本で行うことが難しいので、「追々之ヲ行ウ可シ」として、受け容れやすい上記の第一から第五までの小工業を中心とした職種を選択すべきであると建議したのである。また、「生徒一学ヲ限リ研究」させる技術伝習を主張した海外留学のあり方の建議は、その後の留学政策に反映されていった。岩倉使節団がウィーン万国博覧会の技術伝習と連動して、ヨーロッパに留学中の留学生に留学目的を変更させて新たに技術伝習を命じたことはワグネルの建儀を反映させたものといえる。

以上の第一、第二のワグネルの技術伝習の構想は、ウィーンへ出発前の日本で建議したもので、なぜ技術伝習が必要なのか、そのための様々な基本的な枠組みが示されている。伝習者の選定の必要性、伝習すべき工芸の職種、伝習先と留学生の技術伝習の方法について述べていたものである。ウィーンで実際に技術伝習者を選考し、技術伝習を実施する際の伝習者の職分と職種について建議したのが、明治六年五月一一日の「第二　華氏建議」（明治九年、『澳国博覧会報告書　第十五』）である。

3　「第二　華氏建議」

ワグネルの「第二　華氏建議」では具体的に諸職工の技術伝習すべき職分を建議した。その冒頭で「西洋ノ無数ノ職業中ヨリ諸職工ノ伝習スヘキ職分ヲ撰ムノ主意ハ左ノ如シ」として次の三か条の方針を掲げている。

第一条　西洋ノ製作法ヲ調知シ随テ其改正進歩ノ手道具并ニ其取扱方ヲ日本ニ伝ヘ能クホトノ職工ヲ幾人カ日本ニ育成シタキコト

第二条　此伝習スヘキ職業ハ既ニ日本ニ於テ仕来タレル職業ニテ費用多キ大ナル機械ヲ購入レストモ改正スヘキ職業ニ限ルヘキコト

第三条　人々ノ長スル所ニ応シテ職分ヲ配当シ全国ノ利益ノタメ他の職工ニ教ヘ伝フルホトノ職業ヲ学ハシムルコト

この方針に明確に示されている技術伝習の方針は、しばしば述べてきたように、第一に伝習すべき職種は日本で行われている職種であること、したがって第二に技術伝習すべき観点は、日本で行われている技術との相異を学び、日本の技術改良に役立てること、第三に学んだ技術を日本の職工に伝えること、つまり技術移転を行うことであった。この方針のもとで選択した技術伝習の職種は磁器、模様画、轆轤《ろくろ》の用法、螺旋の製作、鋼鉄の細工、鋼鉄の鍛錬法、室内用の掛け時計の製作であった。これらの職種は伝習させたいとワグネルが考えている数名の職工を念頭において選択された職種（**表14**、ワグネル第二建議の欄を参照）であったので、その職種は制限されているけれども、実際の伝習者と伝習職種はさらに多様であった。

この際にワグネルは、技術伝習のあり方についても明快に方針を述べている。それは、職工の技術伝習はあちらこちらで伝習するのではなく、一定の場所に滞在して伝習することであった。その理由は西洋職工の作業等の順序、生活のリズムを乱すことなくその土地の風俗を見習い、その職業に勉めることが肝要で、そうでなければせっかく技術伝習者である職工を引き立てようと念じている伝習先の師匠から捨て置かれることになるというものであった。また、一か所に止まって伝習すれば言葉も通じるようになるし、毎日対面していれば居住している人民との間で相互に言葉を理解するようになる。また一つは日本の職工が「西洋ノ製作場ノ法則及ヒ分業ノ仕方」を明らかに見覚えることができる。このことは費用を節約し、時間を省くことにもなる、というものであった。

以上、ワグネルの三つの建議から、ワグネルの技術伝習構想の輪郭を次の四点に要約できる。

第一に、ワグネルは「国家将来ノ幸福トナルヘキ大利益ヲ謀ル」日本の職業の「改正進歩」を図るための職種を明示したことである。しかし、日本に無い大規模な製造場、大規模な農業および牧畜業は、ただちには日本で行うことができないので、「追々之ヲ行ウ」こととし、官員、工人の研究すべき職種（術芸）は日本に受け容れやすい一二項目あるいは「各国ノ宝財」五分類の職種に示された小規模な工業あるいは工芸を明示した。

第二に、これらの職業の技術を日本に移転するためにはヨーロッパの工芸の生産技術の伝習が必要であることを明示したことである。ウィーン万国博覧会での見聞は日本に大利益をもたらすものであることから、官員および農工商から広く技術伝習者を選考すべきであること、伝習者は見聞・学習の事物をいちいち記録し、説き、示して国民に伝える必要があるので、十分詳細な伝習と記録をとる必要があることを明示した。

第三に、留学生も私塾あるいは専門家のもとで一学について技術伝習をさせる必要があることを明示した。

第四に、伝習の方法について明示したことである。職工の技術伝習はオーストリア、ドイツの一定の場所に滞在して伝習することであるとした。このことで西洋職工の作業等の順序、生活のリズムを乱すことなく風俗を見習い、「西洋ノ製作場ノ法則及ヒ分業ノ仕方」を見覚えることができる。このことは費用を節約し、伝習期間を短縮することになる、というものであった。

2　技術伝習者の選考

1　ウィーン万国博覧会派遣者からの技術伝習者の選考

技術伝習者はウィーン万国博覧会の派遣者の中から選考したが、ウィーン博覧会開催を契機にヨーロッパに留学していた留学生の中からも技術伝習者を選考した。まず、前者の場合における技術伝習者の選考について、その選考経過をみると次のとおりである。

ウィーン万国博覧会関係資料をみる限り、技術伝習者は三次に及ぶ選考を経て決められた。技術伝習者が最初にリストアップされたのは明治六年六月一七日の佐野副総裁建議「佐野副総裁建議 大使へ差出候書面之写」(6)であった。このとき、官員・随行一一人、職工九人、計二〇人がリストアップされた。これを第一選考とする。次いで、同じ佐野副総裁建議の「工業講究可為致人名書」(7)では、ウィーンの現地で選考した技術伝習者がリストアップされている。その人員は官員・随行一〇人、職工一二人、計二二人であった。これを第二次選考とする。最終的に伝習して帰国した人員は明治八年一月の佐野復命書(8)にリストアップされた人員で、官員・随行一六人、職工一三人、外国人一人、計三〇人であった。これを最終選考とする。ウィーン万国博覧会への派遣者数は官員・随行四六人、外国人六人、諸職工二五人、計七七人であったから、最終選考で技術伝習を行った者は官員・随行者の三五%、諸職工の五二%、全体で三九%であった。選考別に技術伝習者数を整理すると**表13**のとおりである。

第一次選考の伝習者名および伝習予定の職種は次のとおりである。

表13　技術伝習者の選考経過 (1)（単位：人）

	官員	随行者	外国人	職工	計
博覧会派遣者数	28	18	6	25	77
第一次選考[1)]	2	9		9	20
第二次選考[2)]	3	7		12	22
最終選考[3)]	6	10	1	13	30

注：1）第一次選考時は明治5年12月。第二次選考時は佐野常民が伝習方針を決めた明治6年6月16日。最終伝習者は明治6年9月以降。
　2）官員は佐野副総裁および事務官、書記官。諸職工には小使を含む。
出所：1）「佐野副総裁建議 大使へ差出候書面之写」（『太政類典　第二編　第百七十一巻』文書番号三十二）。
　2）明治6年6月17日「工芸講究可為致人名書」（同上「佐野副総裁建議 大使へ差出候書面之写」所収、文書番号三十二）。
　3）明治8年1月「佐野常民復命書」（『太政類典　第二編　第百七十二巻』文書番号十四）。

第一次選考における伝習者・伝習予定の職種（明治五年一二月）

Ａ　官員および随行者
藤山種廣　活字版、銅版
納富介次郎　製作物、図学
岩橋教章　石銅版術、製図
服部杏圃　図学
藤嶋常興　小器具製作、轆轤用法
松尾信太郎　製図学
石井範忠　石炭油製出器具、画具、石鹸製作
中村喜一郎　染物、ハーダ製造
田中精助　時計製作
野田熊右衛門　造船、灯明台の大工鍛冶諸道具、家屋の雛形、水車
　風車の切込
生方彌三　同上の付属製鉄

Ｂ　職工
伊達弥助　織物、染め方
松尾伊兵衛　西欧家屋
丹山陸郎　陶器製造方法
朝倉松五郎　玉石類細工方

堀江菊造　　　　松尾伊兵衛に付属
宮城忠左衛門　　接木の方法、果樹
斉藤正三郎　　　西洋漆用法
早川忠七　　　　伊達弥助に付属
山田熊吉　　　　銅鋳造

第一次選考では職工九人、官員・随行一一人、計二〇人の伝習者がリストアップされた。この中の服部杏圃（図学）、藤嶋常興（小器具製作、轆轤用法）、中村喜一郎（染物、ハーダ製造）、田中精助（時計製作）、伊達弥助（織物、染め方）、松尾伊兵衛（西欧家屋）、早川忠七（伊達弥助に付属）、丹山陸郎（陶器製造方法）、朝倉松五郎（玉石類細工方）、山田熊吉（銅鋳造）は、ワグネルが第二建議、第三建議で推薦した伝習者であった。この第一次伝習者の選考を中心に、第二次選考の伝習者、最終選考の伝習者が決まるまでには帰国命令等で帰国を余儀なくされた者、官費の伝習から私費伝習に切り替えざるを得なかった者、最初から私費伝習を希望してウィーンに残留した者など、伝習者の移動があった。

第一選考の伝習者のうち、第二次選考前後までに移動した者は次のとおりであった。随行の服部杏圃、野田熊右衛門、生方彌三、職工の山田熊吉の四名はウィーン万国博覧会経費不足による帰国命令に応じて、明治六年六月に帰国することになった（**表4**、帰国年月参照）。さらに、伝習経費不足から石井範忠（石炭油製出器具、画具、石鹸製作から紙製造へ伝習変更）、中村喜一郎（染物、ハーダ製造から染物、蒸餅製用麦粉へ伝習変更）らは、伝習職種を変更したうえ、自費伝習希望に切り替えて残留を申し出た。丹山陸郎（陶器製造方法）はそのままの職種で自費伝習を希望して残留した。早川忠七と山田熊吉は第二次選考後に未伝習のまま帰国している。帰国組の中にはワグネルの推薦した服部杏圃、早川忠七、山田熊吉が含まれていた。

第二次選考で追加された伝習者および最終選考で伝習者に追加された者は次のとおりであった。

第二次選考における追加者（明治六年六月一六日）

A　官員および随行者

津田　仙　　農事植物学

伊東信夫　　石脳油精錬、洋蝋製造［自費伝習希望］

B　職工

山添喜三郎　　西欧家屋の松尾伊兵衛に付属

近藤半次郎　　同右

内山平右衛門　　草木培養等

圓中文助　　生糸釜定法、製糸　　［自費伝習希望］

最終選考における追加者（明治六年九月以降）

A　官員および随行者、外国人

佐々木長淳　　養蚕、製糸

相原重政　　統計製法　　［自費伝習希望］

緒方道平　　山林培養学諸科　　［自費伝習希望］

平山英三　　家具製図　　［自費伝習希望］

表14　技術伝習者の選考経過 (2)

	第一次選考[1)] 5年12月	ワグネル第二[2)] 建議6年5月	第二次選考[3)] 6年6月	ワグネル第三[4)] 建議6年8月	最終選考[5)] 6年9月以降
佐々木長淳					○
津田　仙			○		○
緒方道平					●
山内平右衛門			○		○
宮城忠左衛門	○		○		○
藤山種廣	○		○		○
藤嶋常興	○	○	○	○	○
田中精助	○	○	○	○	○
松尾信太郎	○		○		●
圓中文助			●		●
伊達弥助	○	○	○	○	○
中村喜一郎	○		●	○	●
伊東信夫	○		●		●
納富介次郎	○		○		○
河原忠次郎					○
丹山陸郎	○	○	●	○	●
石井範忠	○		●		●
朝倉松五郎	○		○	○	○
斉藤正三郎	○		○		●
竹内　毅					○
松尾伊兵衛	○		○	○	○
岩橋教章	○		○		○
平山英三					●
大崎籐三郎					○
モゾロ					○
山添喜三郎	○		○*		○
相原重政					●
椎野賢三					○
近藤半次郎	○		○*		○
山田熊吉	○			○	
早川忠七	○		○	○	
服部杏圃	○	○			
野田熊右衛門	○				
生方彌三	○				
阪田春男			○		●
堀江菊造	○				

注：●は自費技術伝習者。*○は大工職から2人とあるうちの仮の候補者として筆者が記載した者。
出所：1) 3) および5) は表13に同じ。
2) 明治6年5月11日「第二 華氏建議」(明治9年、『澳国博覧会報告書 第十五』)。
4) 明治6年8月7日「第三 華氏建議」(同上)。

竹内　毅　　　巻煙草製法
モゾロ　　　　夜景写真術
阪田春雄　　　化学　　　　　　　［自費伝習希望］
B　職工等
河原忠次郎　　製陶および陶画
椎野賢三　　　織物
大崎藤三郎　　蒸餅製造

最終選考の伝習者に官員および随行者の自費伝習希望者四人を含む一〇名を追加した結果、最終選考の伝習者は三〇人となった。斉藤正三郎は第一次選考から官費伝習者にリストアップされていたが、最終的には自費伝習者に変更された（なお、自費伝習者リストは**表12**参照のこと）。以上の技術伝習者の選考経過を示すと**表14**のとおりである。

2　岩倉使節団等による技術伝習者の選考

最終選考で佐々木長淳が技術伝習者として選考されたが、それはイタリア旅行中の大久保利通の命によって養蚕、製糸業を研究することになったためで[9]、佐々木の選考は岩倉使節団とウィーン万国博覧会への参加目的との一致、大蔵省の留学生に対する技術伝習の必要性の三者が密接に結びついて選考されたものであった。このときの留学生等の技術伝習はウィーン万国博覧会の派遣者の技術伝習と同列の技術伝習者として扱うことができよう。

先に述べたように、大蔵省は明治四年一一月の大蔵少輔吉田清成、大蔵大輔井上馨の正院宛ての意見書および「留学生取締之義ニ付伺」で「国家ヲ富スノ術特ニ製産ヲ殖スルニ在ルノミ」であるとの認識から、今後の留学生の選考は高尚文事の者ではなく「工芸技術ノ者」を選考することであるとしていた。この大蔵省の留学生に対する取り扱い方針は米欧回覧中の岩倉使節団に伝えられ、すでに述べたように、この「工芸技術」の学習・伝習方針はウィーン万国博覧会での技術伝習の背景をなすものであり、ウィーン万国博覧会の技術伝習の目的と軌を一にして留学生の技術伝習が実施されたといえるのである。ウィーン万国博覧会に派遣されていた佐々木長淳の蚕糸業の技術伝習の例とは別に、岩山敬義の農牧業、井上省三の羅紗製織の方法の研究、田阪虎之助の測量学、山崎橘馬の製紙業、松野磵の森林経営、さらには黎明期のサッポロビールの醸造を担った中川清兵衛等は岩倉使節団あるいは在外公官のもとで選考された留学生の技術伝習者であった。

(1) 岩倉大使の選考——由良守応

大蔵省は、明治五年二月、農業、牧畜、染色、ガラス製造、メリヤス、絨製《じゅうせい》、ガラス玉、酒造等の工業の諸職業研究を目的に二年間留学生を派遣するために一四人を選考したが、病気で辞退者が出たので一三人をアメリカに派遣した。このとき、牧畜研究でアメリカに派遣されていた勧農助由良守応はワシントンで岩倉大使の命を受けて明治五年六月一八日から大蔵理事および田中光顕戸籍頭の随行として渡欧し、八月にイギリスのスコットランドに渡る。このとき、由良守応は同年一一月に大蔵省勧農寮（一〇月、租税寮勧農課となる）に書簡を送って、次のように報告している。[10] スコットランドでは農牧畜業が盛んで農業の機械化が進んでおり、馬が多いこと、グラスゴーは聞きしにまさる世界第一の機械製作場であると述べ、さらに岩倉大使一行の動向についても報告している。この中で、次に述べる岩山敬義について明治六年三月頃までにはイギリスに留学し、夏までにはアメリカで動物等を購入して帰朝の予定であることが報告されている。このような機械化されたスコットランド農法の情報は、日本へのイギリス農法の移入の端緒を開くものであった。

(2) 大久保利通の選考――岩山敬義

由良守応の報告にある岩山敬義（岩山壮八郎、直樹、敬義と改名）は三隅市之助とともに、明治四年三月、民部省開墾局（明治四年七月廃止）から農事取調べの目的で三年間アメリカに派遣されていた。[11] 岩山敬義は「岩山敬義君小伝」[12] によると、大使一行がサンフランシスコに到着した際に、岩山敬義は他のアメリカ留学中の留学生とともに大使一行に面会したとき、農業牧畜が富国強兵の源であることを強調したという。多くの留学生は法学、兵学の重要性を強調する中で牧畜の国家に必要なことを述べ、牧畜の重要性を述べた岩山の前途に大久保利通は期待したという。これが契機で、大使からアメリカ農務省に依頼するところがあり、岩山敬義にアメリカ農務省で農事調査を行わせ、フィラデルフィア、その他の諸州の農事牧畜を視察したほか、イングランド、スコットランドで農業視察を行い、オーストリアのサミュエル・ウリルッシャ氏のもとで綿羊飼育等の牧畜の研修をすることになった。[13]

(3) 木戸孝允の選考――井上省三

岩山敬義の緬羊飼育等の牧畜業の研修は、日本に製絨《せいじゅう》工業の必要を認識した大久保利通等の要請によるものであった。大久保利通は米欧回覧でパリに滞在中、[14] 大倉喜八郎と協議のうえ、日本での羅紗製造の必要性についての認識が一致し、留学生に技術を研修させることにしたという。大久保利通は薩摩藩出身の岩山敬義にアメリカの牧場で緬羊飼育を研修させ、木戸孝允はドイツに留学中の長州藩出身の井上省三にドイツのケムニッツの製絨工場で製絨技術の研修をさせることにしたものである。[15]井上省三は明治四年二月、北白川宮能久親王の随員としてベルリンに到着しており、明治八年、製絨製造業の研修を終了して帰国した。[16]翌明治九年一月、内務省勧業寮雇となり、製絨所創設の事業取調べに任ぜられた。明治九年五月、機械購入、技術者雇用、工場設計研究のためにドイツに派遣され、千住製絨所の創設に関わることになる。[17]

(4) 留学生の増加と経費問題

大久保利通等の岩倉使節団が米欧回覧中に派遣官員や留学生に深い注意を払って、ヨーロッパの産業技術を学ばせたのは、大蔵省の「国家ヲ富スノ術」としての「工芸技術ノ者」を選考する方針の実現であったが、一方で官費留学生の増加に伴う巨額な留学生費用と留学生の質の問題を解決することが必要であった。

慶応二（一八六六）年に一般の海外留学が解禁されると、各藩では競って子弟を藩費（のち県費）で海外留学をさせることとなった。明治四年九月現在の留学生総数は二八一人で、うち官費一四三人、県費九一人、私費三七人、これが明治五年三月には三六五人に増加し、官費二六五人、私費九四人であった。明治六（一八七三）年には官費二五九人、私費一二三人、合計三八二人で、官費の各省庁別の留学生は大蔵省二三人、工部省一二人、宮内省二人、開拓使二三人、軍医寮一人、合計六一人、旧藩費留学生一九八人であった。[18]

明治五年七月の廃藩置県以降の官費留学生の増加は、これまでの藩の留学生を政府が肩代わりしたことによるもので、留学生費用も増加した。このために、大蔵省は財政上の理由から官費留学生を削減することが課題となっていた。明治五年二月一四日、大蔵大輔井上馨は「海外留学生精撰ノ儀申立」を正院に送り、官費留学生の削減を再度進言した。[19]その理由は官費留学生三三〇余人の費用が四一万四〇〇〇余円の巨額であること、ことに旧藩の留学生一〇〇余人は各藩の参事等が「偏愛の私情」で選び、学業の成否、年齢を問わずに選んでいるので、これらの留学生の学費は浪費であるというものであった。それゆえ、米欧回覧中の岩倉大使に沙汰して、弁務使に官費留学生を検査させ、これによって学習効果の上がらない留学生を「取捨」して帰国させるようにしてもらいたいというものであった。外務省もこの整理案には賛成で、現地で学生の管理に当たっていた弁務使も留学生の修学態度には問題があると感じており、中等教育レベル以下の段階の留学者が圧倒的で、学力そのものが芳しくなく、専門的な段階の教育を受けるまでに至っていないと認識されていたのである。このために、大蔵省、外務省、さらには明治五年八月の学制頒布で留学生の経費を支出することになった文部省も留学生の整理には賛成し、明治六年一二月に留学生の全面引き上げを実施するまでの間、岩倉使節団および在外公官等による留学生の整理、学生の管理、取り締まりが行われることになった[20]。

岩倉使節団は大蔵省の方針を受けて、訪問先の都市に留学生を集めて留学の目的を果たすように説諭したり、留学目的の変更を申し付けたりしている。大蔵省が要請している「工芸」を目的とした留学について、ウィーン万国博覧会に派遣されていた官員の佐々木長淳には大久保利通が蚕糸業の伝習を命じ、井上省三に対しては木戸孝允が製絨製造を、その原料である羊毛の確保のうえから緬羊の飼育について岩山敬義に伝習を命じたことはすでに述べた。

(5) 留学生等からの選考——田阪虎之助・山崎橘馬・松野磵・中川清兵衛

明治三年に大学東校の官費留学生としてベルリンに滞在していた長州藩出身の青木周蔵は、明治五年一月にドイツ北部連邦留学生総代となり、さらに岩倉大使からベルリン公使館外務一等書記官心得として留学生の面倒を見ることになる。明治四年一月の普仏戦争後のベルリンには北白川宮の随員、大学東校からの留学生、山口、鹿児島、高知、和歌山、名古屋、佐賀等の各県からの留学生を合わせて一〇〇人余の留学生が滞在していた。留学生の大部分は医学、兵学の伝習・研究を目的に滞在していたが、一国の文明は医学、兵学のみで進歩するものではなく、政治学、経済学、各種の工業を実際に研究する必要があることの認識から、青木周蔵は留学生の留学目的の変更を指導をするところがあった。(21) 北白川宮の随員としてベルリンに滞在していた田阪虎之助には測量学、山崎橋馬には製紙業（明治九年一月一三日、京都に西洋紙製造会社、梅津パピール・ファブリック開業）(22)、松野磵《はざま》には森林経営を伝習・研究することを斡旋した。このために松野は明治六年一二月の官費給費廃止による留学生二五〇人の帰国命令から免れることができた。(23) 大学東校の留学生の山脇玄と荒川邦蔵には政治学の勉学を勧めた。また、ドイツ滞在中の民間人中川清兵衛には留学生経費の利子を学費に支給してビール醸造技術の習得を勧告した。井上省三の羅紗製織は先に述べた木戸孝允の人選によるもので、青木周蔵のベルリン在住の留学生の留学目的の変更は岩倉使節団と連携して行われたものであった。

以上に述べた佐々木長淳の蚕糸業、岩山敬義の農牧業、田阪虎之助の測量学、井上省三の羅紗製織の方法の研究、山崎橋馬の製紙業、松野磵の森林経営、さらには明治六年三月から二年二か月、ベルリン郊外のベルリンビール醸造会社のフェルステンバルデ工場でビール醸造技術を修得して黎明期のサッポロビールの醸造を担った中川清兵衛などの技術伝習があった。これらの技術伝習は留学生を伴わなかったウィーン万国博覧会参加と岩倉使節団が連携して行われた技術伝習であったことを意味するもので、これら岩倉使節団による留学生技術伝習も広い意味でウィーン万国博覧会の技術伝習として扱うことができる。

3　ワグネルの技術伝習の要領

1　各国の主な出品物

ウィーン万国博覧会の派遣者からの技術伝習者の選考も終盤に近づいた明治六年八月八日、ワグネルは「第三華氏建議」をウィーンで提出した。この建議で博覧会の会場における伝習の心得および各区における出品物の陳列を前にして、技術伝習すべき職種を具体的に示して、その職種の伝習方法を建議し、技術伝習をいよいよ開始することになった。この建議はワグネルの技術伝習についての最後の建議であって、各国の陳列品を縦覧したうえで日本が伝習すべき職種を選定し、伝習の要領を建議したものであった。それでは、このときに各国はどのような職種の出品物を陳列していたのであろうか。ワグネルの「第三華氏建議」をみる前に、参加国と各国の出品物を一瞥しておきたい。

ウィーン万国博覧会への参加国は出品物の陳列配列からみると二五か国とイギリス、フランスの附属地からの参加があった。各国の陳列は博覧会の中心建物の本廊展覧場の円堂をオーストリア・ウィーンの陳列場とし、円堂から西側と東側にそれぞれ第一座から第八座に区分している。西座は第一座からアメリカ合衆国、ブラジル、イギリス、ポルトガル、スペイン、イギリス各附属地、フランス、スイス、フランスの附属地、イタリア、ベルギー、オランダ、ドイツ連邦の順であった。東座は同じく第一座からオーストリア連邦、ハンガリー、ロシア、デンマーク、スウェーデン、ノルウェー連邦、ギリシャ、支那、ルーマニア、ペルシャ、そして東の端の第八座はトルコと日本の順であった。このほかに機械と農業の展覧場があった。岩倉使節団のウィーン万国博覧会に同行した久米邦武の報告によると各国の主な出品物は次のとおりであった。(24)

本廊の展覧場

・アメリカ合衆国：事故のために列品不製であった。南部から棉花、ニューヨークのレミトン氏の小銃出品。煙草、麻類、養蚕の雛形、生糸、繭。機械製作は世界独歩。

・ブラジル：木材の見本、欧州にない珍物として乾燥した虫蛾のツクリ花。
・イギリス：羅紗、諸毛布、綿糸、レース、ゴム細工。セッツフィールドの輪鋸《わのこ》、帯鋸《おびのこ》、線鋸《せんのこ》、尋常鋸《じんじょうのこ》などのノコギリ類。カンナ類。外科道具、はさみ、そり、小刀。ストックトンのミントン社の陶器。バーミンガムのガラス細工、金銀銅の細工。オーストラリアの一八貫目、九貫目の大金塊。塩岩。
・ポルトガル、スペイン：物品整わず。
・フランス：陶器ゴフラン、銅の鋳物、織物類、煙管、入れ歯、入れ目、宝石類、ガラス細工、鏡、凹凸鏡、寄木細工、外科道具、玩具の類。
・スイス：ジュネーブ、ベロンの時計。楽器。縮木綿。麦藁細工。寄木細工。木材の彫刻。スイスの立体的な俯瞰図。
・イタリア：琥珀織り、繻子、ビロード、紋絹などの絹織物。綿布、毛布、レース。ガラス細工、硫黄細工。地中海の貝細工。彫刻の偶像。
・ベルギー：全国の土質層塁図、鉱坑の掘削機、坑内の図、安全灯の新発明。鉄、石炭の見本。明礬《みょうばん》の大塊。繊維の原料、ガラス、製鉄の諸器、麦稈《ばっかん》細工、煙草の製造、皮革細工、毛布類。
・オランダ：薬水醸酒のビン。漆器類。青貝細工。
・ゼルマン連邦：二五邦の出品物。ベルリンの絹織物、毛織物、木綿、陶器。アルザスの紡織。ガラスおよび黄銅で、望遠鏡、めがね、分析用の器機の製造品。レンガ造りの新工夫のストーブ。布帛《ふはく》、皮革、帽子、手芸、象牙細工、煙管、木細工、傘、鞭、学術器機、化学の物産。バイエルン国の陶器のスカシ画細工、ガラス、銅の鋳物、絹織、絹糸、毛織、木材諸工、三角尺、大工道具。ゴム製、外科道具。紡績、印刷、製鉄の器機。木綿、メリヤス。ドレスデンの煙草、マイセンの陶器。電気器機、メリヤス器機。ウルテンボルヒ国の木細工の置時計、掛時計。このほか、雨時計、大工道具、寒暖計、図引道具、顔料など。
・オーストリア：正面入り口に羅綾《らりょう》、錦繍《きんしゅう》、綢緞《ちゅうたん》、奥に象牙細工の小塔、ガラス板、銅器、金銀細工、ウィーンの名産革のモザイク、琥珀、メノウ。ボヘミア州の蝋燭立、杯、碗、皿、鉢、瓶、壺、水盛瓶、床飾。モラヒヤ州の烟斗泥（「メールシャム」ト名ク泡石）、煙管、入れ歯を作る。羅紗、絨毯、紙の製造、みな美なり。鉱山学校の全国の地質地図。
・ハンガリー：羅紗、毛布、皮革類、鉱石類、地質学、鉱業に関する地図機械。銅鉄の鋳物。
・ロシア：人身解剖の図および人身の蝋細工、医科に関する諸像。写真。理、化、鉱の学科に関する雛形。農学に関する種々の模型。麻布、羅紗、セントペテルスブルクの陶器、孔雀石の細工、大理石細工、鉄製品類。
・デンマーク：大理石、石材、鋸、砲の類。
・スウェーデン、ノルウェー：銕《てつ》類。マッチ。
・ギリシャ：古代の石像、鉱石、木材の見本。
・ルーマニア、トルコ：注目すべきものはない。
・ペルシャ：敷物。
・支那：七宝塗りの蒔絵。
・日本：陶器（誉高し）、絹吊（糸の質が美なるのみ）、漆器（日本の特技、評判高し）、銅器（精美を欠く）、七宝塗、象嵌細工（大いに賞美される）、寄木細工、麦藁細工、染革（激賞を受けたり）、紙と麻枲《からむし》、油絵（欧州の児童にも及ばない）。

機械の展覧場
・ロシア：農業機械、水車、風車の輪軸、大小の鐘。

・ハンガリー：鉱山、冶鉄関係の出品物。
・オーストリア：組糸器機、あやとり器機、広幅レース編機、乗車、汽車、印刷器機（注目を浴びる）。
・ゼルマン：農業機械。バーデン国、プロシア国、ザクソン国。ベルリン、ハリンク社の織物器械。エッセン、クロップ社の千砲丸磅の大砲。
・ベルギー：織棉の器械。
・イタリア：ジャーコップリッテル社の大織物機。
・フランス：紡織器機、材木製造器機。
・イギリス：十分でない。諸郡の製造場の出品物。材木製造の器機。
・アメリカ：開場していない。

農業の展覧場
・ロシア：大麻、亜麻、諸穀、木材、諸果物、諸酒、煙草、漬果、蚕糸、蝋燭、木綿、羊毛。
・オーストリア：泥炭、木皮細工、菓子、製造砂糖、海綿。
・ゼルマン：特に心付きたるものとしてホップとチッソー（羅紗をぼかすに用いる）。他はオーストリアにほぼ同じ。
・イタリア：ローマ酒、麻、絹、棉。
・フランス：チョコレート、ソーダ水の器機、瓶、農耕具。
・イギリス：農耕の器機。

久米邦武は、アメリカ合衆国は事故のために列品不製とか、機械展示場は開場していないと報告し、ポルトガル、スペインは物品整わず、と報告しているのは博覧会の早い時期に縦覧したことによるものと思われる。ワグネルが伝習の有益な国であるとしたドイツのザクセン国は「工芸ヲ以テ富ヲ起シ、工民ノ数ハ、農民ニ過ルト云国」であると記しており、オーストリアの羅紗、絨毯、紙の製造はみな美しく、組糸器機、あやとり器機、広幅レース編機が出品され、印刷器機が注目を浴びたことが記されている。またゼルマンでは農業機械やベルリンのハリンク社の織物器械、エッセンのクロップ社の千砲丸磅の大砲を紹介している。アメリカからはニューヨークのレミトン氏の小銃や南部の棉花が出品され、イギリスはセッツフィールドの輪鋸、帯鋸、線鋸、尋常鋸などのノコギリ類、カンナ類の出品が目立つ程度で、工業製品の出品は十分でなかったと報告されている。日本からの出品物はヨーロッパの注目を集めたことを特記している。「其一ハ其欧州ト趣向ヲ異ニシテ、物品ミナ彼邦人ノ眼ニ珍異ナルニヨル、其ノ二ハ近傍ノ諸国ニ、ミナ出色ノ品少キニヨル、其ノ三ハ近年日本ノ評判欧州ニ高キニヨル」とその理由を述べている。ウィーン万国博覧会は日本の物産を海外に宣伝する好機となっており、日本の産物を海外に広めるという第一の参加目的が果たされていたのである。(25)

2　ワグネルの技術伝習の要領

以上にみてきたように、博覧会における多様な出品物を縦覧して、技術伝習を必要とする職種を選択し、技術の伝習をどのように実施すべきかについて、ワグネルは「第三 華氏建議」で具体的に示して、技術伝習をスタートすることになったのである。この場合、技術伝習を行う場所とその方法を二つに類別して、一つは博覧会場で居ながらにして伝習する、いわゆる座学による方法、二つは博覧会場を出て出品物の製造現場に赴いて製造作業を実際に行うことを通して技術を伝習する方法である。前者の技術伝習は、博覧会場に陳列している製品を直接に観察し、製造方法を記述した文献、絵図、雛形等の調査・研究を行うものであった。ワグネルの「第三 華氏建議」は、技術伝習の座学と実地伝習の両方の方法について建議したものであった。

博覧会場を中心とした座学による方法として、ワグネルは博覧会場に陳列されている各国の出品物の観察と出品物の手本、図、雛形等を買い集めることを求め、この方法を通して伝習すべき心得について次のように述べている。

①外国では日本に産する物質をどのように扱っているか、その用法を知る。
②日本の産物の販売先。
③日本のこれまでの物品の改良、諸職工の教育に参考となる手本、絵図、雛形等を買い入れる手段。
④日本の商法、工事で利益となることを熱教する人に逢い、その評論を聴くこと。

およそ日本の諸官員中より右の条件を探索できる人を選んで任せるべし。この人は日本で利用できそうなものはその手本、図、雛形等を買い集めるべし。

ウィーン万国博覧会の出品要領によると、「諸説著シ方之手続」でみたように、製造物の場合はその製造方法、原料を詳述することになっており、器物は図解して出品することになっていた。ワグネルはこの点に着目して、各国の出品物の製造方法の解説や図解、雛形を購入して、日本でも製造している出品物の改良や職工の教育上の参考とすることを建議したのである。このほか、博覧会場を巡覧して買うべき物品は巡覧の間にただちに買い、銘々目録を作り、ただちに船積が出きるように荷造りをしておくこと、巡覧中に生じた種々の疑問を解決するために順序を立てて質問すること、このための官員を選ぶ必要があることを建議している。

ワグネルは「第三 華氏建議」で博覧会場で行うべき座学を前提に、さらに実地で伝習すべき職種と伝習方法を各区ごとに明示した。この建議は技術伝習を行う必要のある職種、伝習地と施設、伝習方法と内容、伝習者の氏名を挙げて説明しており、ウィーン万国博覧会への参加を機会に行われた実際の技術伝習の要領を知ることのできる建議である。煩雑をいとわず、ワグネルの「方今ナシヘキ急務ト失フベカラサルノ時トヲ示ス」とした各区の技術伝習の要領を摘記すると以下のとおりである。

一区　鉱山業

・日本の諸山産物を一集してウィーンのポリテクニキュム内地質学堂博士エフフヲンホッステルレルに届け、比較する。鉱石は澳国の有名なローベンの学校（諸鉱山学校の本部）に送る。ここの博士は鉱石を分析し、かつ鉱石の溶解法を教える。職工賄料、建築入用等も教える。

・スチリヤ、カリスチヤの州郡を巡回し、金属の溶解、鍛錬等のほか、個々に用いる木炭継続の方法等の森林培養法、諸種の水車、粉ひき水車、鋸水車など種々の工業にかかる建築を見るべし。

・朝倉を玉石の石切場に派遣して、ヨーロッパの機械にて玉石を扱う法を学ばせること。

二区　農業、林業

・ドイツ州内の有名農学校ウヲルテンベルクのホーヘンハイムの学校に派遣して巡覧させること。

・ヨーロッパの種を一集して持ち帰ること。

・麻、ヨーロッパで紡ぎ、織り方を研究する。紡績に廉価な機械を使うが、これは工匠、鍛冶等で作る。日本の糸車よりは性能がよいので実験すること。イチビ、カラムシ、藤の糸等、この機械で紡績できるかを実験することo 繭、イタリアから雛形を買い集め、イタリア養蚕法の報知を買うべし。
・木材の手本は澳国、ドイツの養樹学校に送るべし。
・日本産の染料はシュトゥットガルトに送り、中村氏をして日本の染料で染める方法を学ばせるべし。

三区　化学製品

・塩、南ヨーロッパ諸州の塩浜一ヶ所を巡覧させ、塩の製法会計を報知すべし。
荏油《えあぶら》はヨーロッパ人の知らない油で、絵料として輸出品となるべし。圧搾機械を使用する油締め場を巡覧すべし。

四区　食物・飲料

・繩粉、日本には粉挽車がないので、この地で図、雛形を取るべし。
・東京、横浜のパン粉はサンフランシスコから輸入しているので、東京に粉挽車を立てればその利益は莫大である。糊、そーめんの類、巡視して情報を集めるべし。
・酒製造所は必ず一巡せしむべし。酒精、小なるブランデー製造所を縦覧すべし。
・魚類漬け物、鮭・ニシン・イワシ等の魚類保存の方法をヨーロッパから学ぶべし。缶詰の方法を知るべし。
肉類の薫製、塩蔵方法を学ぶべし。
・タバコ、各種の煙草はブレーメン、ハムボルクに見本を送るべし。巻煙草をつくり、煙草を刻む等の器械を買うこと。新貿易品となるべし。他国の煙草の種子を買い、比較検討すべし。
・茶、日本の輸出品の第一の物品。支那の黒茶の如くなれば日本の茶は一大交易品となるのでブレーメン、ハムボルクに送るべし。

五区　織維製品

・伊達弥助、早川忠七の両人はドイツ、スイスの機織学校に派遣してヨーロッパの機織の原則を学ばせるべし。その後、フランスまたはドイツその他の有名な絹布製造場を巡覧せしむべし。無地および模様を織る機織器械を購入して、日本に送り日本在来のものと比較すべし。日本の絹物が輸出物となるかを調査する。諸種のリンネンの手本を一通り買い、麻類製造の参考とし、その器械にも注意すべし。莫大小（メリヤス）を織る器械、この類の器械のこと。

・織物の染色、織物に絵を画くこと、中村氏のほか、伊達、早川の二人にも習わせるべし。絹布、絹布に画く器械、かかる工業の手続き等を取り集めて持ち帰るべし。

六区　皮革、ゴム類

・革を五彩に染めるための手本を収集する。革を美しく染める手続きを究明すること。

七区　金属品製造

・田中氏、藤嶋氏、山田氏は金属細工に関係する手続きを究明し、その概略を得ること。ヨーロッパの金属細工を十分学びたる後、その器械を一通り買い集めて自用に供すべし。

・器機類のこと、工業の手続きを知るべきその雛形類を一集して国に送るべし。鋳型の類、釘を造る器械、螺旋を造る器械等肝要なり。

八区　木製品

・大工、ヨーロッパの小さき家の建築法、家具製造、窓の作り方等を見習のために、然るべき所を選んで派遣すべし。ヨーロッパ風の大工道具の作り方も覚えるべし。大工の長松尾はモルタル、セーメンツ等を造る方法を見る機会多かるべし。

・接ぎ木の法、天井の組み方、小さき家具等買い入れるべし。桶の作り方、その器械、手本類、雛形を買い入れるべし。覆木細工（合板）、切り組細工等は、切るに用いる道具、機関、雛形類、鋸等はなはだ要用なるものである。木を薄片に切る道具のこと。木の彫刻は手本を取り、彫刻の学校を必ず巡覧すべし。

・竹、藤、蔓の類を割る器械類、藁（ストロー）細工の編み物は輸出品となるべし。ヨーロッパの家具の図のこと。

・コルク細工に用いる器械のこと。日本にコルクを造るに適当な一種の木あり。コルク細工の詳細を吟味すべし。

九区　石器、土器、ガラス品

・石切場を巡覧し、図あるいは写真を撮るべし。

・緬粉の挽臼に用いる石、溶鉄の炉を造る石の手本を集めるべし。

・煉瓦の製造器械、図、瓦焼方、煉瓦石、瓦製水管、暖炉（ストーブ）、彩色した煉瓦石のこと。

・土器の製造機械の手本、型を作る手続の手本等を十分集めること。丹山はボヘミヤあるいはベルリンに派遣して型を作る手続、機会あれば着色の法をを学ぶべし。陶画の画料を磨く臼、細末にする器械類、竈の図等を取り集めるべし。

・あまり大きくないガラス細工工場を巡覧して、その図を取り、日本国民にガラスを吹く方を得さしむべし。

一〇区　細小品

・出品数が多いので、一々論説できない。博覧会場、ウィーンの店でいかなる物が売れているか、日本産の物はこれに見合わせ、その形質を沿革させ、ヨーロッパの風習、その旨味に合うようにすべし。

一一区　紙、楮製造

・日本の楮《こうぞ》は輸出品となるか。日本の紙の製造局を盛大にするためにはどのような製紙機械が良いか。柔らかい木屑、藁などを楮に混ぜて製紙するための配合のこと。

・日本の紙をヨーロッパの製本師、板行師（彫刻等をする）、画工、学問上の器機を造る者、児童玩美物を造る者、造り花師等の用にはいずれの紙が良いか。日本紙の手本を与えるべし。製本器械、製本手続きは一通り買い集めるべし。

一二区　書画、図取の術

・版行器械、ロルレル、プレス器、アウトグラヒープレス等はみな買い集めるべし。

・ヨーロッパの百工、百工学等、見るべき図の類は買い集めるべし。

・絵の具、画筆、画刷毛のこと。

・製図学、画学、型を作る術等教える学校、組立規則のこと。

一三区　機関、物品運送器械
・機関図、雛形のこと。地平に廻る車、水車、風車、水力なく動かすポンプ、滑車、泥揚器械、金属細工器械、油締め器械、粉挽車、ブラスト。
・綿布に模様を印す器械、穹廬《きゅうろ》の竈に空気を送る器械、道路を行く車、これを造る器械。

一四区　学問に関する器機
・大小学校のためになる学芸に関する器械を選んで買うこと。

一五区　楽器
・日本産の木材で楽器に使用できる木材があるかをウィーンの楽器師に見せて試験するべし。

一六区　陸軍についての事
（記載なし。）

一七区　海軍についての事
・海軍省から博覧会の巡覧があるのでいうに及ばず。
・海岸を航行する小船の雛形、海岸および海中に工作する雛形、港泊波除ヶ石の雛形等は最も利用なるべし。

一八区　工業の事

・建築用の木材、石類の手本を集めるべし。
・道路普請の雛形。木橋、石橋、鉄橋等の雛形。行舟のために河中に建築の石、水車、自余の器械設置の建築すべき石。
・廉価な住居、家屋の雛形。暖炉。農事に関する建築。
・小さき製造所の図。

一九区　都市の住居、内部、家具
・一八区に述べたり。日本の家屋は暗く、寒く作業能率が悪いので財を失うことが多い。日本家屋の内部を少し改革したい。

二〇区　田舎の住居、附属建物、内部、家具。二一区　各国の住居の内部、装飾品、家具。二二区　美術。
二三区　神祭に関する術業。二四区　古昔の美術。二五区　今世の美術（一八六二年ロンドン博以降の美術品）。
（以上の二〇区〜二五区まで記載なし。）

二六区　学校教育
・各種の学校、稽古所等を巡覧せしむべし。ことに百工学、農学校、鉱山学校、森林養樹の学校、最も肝要なり。
・諸術芸の学校（テクニカルスクール）の諸器械および財（図など）を買い入れ、また命じて作らせるも可なり。

以上にみるように、ワグネルは技術伝習の要領を細心の注意を払って細かに指摘している。そこでは、朝倉松五郎は玉石、中村喜一郎は染料、伊達弥助・早川忠七は織物、田中精助・藤嶋常興・山田熊吉は金属細工、松尾伊兵衛は建築、丹山陸郎は陶磁器というように、伝習者と職種を指定していた。また、日本から持参した鉱物をウィーンのポリテクニックの地質学の専門家等に運んで分析を依頼したり、日本の染料をドイツのシュトゥットガルトに送って日本の染料で染める方法を学ばせるなど、そこにはワグネルの科学者としての立場がにじみ出ている。先に指摘したように、製造物の図や雛形の収集のほかに、①見本や種子、機械を集めること、②とにかく生産地や工場、学校をくまなく巡覧、巡回して職種をよく見物し、情報を集めること、③比較検討や実験、実習をすること、④製造方法を学ぶこと、さらには輸出を行ううえで、ヨーロッパの風習を学ぶことが必要であることなども指摘している。

注

(1) 大久保利謙「岩倉使節派遣並に復命関係資料集」、大久保利謙編（一九七六）『岩倉大使の研究』宗高書房、一九七-二〇〇、二四八頁参照。
(2) 大蔵省編纂「大蔵省沿革志下」、大内兵衛・土屋喬雄校（一九六二）『明治前期財政経済資料集成　第三巻』明治文献資料刊行会、三八二-三八三頁。農林省編（一九六八）『農務顛末』第六巻、農業総合研究刊行会、八五七-八九六頁。
(3) 明治九年『澳国博覧会報告書　第十五』。国立公文書館所蔵文書で、『公文録』として編纂されている。
(4) 明治六年従一月到四月『公文録　各局之部博覧　全』文書番号八。
(5) 寄田啓夫はこの文書を「大日本学校ノ儀」建言書として、わが国の勧工上の基本的方策、その人材養成のあり方について論じた文書として取り上げ、「商法製造学問」のための学校の教育モデルとして紹介している。寄田啓夫（一九八三）「明治期工業技術教育史上におけるG・ワグネルの活動と功績」『教育学研究』第五〇巻第一号、一一八-一二〇頁参照。
(6) 明治六年九月『公文録 課局之部』文書番号二十、『太政類典　第二編　第百七十一巻』文書番号三十二。
(7) 明治六年六月一七日「工芸講究可為致人名書」（「佐野副総裁建議 大使へ差出候書面之写」所収）『太政類典　第二編　第百七十一巻』文書番号三十二。
(8) 明治八年一月「佐野常民復命書」『太政類典　第二編　第百七十二巻』文書番号十四。
(9) 日本史籍協会編（一九八三復刻版）『大久保利通文書　巻九』東京大学出版会、二九-三〇頁。土屋喬雄（一九四四）『明治前期経済史研究　第一巻』

日本評論社、三六頁。
(10) 前掲書、『農務顛末』第六巻、八七八、八九二頁。
(11) 農林省農務局編（一九三九）『明治前期勧農事蹟輯録 上巻』大日本農会、五四四‐五四六頁。同前、『農務顛末』第六巻、八五七頁。
(12) 『大日本農会報』第一三六号、明治二六年一月。
(13) 大久保利通より種子、農具、種畜等を選択購求して帰朝すべき旨の命があり、旧知のアメリカ・カリフォルニアの農事会社社長リイド氏に頼み、純粋短角牛、メリノオ種羊、サウスダオン種羊、種子、農具等を購求して明治六年八月帰朝する。なお、農学校、種畜場の開設を首唱する（のちの駒場農学校、下総牧羊場および種畜場）。また農業の改良進歩を図るための東洋農会を明治一三年三月、下総牧羊場に起こし、その幹事となる（「岩山敬義君小伝」『大日本農会報』第一三六号、明治二六年一月、四一‐四二頁）。
帰国の際に各種の緬羊、牛数十頭、アメリカおよびイギリスの農具、農書、穀菜、樹草等の種苗数百種を持参した（勝田孫弥（一九一一）『大久保利通伝』同文館、四九〇頁）。のちに繁殖したリンゴ、イチゴ、落花生、その他の西洋蔬菜類の多くは、このときに岩山が持ち帰った種苗を扶植させたものであるといわれる。

なお、使節団の一人として理事功程報告を提出している。前掲書、『岩倉大使の研究』一三一‐一三八頁参照。
(14) 一行がパリに滞在したのは旧暦明治五年一一月一九日で、パリからベルギーに出発したのは明治六年二月一七日であった。大倉喜八郎が欧州視察の際に大久保利通と木戸孝允に面会したのは明治六年パリ、グランドホテルに滞在中とあることから、面会したのは明治六年二月一七日以前ということになる。土屋喬雄（一九三三）「大久保内務卿時代の殖産興業政策（一）」『経済学論集』東京帝国大学経済学会、四巻九号。
(15) 椎野賢三はケムニッツとドレースデンの中間にあるクリンゲンベルクで羅紗製造の技術伝習をした。
(16) 前掲書、『大久保利通文書　巻九』一九‐二五頁。前掲書、『大久保利通伝』四八九‐四九〇頁参照。
(17) （農商務省稿本）「千住製絨所沿革」（岡本幸雄・今津健治編（一九八三）『明治前期官営工場沿革』東洋文化社、所収）、千住製絨所編（一九二八）『千住製絨所五十年略史』千住製絨所、三頁。
(18) 渡辺實（一九七七）『近代日本海外留学生史 上』講談社、二五三‐二六八頁参照。
(19) 壬申二月『公文録 大蔵省之部 全』。
(20) 石附実（一九九二）『近代日本の海外留学史』中央公論社、二一三‐二四九頁参照。
(21) 坂根義久校注（一九七〇）『青木周蔵自伝』平凡社、三〇‐三二頁。
(22) 同前、『青木周蔵自伝』三三頁。
(23) 安岡昭男（一九六六）「岩倉使節の派遣とその成果」『歴史教育』一四巻一号。
(24) 久米邦武編・田中彰校注（一九八二）『特命全権大使 米欧回覧実記（五）』（岩波書店）「第五編 欧羅巴州ノ部下、万国博覧会見聞ノ記 上」、二八‐五二頁参照。なお、明治七年一月、博覧会事務官（石井研堂校）「博覧会見聞録」（明治文化研究会編（一九二九）『明治文化全集』第九巻、日本評論社、一六一‐一八一頁）によると、各国の出品物の総計は七万点にも及び、一区～五区の「工夫の巧みなるもの、手際の美しきもの、広大なるものめづらしきもの」を紹介している。
(25) 同前、『特命全権大使 米欧回覧実記（五）』四三頁。

第5章　製造業関係の技術伝習と移転

1　技術伝習の職種および伝習先

技術伝習の職種を最終決定するにあたって、佐野常民はワグネル建議で提案された職種を中心に選定したと言えるが、技術伝習者の持っている技術との関係も重視して伝習職種が選定された。技術伝習者が日本でも十分に技術を持っている職種でもヨーロッパの技術を伝習すればさらに日本の製造技術を改良することができ、それを日本の職人に技術を移転することによって発展が可能な職種、あるいは新しい職種でも技術伝習をすることによって日本に新職種を移植することが必要な職種については伝習能力を勘案して伝習者を決めた。学校で伝習するか、工場などの製造所で伝習するか、といった伝習先の選定は伝習職種の技術内容が規定的に作用した。この場合、伝習に相応しい優れた伝習先の製造所等を選択した関係から、伝習地はウィーンに限定されずにウィーンの周辺地域、ボヘミアやガリツィア地域のオーストリア北東部、さらにドイツ、イタリア、スイスなどのオーストリアの周辺国に及んだ。以下に、技術伝習者、職種、伝習先・伝習地について概観しておきたい。

1　技術伝習の職種

ワグネルは「ワグネル氏維納大博覧会総報告」[1]で、選択した伝習職種は日本の百工あるいは元品と関係あるものであって、製絹、製陶、石脳油、革の染などの染め、眼鏡、レンズ、写真、海防図、石版画、印書、活字の鋳造、紙型活字、製紙などのほか、山林などの管理、教育の分野も伝習したと報告している。三〇人の伝習者（最終選考者、**表14**参照）が実際に伝習した職種は四〇以上にも及び、藤山種廣や岩橋教章のように一人で数種類の職種を伝習する者もいた。伝習職種の中心は製造業関係の職種であったが、農林業、学術関係の伝習もあった。「技術伝習始末書」[2]に報告されている伝習職種を便宜上から製造業関係、農林業関係、建築・生活関係、学術関係に分類して摘記すると次のとおりであった。

①製造業関係

製糸・撚糸・屑生糸紡績／段匹織方・型紙法／絹・綿毛等の染色法・皮革染色／羅紗製造（絹織物）／木紙製紙法／活字製法／ガラス製法／鉛筆製法／測量器製法・針盤製法／造船術／石油採掘・精油法／洋蝋製法／陶磁器・ギプス型製法／時計製造法／紙巻タバコ製造法／パン製造

②農林業関係

農業三事等の樹芸法／山林培養法・山林諸規則などの山林諸科

③建築・生活関係
レンズ・眼鏡製法／宝石類・大理石研磨法／園庭築造法・接樹法／建築術／木器革類塗法／木工家具製造
④学術関係
顕微鏡検査・蚕病防除・蚕虫解剖／幾何製図法／石版・地図製法／書術／工作図学／写真術／統計術

これらの職種は、技術伝習を行ううえで相互に関連する職種として、いわば産業として選択された。例えば、繊維関係のように養蚕・製糸・撚糸・屑糸紡績・機織・染色はそれぞれ分担して繊維産業として伝習した。このような例は、羅紗製造関係、製紙・印刷関係、測量器製法・針盤製法・時計・電信機などの精密器機製造、ガラス・レンズ・メガネ製造、陶磁器・ギプス型・彩釉薬などにもみられ、相互に関連した職種として総合的に技術伝習が実施されたのである。

技術伝習期間は経費との関係で短縮せざるを得なかった。ウィーン万国博覧会の開催中の明治六年六月以前に伝習を開始したものもいたが、同年七月以降から伝習を本格化した。

2　技術伝習先

技術の伝習先の決定には伝習しようとする職種が規定的に作用した。伝習先を具体的に決めるにあたって、製造業関係の場合に最も多かったとみられる決定方法は、ウィーン万国博覧会に陳列している出品者（製造家）を伝習先とする方法であったと思われる。ワグネルは、伝習先として選定した製造業関係の製造家や伝習先として選定した学術関係の職種の学科を教授する伝習教師は日本人を技術伝習者として受け容れることを速やかに承諾したこと、そして、たいていは伝習のための謝金を要せずと「ワグネル氏維納大博覧会総報告」で述べている。

佐野常民とワグネルが伝習先を決めたが、ウィーン万国博覧会の審査員および審査員の紹介で伝習先を決める場合、お雇い外国人が斡旋して決める場合もあった。

伝習先は伝習方法によって次のように区分される。ワグネルの指示に従って、①出品解説、②巡視、③実地指導による伝習で、③は個人、学校・博物館、政府機関、製造所（官営、民営）に大別される。この中で最も多かった伝習先は民営の製造所であった。これらの実地指導の伝習先はウィーン万国博覧会に陳列されている出品物の製造所に依頼して決められた場合が多かった。①の出品解説で伝習せざるを得なかった田中精助の場合、③巡視による伝習は蚕糸関係、陶磁器関係の伝習の場合にみられた方法で、これらの場合は実地指導のほかに各地の製造所などを巡視した。

3　技術伝習地

ウィーン万国博覧会の経費不足を理由に日本からの出品物の陳列等の終了を待って、明治六年六月にウィーンに滞在中の諸職工の帰朝を命じた際に、技術伝習地について、「諸術芸研究等ノ為メ所々出張可致者モ維納ノ外ハ出張不可致様御沙汰(3)」されていたので、技術伝習地はウィーンを中心に伝習することが、政府から条件づけられていた。しかし、実際の伝習地は、私費伝習者および伝習職種の関係からウィーン以外の場所での伝習も行われた。

ウィーン万国博覧会開催の一八七三年におけるウィーンの街にどのような製造所があったかを知ることはできないが、一八八一年のウィーン地図Neuester Special-Plan Wien(4)に掲載されている製造所を抽出すると、蝋引布工場（Wachstuch Fabrik）、蒸気機関車工場（Lokomotiven Fabrik）、酒精工場（Spiritus Fabrik）、なめし皮工場（Leder

Fabrik）、ワゴン工場（Wagen Fabrik）、骨炭工場（Spodium Fabrik）、荷車グリース工場（Fabrik von Wagenschmiere）、セメント工場（Cement Fabrik）、機械工場（Maschinen Fabrik）、ギプス工場（Gips Fabrik）、にかわ工場（Leimfabrik）、タール厚紙工場（Teer Pappe Fabrik）、弾薬工場（Patronen Fabrik）、化学工場（Chemische Fabrik）、タール地工場（Theertuch Fabrik）、硝酸カリューム工場（Salpeter Fabrik）、タール工場（Theer Fabrik）、化学製品製造工場（Chemische Produkten Fabrik）などの製造所があった。技術伝習と関係する職種として陶磁器製造のギプス製造所、石油関連の製造所としてグリース製造所、タール製造所、セメント製造所を挙げることができるが、ウィーンでも伝習した伊東信夫のセメント製法は、この地図に掲載されている製造所であった可能性が高い。ウィーンには政府関係の学校もあり、緒方道平、岩橋教章、相原重政は政府機関および政府関係の学校で伝習をした。竹内毅は政府の経営するタバコ製造所で紙巻タバコ製法の伝習をした。

しかし、すでに述べたようにウィーンだけでは伝習職種を充たし得なかったこと、私費での伝習も行われたので、「近傍ノ場所柄ニテ事質一見不致候ヘハ相成兼候場所ハ其筋ノ者差遣シ一覧為致[5]」したほか、オーストリアのボヘミアやオーストリアの周辺国での伝習もあった。蚕糸関係はイタリア、スイス、羅紗製造はドイツで伝習を実施している。伝習先別、伝習地別の伝習者・職種を一覧にすると**表15**のとおりである。

伝習者によっては複数の国にまたがって伝習している場合がある。例えば、園庭築造の内山平右衛門・宮城忠左衛門はウィーンのほかにロンドンの西洋庭園を巡視し、建築の松尾伊兵衛・山添喜三郎はウィーン・ロンドン・パリの建築物を巡視している。佐々木長淳は蚕糸業の巡視のためにオーストリアのほかにイタリア・スイスを巡視している。製造所で伝習を受けた後に巡視に出かける場合もあった。例えば、製陶の納富介次郎・河原忠次郎はボヘミアで伝習の後に各地を巡視している。しかし、多くの伝習者は一つの製造所、一か所の伝習地で伝習に励んだ。

表15　技術伝習先・伝習地別の技術伝習者・職種（○印は該当する伝習先）

伝習地・伝習者・職種	伝習先						
	出品解説	巡視	政府機関	実地指導			
				学校・博物館	個人	製造所	
						官営	民営
［オーストリア］							
①ウィーンおよび近郊							
佐々木　長淳　養蚕法		○					
緒方　道平　山林諸科		○	○				
相原　重政　統計術			○		○		
津田　仙　樹芸法					○		
内山平右衛門　園庭築造		○					
宮城忠左衛門　園庭築造		○					
藤山　種廣　活字製法							○
黒鉛製造							○
藤嶋　常興　測量器製法					○		
針盤製法					○		
石井　範忠　製紙法							○
朝倉　松五郎　眼鏡製法							○
斉藤　正三郎　木器革類塗							○
近藤　半次郎　木製家具製造							○
竹内　毅　紙巻煙草製法						○	
中村　喜一郎　染法							○
松尾　伊兵衛　建築術		○					
山添　喜三郎　建築術		○					
納富　介次郎　陶器		○					
岩橋　教章　石版				○			○
地図製法				○			
画術				○			
伊達　弥助　組織法				○			
伊東　信夫　石脳油製法							○
洋蝋							○
セメント製法							○
大崎　藤三郎　パン製造							○
平山　英三　工作図学				○			
②ボヘミア							
藤山　種廣　ガラス製法							○
鉛筆製法							○
納富　介次郎　陶器							○
ギプス型							○
河原　忠次郎　同上							○
丹山　陸郎　製陶						○	

（次頁へ続く）

（表15の続き）

③ガリツィア							
伊東　信夫　石脳油製法		○					
④オーストリア南部							
松尾　信太郎　造船術							○
［ドイツ］							
田中　精助　時計製造	○						
中村　喜一郎　染法							○
平山　英三　工作図学				○			
椎野　賢三　絹織物				○			
［イタリア］							
佐々木　長淳　養蚕法		○					
圓中　文助　製糸法		○					
朝倉　松五郎　大理石研磨法		○					
モ　ゾ　ロ　写真術					○		
［スイス］							
佐々木　長淳　養蚕法		○					
田中　精助　時計製造	○						
［フランス］							
松尾　伊兵衛　建築術		○					
山添　喜三郎　建築術		○					
納富　介次郎　陶器		○					
［イギリス］							
内山平右衛門　園庭築造		○					
宮城忠左衛門　園庭築造		○					
松尾　伊兵衛　建築術		○					
山添　喜三郎　建築術		○					

出所：明治8年12月『公文録 寮局之部』、明治9年『公文録 澳国博覧会報告書 第十、十五、十六、十七』、田中芳男・平山成信編（1897）『澳国博覧会参同紀要 下篇』により作成。

オーストリア国内でウィーンから最も遠隔の伝習地は、ガリツィア東部のボリスラウ村・スホニカ村で現在のウクライナ西部である。次いで現在のチェコのボヘミアであった。ボヘミアには温泉療養地があって、明治七年の初めに佐野常民が肝臓病の治療の目的で、医者の勧めでカルロスバット（ドイツ名カールス・バート、チェコ名カルロヴィ・ヴァリ）を訪問している。ここでの治療法は温泉水を飲用しながら静養するものであった。このとき同行した平山成信の『昨夢録』には、この近傍に陶器、硝子などの工場がたくさんあり、現に日本人が伝習している陶磁器製造所もあるので、佐野常民は医者の止めるのも聞かないで諸所の製造所を視察してウィーンに帰ったことが記述されている。[6]ボヘミアのエルボーゲンでは、納富介次郎・河原忠次郎・丹山陸郎が陶磁器の伝習をしており、藤山種廣はボヘミアンガラスの産地スーヘンタールでガラス製法を伝習し、鉛筆製法の伝習地もボヘミアのビュットワイスであった。具体的な製造所および伝習地は次節以降および第6章で検討する。

2　繊維関係

1　製造業関係の技術伝習と移転

技術伝習はウィーン万国博覧会においてウィーンその他の地域で、職種の製造技術等を実地に指導を受けて技術を習得するもので、技術移転はウィーン万国博覧会で製造技術等の伝習を行い、ここで技術を習得した伝習者が日本に帰国してその技術を日本国民に伝え普及する任務を果たすことを意味している。ウィーン万国博覧会への参加者の中から選抜されて技術伝習を行い、これを日本国民に伝え普及することが、ウィーン万国博覧会参加の重要な目的であったのである。

技術伝習は繊維関係の伝習にみられるように、繊維に関係するいつかの職種を数人で分担して伝習している場合が多いので、その相互に関係する分野の職種とその伝習者を一緒に取り上げ、伝習と伝習者の相互関係を明らかにすることに配慮した。そのために、①最初に伝習者の技術伝習の役割分担を述べ、②次いで伝習者別の技術伝習の内容、③最後に「物産蕃殖ノ道」として実施された帰国後の技術移転の実際について、伝習者ごとに検討することにしたい。技術伝習の場合、現地におけるその実際を明らかにすることは困難なので、日本国内に所蔵されている資料を中心に検討するという限界がある。また技術移転は、ウィーン万国博覧会参加の目的にみられるように、帰国直後から実施することが求められていたことから、博覧会事務局で準備した期間における技術移転のためのデモンストレーションおよびその後の技術伝習者の記録、さらに技術伝習者に関する先行研究に依拠して述べることにしたい。

使用した資料について若干の説明をしておきたい。技術伝習の資料は「技術伝習始末書」、技術伝習者の報告した「伝習録」、技術移転の資料は「技術伝習試験目途書」、技術伝習者あるいは遺族等が報告した「爾後の経歴」、である。

「技術伝習始末書」、「技術伝習試験目途書」は、公文録『澳国博覧会報告書　第十』に収められている文書（前者は文書番号一、後者は同二。本文書の注記は省略する。）である。「技術伝習始末書」は田中芳男・平山成信編（一八八七）『澳国博覧会参同紀要 下篇』第一章にも収録されている。

技術伝習録は技術伝習者が帰国後に博覧会事務局に提出した公式の報告書で、これも公文録の『澳国博覧会報告書』第九～十七、第廿二に収められている膨大な文書である。伝習録は技術伝習者のすべてが提出しているわけではなく、伝習録というタイトルで統一されているわけではない（**資料1**参照）。

「爾後の経歴」は田中芳男・平山成信編『澳国博覧会参同紀要 下篇』に収録されている資料で、明治三〇年に『澳国博覧会参同紀要』を編纂するにあたり、ウィーン万国博覧会で技術伝習を受けた技術伝習者に帰国後から明治三〇年までにおける技術移転の状況について報告を求め、技術伝習者が生存していないかあるいは執筆できない事情のある場合には、その関係者に寄稿を求めて編纂したものである。

本章では、主として製造業関係の分野を取り上げ、次章ではこれ以外の分野を中心に取り上げる。

2　蚕業織物――佐々木長淳・圓中文助・伊達弥助・中村喜一郎・グレーフェン

繊維関係では養蚕・製糸・織物・染色の伝習を内容とする蚕業織物と羅紗製造・羊毛生産の牧羊伝習を内容とする羅紗製造関係がある。

(1) 養蚕・製糸・織物・染色の伝習分担

佐々木長淳・圓中文助・伊達弥助・中村喜一郎の伝習分担と伝習のねらいについて、佐野常民は「蚕業織物勧興ノ報告書」[7]で次のように述べている。ウィーン万国博覧会で各国の専門家からわが国の生糸・絹織物の評価を聞き、イタリアの養蚕実験局、製糸場を巡視すると、日本の生糸、絹織物が粗悪であることに慚愧憤激にたえなかったという。そこで、佐々木長淳にはドイツ人グレーフェン（G. A. Greven）とともにイタリア、スイスの養蚕、製糸場を巡視させ、澳国のゲルツ養蚕学校で蚕虫解剖等を伝習させ、圓中文助にはイタリアのベルガモ府のツビンゲル氏の製糸場で検糸を学ばせ、中村喜一郎にはドイツのシュトゥットガルト府で染色を講究させ、伊達弥助にはウィーン機織学校に入学させてその端緒を学ばせたという。この記述から知られることは、日本の「蚕業織物」の技術改良を目的として、佐々木長淳・圓中文助・伊達弥助・中村喜一郎は相互に関連を保ちながら技術伝習を行うものであったことである。

このときの伝習がのちのわが国の蚕業織物の技術改良・発展に貢献した。例えば新町紡績所の設立（明治一〇年一〇月）に貢献した佐々木長淳は「明治前期における養蚕関係技術の最高指導者」[8]と評価されたし、圓中文助は機械撚糸の先駆者として機械撚糸業を普及させ[9]、中村喜一郎は染料として紅花、紫根など種類が少なく染法も簡易であったわが国の染色法にヨーロッパからアニリン、アリザリン染料を導入して染色法を改良したが、特に明治八（一八七五）年には京都府知事の槇村正直が中村喜一郎を雇用して、染殿（舎蜜局付属、明治一五年廃止）を起こして人造染料、天然染料の法を伝習せしめ、友禅型付染に至大な変化を及ぼしたといわれる。[10]

伊達弥助は明治八年に東京・山下門内の勧業場にオーストリア式ジャガードを据え付けて実地運転したが、明治九年二月に病没した。彼がこの博覧会で各国の織物標本一二〇〇種を収集して携帯し、そのうちの四〇〇種を織物標本一冊に仕立てて東京博物館に献納、残りの八〇〇種の標本は弥助の子伊達虎一によって「繻珍緞子《どんす》ノ新発明」の研究資料として活用された。[11]

ドイツ人のグレーフェンは南校のお雇い外国人数学教師[12]で、ウィーン万国博覧会に建築事務協力および職工誘導のために派遣されたが、職工誘導の任務の一つとして、佐々木長淳、圓中文助のオーストリア、イタリア、スイス各地の蚕糸関係の巡視に同行した。グレーフェンはこのときの見聞をもとにした養蚕とその改良のための養蚕学校および養蚕役所の設置の必要を指摘し、蚕病について報告した「グレーベン氏蚕事報告書」[13]を提出している。このときの蚕糸業関係の伝習は養蚕、製糸、蚕病、絹織物、教育機関までを視野に入れた総合的な伝習であった。

⑵　技術伝習の内容

⑴　蚕糸・屑糸紡績――佐々木長淳

イタリアを旅行中に日本の養蚕・製糸業の改良の重要性を認識した岩倉使節団の副使大久保利通は、ウィーン万国博覧会に派遣されていた佐々木長淳を養蚕・製糸の技術伝習者として指名した。もっとも、佐々木長淳は勧工寮で製糸の監督をしていたことから、技術伝習者の最終段階での選考は適当な人選であったというべきである。

佐々木長淳にイタリアを中心とした先進地の蚕糸業技術を総合的に摂取させようとしたのである。

佐々木長淳は明治六年五月二一日に、ウィーン万国博覧会に随行していたドイツ人グレーフェンを同行してウィーンを出発し、イタリア公使コント・フェー氏の厚意でオーストリア、イタリア、スイスを巡回して養蚕法、製糸法、屑糸紡績法等を調査・見聞した（「技術伝習始末書」参照）。

調査・見聞は製糸場、養蚕学校、養蚕農家、屑糸紡績機であった。佐々木長淳の「欧州蚕業ノ実験及爾後ノ経歴」(14)によると、イタリアのウデイネの生糸会社では絹の良否を鑑定、糸條の細太を試験し、重量を調査する数種の機械類、絹糸を束縛し、これを包装して庫内に貯蔵する順序を見聞した。パルマ、ウェッセンツア、ステビナ、トリノの製糸場では製糸用の機械を運転したほか、蒸気機関、水車の装置、その他各種の製糸機械、焚斗糸を製する手順、繭蛹を燥殺する熱室、繭の貯蔵庫、製糸用の浄水池を視察し、機械の使用法、男工、女工を雇用する方法等について調査した。

また、イタリアのハドワの蚕事学校では教師ウェルソン氏に会い、蚕児の生理、蚕身の解剖術、蚕種の製造法、蚕種の病毒調査術等の諸説を聞き、これに関する諸機械、その他桑園中に栽培せる各種の桑樹拓樹等を熟見する。なお、オーストリアのゴルツの蚕事学校では教師ボルレー氏について蚕事および顕微鏡に関する諸要件を伝習した(15)。

プチェレイ、ランカテ、コラのイタリアの養蚕家を訪問して蚕種の貯蔵法、蚕種の病毒検査法、蚕病の消毒法、蚕児の飼育法、蚕室の構造法、室内温暖法、空気の代謝法、熟蚕の上簇《じょうぞく》法等について視察のうえ、説明を聞いた。

さらにイタリアのツリヤノ、スイスのパーズル、ルツアーン等に行き、屑糸紡績機、蒸気機関、水車の装置、これを使用する要技の説明を聞き、ルツアーンの近傍ケレイン村に行き、紡績機械の製造所を一覧し、諸機械の写真を購入のうえ、その価格を調査する。

このとき、オーストリアにもイタリアと同じ養蚕関係の実験局があるのでグレーフェンとともに局長ボルト氏について顕微鏡検査、蚕病防除、および蚕虫解剖の法を伝習した。

(2) 製糸・撚糸・生糸検査――圓中文助

圓中文助の場合は銅商として派遣されたけれども、糸商でもあった。圓中文助が帰国後に佐野常民に提出した「奉願上候」[16]によると、製糸法、生糸検査法の伝習を希望していたところ、明治六年六月に帰朝を命ぜられたけれども、伝習を行わずに空しく帰朝できないとの思いから自費伝習を希望したところ、博覧会派遣同行者の高配で金策を得たので六年七月一日より同年一二月一七日まで自費伝習を行い、一二月一八日より翌七年四月二〇日まで官費で伝習できたという。けれども、明治七年四月二一日より五月一九日（**表12**では九月八日）まで再度自費で伝習を行うことになり、二度の自費伝習経費三六〇円程の借金の返済目途が立たないのでこの自費支弁の経費助成を政府に嘆願した。圓中は明治六年七月から翌七年五月まで約一一か月間製糸業の伝習をしたが、その過半の期間を自費で伝習したことになる。

圓中文助の技術伝習先とその内容をみると、「技術伝習始末書」では、イタリアの「チュラン」の万国学校に入学してイタリア語を学び、同府工業博物館で製糸の概略を学んだ後、ベルガモ府ツツビンゲル氏の製糸場で撚糸法を学んだという。この点について圓中文助は「澳国博覧会後生糸ノ実歴」[17]で詳細に述べている。これによると、明治六年八月に佐野副総裁の照会でイタリア公使コント・フエー氏とともにイタリアに赴き、ビモント州トリノ府コレテジョ・インテルナショナル万国学校に入学し、イタリア語を学ぶ。そのかたわら、同府のイステトット・アンジウストリア工業学校に通学して製糸専門教師インジニエル・チェサーレ・トベツ氏に就いて製糸法および機械学の教授を受ける。明治七年二月、佐野副総裁が欧州巡回としてイタリアに到着した際、トリノ府の万国学校を辞して佐野副総裁に随行して各地の工場を巡視する。イタリアのロンバルジ州ベルガモ府ツツビンゲルおよびシーベル会社で、教師ナターリ・ロドウイコ氏に就いて撚糸法および機械学の実地伝習を受ける。この会社は横浜九十番地の館主シーベルおよびブランベルト商会と提携しており、日本生糸を輸入してこの会社で撚糸に製造してイギリス・ドイツ・スイス等の機業家の需要に応えることを業務とするものであった。また、同社所有のトラビョール製糸場で殺蛹法、撰繭法、繰糸法等のすべての製糸法の実地伝習を受ける。そしてベルガモに帰り、ベルガモ府蚕糸検査所ステフワノ・ベルリチ・コンパニーで生糸検査法、乾燥定量等の検査方法の実地伝習を受ける。製糸法、撚糸法、検査法の三業は日本の生糸改良上最も必要欠くべからざる業務であるので日夜勉学・研究を行った。各教師から巨細に技術指導を受け、ことに器機構造法、職工の養成、工務の利害得失、工場に関する全体の経済まで探求したことを強調して記述している。[18]

(3) 機織――伊達弥助

織工として京都から派遣された伊達弥助は、ワグネルの期待した職工の技術伝習者の一人であった。ワグネルは伊達弥助を早川忠七（伊達弥助の手伝いとしてワグネルが推薦したが最終選考で漏れ、帰国させられる）とともにドイツかスイスの機織学校に入学させて機織技術を学ばせることを「第三　華氏建議」で推薦していた。「技術伝習始末書」によると、伊達弥助はウィーン機織学校に入学して段匹織方を研究する一方で、わが国にない型紙の法を学んだ。帰朝後の弥助は士族以下の婦女の産業を開くためにも、明治五年に京都の長谷知事が佐倉常七、井上伊兵衛、吉田忠七の三人をフランスのリヨンに派遣して機織の伝習をした者とともにわが国に段匹組織場を興した。織方改良の事業に参加させることによってヨーロッパ製品に劣らない製品の生産を行い、その輸出振興が期待されたのである。

(4) 染色――中村喜一郎

ワグネルは染色の伝習者として中村喜一郎を推薦し、日本の染料をドイツのシュトゥットガルトに送って染法を学ばせることを「第三 華氏建議」で提案した。しかし、圓中文助と同様に官費伝習者として最終選考から漏れ、自費伝習を行うことになった。中村喜一郎は「奉願上候」[19]で、明治六年六月に帰朝を命じられたけれども、かねて志願していた色染伝習をしないままに空しく帰朝できないことから、博覧会同行者の配慮で金策することができたので、同年七月一一日から同年一二月一七日まで自費でシュトゥットガルトで絹・毛・木綿・革紙等の色染め法を伝習することができた、と述べている。中村の場合は、明治六年一二月一八日からは官費で伝習できることになったけれども、七月から一二月までの自費伝習費用は学費、染め等の代金、往復の汽車賃等の費用八五〇グルデン余（三五七円余、**表12**参照）で、帰朝後にこの借金を同行者に返済することになり、身分不相当の借金であるので助成願いたい、というものであった。

「技術伝習始末書」によると、中村喜一郎は、化学に通じるので南ドイツのシュトゥットガルトに派遣されて、シーグル氏の製造所に入り、絹、綿、毛等の染法を学び、所要の染料を購求して実試を努める、とある。中村喜一郎はこのときの伝習内容を「染物伝習録」（巻之一〜巻之五）で詳細な報告をしている。[20]「染物伝習録」（巻之一）で伝習経過をみると次のとおりであった。

・明治六年六月に佐野副総裁から呼び出され、自費でドイツのウエルテンビュルグ国のシュトゥットガルトのラック氏のもとで絹を染める術を学ぶ。
・一〇月から一二月まで同国ハイデムハイムに行き、ナイノヘイフル氏のもとで毛・布を染める術を学ぶ。
・一二月、再びラック氏のもとに帰り、洋糸を彩染することを学ぶ。
・明治七年一月、ベイビュルグのカール氏に至り、木綿を染める法を得る。
・のち、ラック氏に至り、三月の末にウィーンに帰る。

染法の伝習はもっぱら化学染料を使用したものであった。中村喜一郎は「澳国博覧会染色ノ伝習及爾後ノ経歴」[21]で、染色の理化学が進歩していたのはドイツであったのでドイツのユルテンブルク州シュトゥットガルト府の染料製造会社アニリンハブリッキ社に行き、染色の性質とこれの応用法を学び、薬品の使用法、化学の理を研究したと述べ、実地伝習した絹、綿、毛、麻の染色は、分業しているためにそれぞれの工場で伝習を受けたと記述している。シュトゥットガルトでの伝習先として、シーグル氏の製造所、ラック氏、染料製造会社アニリンハブリッキ社の三様の名称が記述されている。これらの記述がいずれも正しいとすれば、シーグル氏の経営するアニリンハブリッキ社のラック氏から伝習を受けたと解することができよう。この時期のドイツは化学染料の先進地で、石炭油より染料の人工アリザリンの製造法が発見され、赤色料を得ることに成功しており、また、紫色その他の染料の製造が可能となっていた。皮革染めはウィーンのスーフ氏製造所で研究し、秘して教えざりしを百方手をつくしてしばらくその概略を解するを得たという（「技術伝習始末書」参照）。

⑶　帰国後の技術移転

⑴　蚕糸・屑糸紡績――佐々木長淳

「明治前期における養蚕関係技術の最高指導者」と評価された佐々木長淳は、帰国後の明治七年、内務省所管の内藤新宿試験場に蚕室を設け、一二ヶ所に桑園を新設して各県から養蚕者、栽桑者を募集してその実業に従事させ、蚕事研究所を設立してゴルツで伝習した一切の学理と実業を試験研磨したほか、イタリアで屑糸紡績の方法を研究して屑糸、屑繭などの屑物類を原料として製糸をつくるまったく新しい加工業を創設した。[22]

官営の富岡製糸場（明治五年一〇月創業）と並んで、蚕糸関係の官営工場として群馬県緑野郡新町駅温井川の畔に屑糸を使用する新町紡績所（明治一〇年一〇月創業）を創設したことである。帰国後の明治七年四月に「佐々木長淳彼地巡回ノ序瑞西国ニ於テ屑糸屑繭ヲ以テ精糸ヲ製出スル術ヲ講究シ実際ヲ目撃シ機械ヲ調査シ帰朝ノ後其景況ヲ陳述」[23]したことから、明治八年三月内務省勧業寮から人を派遣して緑野郡新町の地を選定した。お雇い外国人教師グレーフェンをしてスイスのキリインス村の工場主ベルルに書簡を送り、紡績および付属器機費用、紡績技術者の雇用費用等を取り調べさせ、スイスに機械を発注し、明治九年九月土地を購入、翌年二月起工、六月完成、一〇月に操業を開始した。蚕糸関係輸出品のなかに屑糸類と一括されるものがあって明治一〇年代には蚕糸関係輸出価額の一〇％前後になっていた。[24]この工場は佐々木長淳の直談[25]によると、工場建設の必要性を陳述したのは、大久保利通の内命によるものであったが、この紡績工場の設置は屑糸、屑繭類から上等撚糸を製造することによって横浜貿易市場での相場にも影響し、したがって輸出屑物の声価を高めることにもなる「一挙両得」になることが設置の理由であった。建設当初から民間に払下げが予定されていたので、他日民業に移って拡張に支障がないように設計された工場であった。各県下より男工、女工を募集して明治一〇年一〇月二〇日に開業式を挙行した。

(2) 製糸・撚糸・生糸検査――圓中文助

圓中文助は横浜生糸検査技師として日本の生糸の品質向上と西洋式の撚糸器機を導入し、撚糸会社の設立と発展に貢献した。佐々木長淳は主に養蚕技術と屑糸・屑繭の紡績所の設置に貢献したが、圓中文助は主に製糸技術・撚糸工場の創業に貢献した。内藤新宿試験場に、佐々木は「蚕室」・「蚕児研究所」、圓中は「製糸工場」・「撚糸工場」を設け、各地から技術伝修生を集めてヨーロッパの養蚕・製糸技術の紹介・普及を行った。[26]

圓中文助の「澳国博覧会後生糸ノ実歴」[27]によると、明治七年一一月一日に帰朝、正院御用を命ぜられ、翌八年、東京山下門内博物館内に製糸工場を新築してオーストリアで購入した諸機械を据え、イタリアで伝習を受けた製糸・撚糸・生糸検査法を実地に試験をし、生徒を招集して教授することを命ぜられる。地方長官の上申に基づいて製糸・撚糸・生糸検査法の三業の伝習を拡充するために伝習所を内務省勧業寮に移し、同年一〇月、内務省勧業寮雇となって、工場、機械製造に関する製図、設計を行い、四谷内藤新宿勧業寮試験所内に製糸工場、撚糸工場各一棟、繭庫一棟、その他事務室、食堂室、水車室、汽罐室等を新築する。工事はウィーンで建築の伝習を受けた松尾伊兵衛が担当した。松尾伊兵衛は製糸・撚糸の器機の木製の部分も担当し、金属機械部分は元工部省御用の佐山三郎兵衛（川口屋）が担当した。工事は明治九年一二月に竣工した。

明治八年六月に博覧会事務局に提出した圓中文助の「於伊太利国製糸伝習目書」[28]で製糸伝習項目をみると、生糸紡製、撚糸製法、製糸試験の三分野で、その内容は次のとおりであった（□は判読不能文字）。

生糸紡製之部
一　生繭燥殺及選別法
一　常繭の紡糸方　　着手
一　悪繭の紡糸方
一　玉繭の紡糸方

撚糸製法之部
一　生糸蒸し方
一　同節取り方　　着手
一　同磨き方　　着手
一　同合せ方
一　同撚上け方
一　大□移及整治の方

一　糸総作り方
製糸試験之部
一　製糸及撚糸製方の試験
一　同性質精洗の試験
一　同乾燥定量の試験

この資料で「着手」とあるのは、帰国後に内藤新宿勧業寮試験所内に新築した製糸場でイタリアで伝習した内容を再現するために実施した項目であると思われる。

圓中文助は内藤新宿勧業寮試験所内の製糸工場、撚糸工場に各府県の男女伝習生一六〇余人を招集し、製糸・撚糸・生糸検査法を教授し、男性には機械構造法より女工養成および監理法を教授した。年二回の試験を行い、蚕業教師の養成を目的としたので名称を製糸学校としたかったけれども、文部省と衝突するので単に製糸試験場としたという。卒業生は各県で官吏となり、教師となり、主唱者となってわが国の蚕糸業の隆盛に貢献した(29)。このときの機械撚糸の伝修生は各地に散じて機械撚糸業を起こし、明治一〇年、圓中文助は金沢の有志とはかって撚糸会社を創立し、翌一一年より開業することになった。これはわが国における撚糸会社の嚆矢であった。ほとんど同時に伝習生の栃木県足利の初谷長太郎、三重県山室の伊藤小左衛門は伝習生を雇用して撚糸会社を操業するなど、わが国の撚糸業の創業に重要な役割を果たすことになった(30)。

一方、圓中文助は明治八年、横浜の生糸改所を生糸検査所に改組すべく、佐野常民、平山成信らと横浜生糸改所に趣き、生糸検査所の必要を説諭するが、生糸改所は三〇余人の生糸売込問屋の共同組織のために意見が纏まらなので生糸改所の改組に至らなかった。そこで、明治四年に渋沢栄一がフランスで購入した検査機器、乾燥器機、その他附属器機が生糸改所に保管されていたことから、この器機を勧業寮で買い上げ、工事中の製糸試験場に設置して、生徒、全国の製糸家の依頼に応じてこの器機の取扱法を教授し、生糸検査所の必要性を知らせることとした[31]。

明治二八年六月、生糸検査所の設置が公布され、横浜、神戸の二か所に設置されたとき、圓中文助は同年一二月、生糸検査所技師を命ぜられ、翌二九年四月に神戸生糸検査所へ出張する。のち、横浜生糸検査所と神戸生糸検査所を兼務して、わが国の生糸の品質改良のために活躍した[32]。

(3) 機織――伊達弥助

ワグネルが期待した伊達弥助はウィーンの機織学校で段匹織方、型紙法を学び、明治八年六月の伊達弥助「伝習技術試験目途書」によると、紋織機械二機、無地織機械一機、計三機の織物機械で伝習技術の試験を実施するものであった。しかし、「右者大損シニ有之漸ク修理出来仕候得共掛合セ有之候糸ハ相用難ニ付当時糸揃へ中ニ御座候三機運用之義ハ来ル七月十日迄ニ不残相始メ可申候」とあるように、三機ともに「大損」したので修理のうえ、使用可能となったけれども糸が良くないので明治八年七月一〇日までには機械を運用することができるようにしたいと述べている。これ以降、伊達弥助は東京山下門内の勧業場で西洋織物機械の運転と織技実施試験に従事したが、明治九年二月、病没したために段匹織方、型紙法を普及するという初志を遂げることはできなかった[33]。

伊達弥助が持ち帰った三機の織物機械の「大損」とは、ウィーンからの博覧会事務局の荷物を積んだフランス船ニール号が明治七年三月二〇日夜に足柄県管下豆州入間村沖で暴風雨のために「字白根」の暗礁で沈没したこと[34]による被害を指し、「技術伝習始末書」では「其ノ品遂ニ波底ニ委セリ、因テ再ヒソノ一具ヲ買ヒ且其製造人某特別ノ厚情ヲ以テ一具ヲ弥助ニ贈レリ、是ヲ以テ僅ニ必要ノ機械ヲ備ヘ方今ソノ試験ニ着手スルヲ得タリ」と述べていることから、先の織物機械三機は帰国後に購入および寄贈を受けた機械であった可能性がある。

ところで、ジャガード、バッタンがわが国に伝わったのは明治五年一一月、京都府よりフランスのリヨンに派遣された織物伝習生佐倉常七、井上伊兵衛（織工）、吉田忠七（機械工）がリヨンで購入し、明治六年一二月に帰朝の際に持ち帰ったのが最初であるといわれ、明治七年四月に第二回京都博覧会に出品して機業家に紹介され、明治八年一月より二条河原町に建設された織工場（のち織殿）に生徒を集めて佐倉常七、井上伊兵衛に洋式機業の伝習をさせた。東京では明治八年に、山下門内の勧業場にオーストリア式ジャガードを据え付け、伊達弥助に機械を使用させた。その後、オーストリア式ジャガード二八台、バッタン類を各県に貸し出したけれども、使用法がわからなかったので成果を挙げることができなかった。明治一五年、さらに京都府よりリヨンに派遣された織物伝習生近藤徳太郎が初めて完全な使用法を伝えたことからジャガードの使用が普及する契機となった。[35]

(4) 染色――中村喜一郎

染色の中村喜一郎もワグネルが期待した技術伝習者の一人であった。先の「澳国博覧会染色ノ伝習及爾後ノ経歴」[36]によると、中村喜一郎は明治七年六月、帰朝に際して人造染料の染粉数十種と染色の際に使用する薬品、日本にはない草・根・木皮から採取した天然染料を持ち帰った。帰朝後、京都の染殿で各府県の勧業課より選ばれた伝習生に化学的染法である人造染料および舶来天然染料の染色伝習を行った。明治一五年に京都から東京に帰り、染法の著作活動をした。明治一八年、東京上野公園で開催の全国五品共進会に出品された染色は粗悪品が多かったので、これの改良の必要を感じていたとき、八王子町で有志者が織物染織講習所を設置して当業者への講習の便を図ることになり、明治二〇年九月、その教授となってアリザリン染料の応用法を伝授する。明治二三年、八王子の有志者と染色雑誌を刊行するほか、絹・綿の実地応用染色法の著作をする。明治二八年、実業教育国費奨励法の公布で八王子織物組合が織染学校を設立したと同時に校長となり、一四年間校長として子弟の教育に当たる。校長兼教授を担任して今日に至る、と上記「爾後ノ経歴」で述べている。

明治三四年三月、新潟県中魚沼郡織物同業組合が設立されると、染織学校の設立運動が起こり、郡立の中魚沼郡染織学校が開校した。中村喜一郎は新潟県十日町の懇請で八王子を辞して中魚沼郡染織学校校長（のち県立十日町染織学校）となる。明治四三年四月、工業学校の統廃合のために県立十日町染織学校は廃校となったので校長を自然解職となるが、染色教育の継続を望む十日町織物同業組合は、同年に県立十日町染織学校の施設を使用して組合立の十日町染織講習所を開設し、中村喜一郎を所長として迎えた。しかし、健康上の理由からこれを辞し、鎌倉に移住する。大正四年逝去、六六歳であった。(37)

中村喜一郎は、圓中文助や伊達弥助が政府の方針に基づいて東京山下門内の施設で技術移転を目的とした伝習活動を行ったのとは対照的に、京都の染殿、八王子および新潟県の織物染織学校や講習所で染色の技術移転を行った。八王子織物の名声を上げ、十日町染色界の恩人として顕彰されており、地方産業の発展に貢献した功績は大きかった。また、中村喜一郎は、明治一六年『内外折衷実地染色法』（発行所不明）、同二一年『堅牢染色法』（秀英舎）、同二四年『実地応用染色法 木綿染之部』（秀英舎）、同二五年『実地応用染色法 絹染之部』（秀英舎）などの著作を通しても染色の普及と技術移転のために活躍した。(38)

3　羅紗製造関係――椎野賢三・井上省三・岩山敬義

(1) 羅紗製造・牧羊の伝習分担

ワグネルの繊維製品関係の伝習構想に羅紗製造や牧羊飼育は含まれていなかった。しかし、東京の織物商としてウィーン万国博覧会に派遣された椎野賢三は、最終選考で織物の技術伝習者として選考され、緒方道平（事務局一〇等出仕、ドイツ語通訳、山林伝習）の紹介で羅紗製造工場で羅紗製造の伝習を行った。ドイツ留学中の井上省三の場合は米欧回覧中の木戸孝允の選考で羅紗製造の伝習を行い、アメリカ留学中の岩山敬義は米欧回覧中の大久保利通の選考によって、羊毛生産のための緬羊飼育の伝習を行った。緬羊飼育は羅紗製造の原料である羊毛の確保を目的としていた。

椎野賢三の羅紗製造は民間人の伝習であり、井上省三と岩山敬義は政府派遣の留学生の伝習であった。次にみるように、椎野賢三と井上省三の羅紗製造は相互に関連をもって伝習したとは言い難く、井上省三の羅紗製造と岩山敬義の羊毛製造・緬羊飼育は密接な関係をもって伝習されていた。これらの伝習は羊毛製品の輸入防遏《ぼうあつ》と軍用の衣料生産の国産化を目的としていた(39)。

(2)　技術伝習の内容

(1)　羅紗製造――椎野賢三

椎野賢三の伝習内容は「澳国博覧会絹織物ノ実見及爾後輸出品ノ現況(40)」によると、ウィーン万国博覧会における売店で絹織物の販売に従事していたところ、明治七年一月、絹織物工場の巡覧を命ぜられ、緒方道平の紹介でウィーンのマルナヘルフの絹織物工場で同月から約二か月間絹織物の伝習をした。同年三月からは緒方道平の紹介でドイツのクリンベルクのシュエシェル羅紗製造所で製造技術を熟覧習得したという。この間に、同製造所付属の紋型を切る学校で羅紗を種々製造する技術を熟覧・習得した。同年六月、ウィーンに帰り、七月下旬、帰朝を命ぜられ、八月一九日に横浜に帰着した。

(2) 羅紗製造――井上省三

ベルリンに留学していた井上省三は『井上省三伝』[41]によると、明治五年冬、製絨技術の習得を目指して、ベルリンの南東約一六〇㎞のシレジャ州ザガン市（プロイセンのシュレジェーン州ザガール（Sagar））に至り、みずからこのカール・ウルブリヒト（Carl Ullbricht）織物工場に入り、ウイルハートの指導を受けた。二八歳のときであった。

明治五年七月に大使一行がロンドンに到着したとき、井上省三は青木周蔵・品川弥二郎らとともにロンドンに赴いて木戸孝允に謁見し、殖産興業についての意見を述べ、さらに翌六年、大使一行がドイツに来たときに再び木戸孝允と会い、伊藤博文等とも会談して、羅紗製造の必要性を陳述するところがあった[42]。

明治六年早春、大倉喜八郎がパリのグランドホテルで米欧回覧中の大久保、木戸と面会して会談したとき、大倉は雨で濡れる軍服を羅紗に替える必要を感じ、その調査に来ていることを伝えた。このとき、大久保はこの話に賛成して日本に羅紗製造を起こすことにし、そのために木戸の選考でドイツにいる長州の留学生井上省三をドイツのケムニツで織物の調査研究をさせ、原料の羊毛生産のための緬羊飼育は薩摩の岩山敬義に米国の牧場で緬羊飼育の方法を研究させることにした[43]。

明治七年四月、留学期間が満期となったので以後は自費で研究を継続した。明治八年八月二三日、サガンの羅紗製造所から紡績・機織・製絨・仕上等の製絨技術習得の証明を受け、明治八年一〇月三〇日、横浜港に帰着した。

(3) 牧羊――岩山敬義

岩山敬義は民部省開墾局の留学生として明治四年三月から三年間の予定で農事取調のためにアメリカに留学した。明治六年一月、岩倉大使一行は米欧回覧の最初の訪問地アメリカのサンフランシスコに到着して約一週間滞在したとき、副使の大久保利通は、ここで岩山敬義と出会い、彼に牧畜の伝習をさせ、帰朝して牧畜を実施するように懇望したという。

岩山敬義はフィラデルフィア、その他の諸州で農事・牧畜視察を行ったほか、イギリスに渡って、イングランド、スコットランドで農業視察を行い、オーストリアのサミュエル・ウリルッシャ氏のもとで緬羊飼育等の牧畜の研修を行った。(44)

彼は大久保利通より種子、農具、種畜等を購求して帰朝すべき旨の命があり、旧知のアメリカ・カリフォルニアの農事会社社長リイド氏に頼み、純粋短角牛、メリノオ種羊、サウスダオン種羊、牛数十頭、アメリカおよびイギリスの農具、農書、穀菜、樹草等の種苗数百種を購求して明治六年八月帰朝した。

(3) 帰国後の技術移転

(1) 羅紗製造――椎野賢三

椎野賢三は明治八年七月、博覧会事務局で伝習技術の試験を実施した。明治一一年頃より横浜・長谷川重蔵と共同で、ウィーン万国博覧会で習得した技術を応用して刺繍の事業を起こし、刺繍の職工を募集して刺繍製造をした。明治一二年には個人事業として独立経営をしている。このほか、兄正兵衛とともに絹織物商、羽二重の貿易商となった。(45) 羅紗製造は行わなかったようで、伝習技術の移転は実現しなかった。

(2) 羅紗製造――井上省三

井上省三の羅紗製造の伝習は、明治一二年九月、千住製絨所の設立となって技術移転が実現した。しかし、過労で肺結核を患い、明治一九年に死亡した。

この間の経過を青木周蔵は次のように述べている。「羅紗製織の方法を習得せし井上氏は、幾ならずして其の業を卒へしを以て、予は速に帰国して羅紗製織の業を起すべく勧諭し、又、其の帰国に際しては一封の紹介状を大久保［利通］内務卿に寄せ、同氏の経歴を述べ、且、同氏を主幹として羅紗製織所を起こさんことを建議したるに、卿は直に之を容れ、先づ機械購買、職工雇入の為め、井上氏を重て独逸に出張せしめ、其の帰国に及び始めて東京に羅紗製造所の設立を見るに至り、井上其の主幹となれり。是れ実に今の千住製絨所の前身なり。[46]」。

明治九年二月、大久保利通は製絨所設立を太政官に建言したとき、日本の陸海軍、警察用の官の毛布輸入金額は一年間に五五万七千円余に及ぶので牧羊を蕃殖して原料を確保し、次いで毛織物業を設けて、自給することが大切であり、牧羊と製絨は「相待テ互ニ功用ヲ全ス可キモノ[47]」であると述べた。明治九年一月、井上省三は内務省勧業寮に出仕、千住製絨所の設置の許可を受けて、五月に製絨機械の購入、工師の雇用、工場設計研究のために羅紗製造の伝習地ドイツのケムニッツに出張した。機械はケムニッツの二社と契約（紡毛機六台、整紡機六台、織機四二台）、技術者の雇用は明治一〇年五月、ドイツ人羅紗仕上げ師一人、紡績師一人、織絨師一人、縮絨師一人、染師一人、計五人を雇用契約し、明治一二年九月二七日、開業式を迎えた[48]。明治一九年二月、井上は農商務省技長となり、千住製絨所長となったその年の一二月一四日、死亡した。三九歳であった。

千住製絨所は製絨業の指導奨励（絨類・毛糸の製造、試験、製造指導、製造技術者の養成）、製絨用器具機械の売払、貸出し、羊毛の買入、毛織物知識の普及などを行い、民間の製絨事業と牧羊業の発展に対する役割を果たした。

(3) 牧羊――岩山敬義

大久保利通の牧羊飼育の構想は羊毛工業、特に羅紗製造業を日本に設置するうえで必要な原料の供給体制を確保することを目的として構想されたものであった。そのためのモデル農場として開設したのが下総牧羊場であった。

明治八年六月五日、岩山敬義は内務省から牧羊牛開業掛を命ぜられ、牧羊場の開設にあたって、W・D・アップジョーンズの牧場経営の構想を中心に進めた。明治八年九月、大久保利通、岩瀬秀治、岩山敬義は土地の選定を行い、千葉県印旛郡、同埴生郡下の土地二九〇〇町歩を購入した。この牧羊場の緬羊飼育の最終頭数は八〇〇〇頭であった。中国（蒙古、上海）、スペイン、米国、東京新宿試験場などから明治一三年までに五二八〇頭の緬羊を購入した[49]。しかし、風水害や寄生虫による伝染病の発生、仔羊の生産の低下などのために牧羊経営は困難であったことから、明治一三年一月、香取種畜場と合併して下総種畜場と改称する。この後、牛馬、養豚の品種改良が事業の中心となり、緬羊の生産は縮小されることになった。明治一八年六月、農商務省から宮内省に移管されて下総御料牧場と改称された。緬羊数百頭を残すのみで、緬羊事業の目的を失うことになった。

一方、府県の牧畜政策でも緬羊飼育が奨励されたので、全国的に緬羊飼育がみられ、羊毛はすべて千住製絨所で買い上げたけれども、買取価格は時価ではなく、明治九年に決められた価格であった。供給量は千住製絨所の需要を満たし得なかったから、羊毛生産と製絨生産の一貫体制は実現できなかった[50]。ちなみに、明治九年の「羊毛買上規則」（明治一八年廃止）の羊毛の買取価格は、メリノー種、レストル種、サウスダオン種、コツオルト種は羊毛一斤につき三〇銭以上、雑種は二五銭以上、清国種は二〇銭以上であった[51]。

ところで、明治一三年の「工場払下概則」で、千住製絨所、下総牧羊場は払下げの対象となったが、翌一四年五月、陸軍卿の大山巌は農商務省の所管で継続して生産してほしいことを希望したことから払下げは中止された[52]。

3　製紙・印刷関係――石井範忠・山崎橘馬・藤山種廣・岩橋教章

(1) 製紙・印刷関係の伝習分担

ワグネルは「第三 華氏建議」の第一一区 紙・楮製造の項で、日本の製造局を盛大にするために和紙改良の必要を認識していた。このために楮にラッグ(織物古きれ)、木屑、藁などを混和して和紙を改良するための製紙伝習と、この生産に適する抄紙器械の輸入を提案していた。和紙は丈夫であるけれども、西洋の活字印刷には不適当であったのである。ここでいう製造局とは明治五年七月、紙幣用紙の自給を目的とした抄紙器械の輸入による洋紙国産化計画を立てた大蔵省の紙幣寮を指していた。(53) 洋紙を使用した活版刷りの日刊新聞の濫觴《らんしょう》は、明治三年一二月に創刊された横浜毎日新聞であった。政府でも増加する布達文書、有価証券類の印刷に和紙は適さないので、佐野常民は勧工寮活字局の石井範忠に和紙改良を目的とした製紙技術の伝習を行わせたのである。また、米欧回覧中の岩倉大使からベルリン公使館外務一等書記官心得を命ぜられた青木周蔵は、ウィーン万国博覧会の派遣者の技術伝習と連携してドイツに留学中の山崎橘馬に製紙業の技術伝習を行わせた。

ワグネルの伝習提案にはなかったが、政府は西洋の活字製造と印刷方法の移殖、石版画・銅版画の技術の移殖の必要性を認識していた。明治五年九月に政府の印刷を一元化することを目指して太政官正院に印書局を設置したとき、印書局の設置を構想した左院の中議官細川潤次郎は、官営活版印刷機関として活字製造局、鉛版鋳造局、石版局、彫刻局などを構想していた。いずれも外国人技術者の雇用が前提とされた。(54) このような官営印刷機関構想を受けて、工部省勧工寮活字局の藤山種廣、海軍省の岩橋教章の二人は「印刷関係の伝習生」としてウィーン万国博覧会に派遣されれのであった。藤山種廣は勧工寮で活版の監督をしており、活字局出品の活字版の製作者であったことから、この機会に活字鋳造法、紙型鉛版法などの伝習を行わせ、岩橋教章も印刷関係の伝習者として、地図製作に必要な銅版と石版の技術習得を行わせることであった(55)。

このときの伝習によって、岩橋教章は「西欧式地図製図法の導入者として、またわが国の銅版・石版技術の近代化の面でも功績が大きかった(56)」、あるいは「我が国の地図学上の恩人(57)」と評価されている。

(2) 技術伝習の内容

(1) 製紙――石井範忠・山崎橘馬《きつま》

石井範忠と山崎橘馬の製紙の技術伝習は、相互に関連して行われたかどうかは明らかでなく、山崎橘馬の伝習内容も知られていない。後述するように、山崎橘馬は明治九年一月一三日、京都の西洋紙製造会社、梅津パピール・ファブリックに関係していたとみられる。

石井範忠は第二次選考で自費伝習者に回された。自費伝習経費の助成願いで石井範忠は次のように述べている。木紙の製造と実地の取り調べを希望していたところ、明治六年六月に帰朝命令を受けることになったけれども、業術を果たさずに空しく帰朝できないので、同行人員中と相談し高配を得て金策が整ったので、同年七月より木紙製造所で自費伝習を行った。同年一二月から官費で伝習できるようになったが、七月から一二月までの自費伝習費用五二〇グルデン（二一九円、**表13**参照）の借金は困窮のために返済が困難であるので助成願いたいと訴えた(58)。これで知られるように、和紙の改良よりも木紙の製造技術を伝習することが石井範忠の伝習目的であった。

石井範忠の「技術伝習始末書」によると、和紙の改良と木紙製造の伝習の要点は次のとおりであった。

和紙の改良

・和紙を改むべき点は紙面が毛起して鉄筆（鉛筆）を使用するのに適さないこと。種類によっては価格がすこぶる高いことである。
・洋法に従って糊沫方を改め、圧搾器を使用すれば紙面平滑光沢美にして良品を多出することができる。紙幣等に適する。
・和紙をフランクフルトに送り、試製するとはなはだ良い結果を得たので、シュレーグルミュールの紙製造所で伝習した。
・製紙改正のことは実験に努め、その成果を内国に播布し、国産の原品で各種の美紙を製造して内外の用に適するようにしたい。

木紙製造

・近来、欧州では木紙製造を発明し、オーストリアではこれを盛んに製造してイギリス等に輸出しているので、この法を研究し、博覧会に陳列している檜木で試験を行った。機械を購入しようとしたが事故のためできなかった。
・わが国産の樹は木紙に適するものが多いので、この法で常用の厚紙粗紙等を製造して国益を興すことを希望する。

このときの木紙製造の伝習先、伝習地および伝習の具体的な内容を、石井範忠は「製紙伝習録[59]」として博覧会事務局に報告している。伝習先はストッパーフ木屑製造所とシュレーグルミュールの紙製造所で、この二つの製造所はウィーンの南一九里余の地にあり、グログニッツという鉄道館（駅）より前者は一町、後者は半町南の地にあり、両者ともストッパーフ村にあった。

シュレーグルミュールの紙製造所では、爛布を精製して紙の原質を作る手続きを伝習した。麻、木綿、ライン布、赤色の木綿、船綱、帆綱などを材料として使用していた。このほか、紙製造本機械の事、製紙樽紙を整える部屋の事、舎密場の事（阿膠――曹達、石灰、松脂、澱粉の混和物、明礬等を精製するところ）、この製造所に用いる蒸気水車の事、給料の事、諸品買入代価の事、製造所用品代価の事、などが報告されている。さらに、石井範忠は「製紙原質論」[60]で、麻・木綿の爛布、木屑、藁を紹介している。

(2) 紙型鉛版製造（ステレオタイプ、ステロタイプ stereotype）――藤山種廣

明治六年一二月一八日、佐野副総裁から技術伝習の命を受ける。藤山種廣は活字製法、硝子製法、石筆（鉛筆）製法なども伝習したが、なかでも紙型鉛版製造の伝習は大量印刷を可能としたヨーロッパの印刷技術の最先端の伝習であった。藤山種廣は勧工寮で活版の監督をしていたので、ウィーンのメイユル・シュライフェル活字製造所で活字の製法を学び、また活字紙型を研究した。この二法は印書局で実施することによってほかに伝播させ、その法を広布して活版業が進歩することを希望する、と「技術伝習始末書」で述べている。

藤山種廣も「紙型鉛版伝習録」（明治七年一〇月）を博覧会事務局に報告している。[61] これでみると、紙型鉛版の印刷技術の意義は書籍価格を低廉にし、このことによって人を文化に導き、開明に導き、百般の技術工業を興すことができる、と述べている。藤山種廣は紙型鉛版作成の手順を一〇項目に分けて説明している。その要点は以下のとおりである（□は判読不能文字）。

一　原版の面を炭酸曹達水で洗う。次にアルコールで洗い、刷毛で塵を払う。

二　これに木の実の油を引く。ウィーンではオレーフ（オリーブ？）の油を用いる。

三　この版を紙に写して鋳型を作る。わが国では美濃紙と雁波紙を合わせて厚くする。合わす糊はアラビヤゴムを用いる。適宜の糊を製してこれに粘土を加えてよくよく調和させる。わが国では讃岐、薩摩などの焼き物に用いる極上の土が良い。この糊で厚い美濃紙を五重に合わせ、その上に雁波紙を五重に合わせて十重と

する。雁波紙の上面を柔らかい刷毛で薄く雲母を塗る。

四　二で油を塗った版を平らにして高低のない鉄板の上に置く。鉄板の大きさは版の寸法によるけれども、大抵幅二尺、丈一尺五寸ほどのもの。これに三で合わせた紙を雲母を塗りたる方を版の面に付くようにのせ、木綿を水に濡らしてその上を覆い、刷毛で敲《たた》く。敲方は始めは静かに柔らかに行い、次第に強く敲きこむとおよそ三〇分間ほど。紙は版面の書画の凹凸にめりこみ、隙間のないようにする。形の取れたときは濡れ木綿を剝ぎ取り裏の高低をみ、低きときは厚紙を張り、その後第三にいうところの糊で□村紙を張る。

五　紙は版に付けたまま乾かし、紙の上をフラネルの布四重に覆い、その上を□村紙十重に覆い、捻で締め付け、良く乾燥する。

六　紙が良く乾燥したとき、版より剝ぎ取って再び鉄板にのせて良く乾かし、四方を裁ちて適宜の大きさにする。

七　すべて干し上がりたるとき、その面に薄く雲母を塗り、鋳らみ鉛を作る。これは鉛、錫、安質王[62]の三種を調和したるものなり。調合の比例は数法あり。七〇分：五分：二〇分、七〇分：五分：二五分など、一定しがたい。安質王は二〇～三〇分位を加える事あり。

最初鉛を溶かし、次いで安質王を加えて溶かしてのちに錫を加える。これをよく混ぜ火度を強くして三〇分間ほど過ぎたら冷やしてこれを折り、その口を見て錬の如き光あるときはこれを宜しきものとする。盤上に取り出して冷まし、貯えて用いる。

鋳込むときは右の合わせ金を再び溶かして使用するが、その温度が大切で、高ければ紙を焦がすので、紙を焦がさない程度の温度加減が必要である。

八　鋳造した版は良く改め、良好の版ができたら四方を削り、定規を当てて高低をみ、刷り上がりの文字を鮮明にするために表面を平らにする。

九　版の表が平らなれば機械にかけて裏を削り、厚薄、むらのないようにする。

十　右鉛盤の厚さはたいてい一分八厘ばかりである。堅けやき、桜等の板で、厚さ六分ばかりを裏板に付けて摺り立てる。

(3) 石版・銅板・地図製作——岩橋教章

岩橋教章の「技術伝習始末書」では、石版・書術・地図製法を伝習したことになっており、銅版画の伝習には触れられていない。しかし、彼の「澳国雑記」(63)では銅版画の伝習について述べられている。

岩橋教章は明治六年九月一六日、シーボルト（正院翻訳課雇、バロン・フォン・シーボルトか）の斡旋でウィーン府陸軍地理学校に入学して、石版・銅販・地図製作の伝習を始めた。岩橋教章は「澳国渡航日記」で、岩橋教章が陸軍地理学校へ入学するにあたって、明治六年八月一四日にシーボルトは佐野常民へ書簡を寄せて、岩橋教章の学業の進歩の状況は学校の担当部長より時々報告させること、学業の日程、伝習内容は変更できること、絵図引きの道具類は役所から支給するが、格別に必要な品がある場合は事前に公使館に申し入れること、これらを伝習条件として公使館に伝えたことを記述している。(64)「技術伝習始末書」によると、石版法の伝習はウィーン府ケーケ氏の製造所、製図法および実地測量法はウィーン府陸軍地理学校の士官パオリーニー氏に就いて伝習した。ヨーロッパの地図の製法は精密で、わが遠く及ばないところで、山岳の高低を示す方の如きはわれがかって有らざることであった。余暇に油絵、印刷場のことも研究した、と述べている。

伝習の内容は「澳国雑記」の「銅版彫刻ニ付教章ノ澳国ヨリ始メテ伝来セル諸法ヲ左ニ掲グ」によれば、彫刻銅版法（細太数種の刀で直接銅面に彫刻する方法で一六種の刀よりなる）、暈《うん》染彫刻法（特殊な歯車刀で直接銅面に彫刻するもので、濃淡が自在である）、刻蝕銅版法（腐蝕彫刻それぞれの長所をとって折衷した彫刻法）、タガネ彫刻法（種々の記号をタガネに製して銅面に刻印するもの。地図では特に便利な方法）、タンボの採用（銅面に蝋引をなすに「タンボ」を用いる）などであった。

地図学で伝習した内容には、山の高度を図する法、地物の諸記号、地図面の凸凹を表示する直線と刻線を同時に採用する法、刻線描画法、地図学練習の順序、地図彩色の法、山の断面を表す法などがあった。このほかに、オーストリアで伝習したこととして、電気銅版の諸法、写真新法、写真電気版の法、ガラス腐蝕法、皮に木目を現す法などがあった。

銅石版買上覚では三月一〇日から四月一七日までの絵具、スポンジ、磨き紙、金剛砂、石版印刷用紙、墨、軽石、麻糸、石版針、歯車刀、コンパス、摺石、摺台、平行線器機、銅版摺機、銅鉄亜鉛版、石版器機、製図器機などの道具・機材類を詳細に記述している。[65]

（3）帰国後の技術移転

(1) 製紙――石井範忠・山崎橘馬

和紙はウィーン万国博覧会場で好評を博したけれども、ヨーロッパ人の用に適しないことからその改良を試みるためにフランクフルトに送って試験製造した。その結果、すこぶる良かったので、この技術を習得した。帰国後、石井範忠は、和紙改良を目的とした「伝習技術試験目途書」で、紙漉試験順序として以下の一五項目を挙げている。

紙漉試験順序

一　楮を白晒し欧糊で漉立てること。

二　楮と麻木綿爛布を当分に混和し漉立てること。
三　楮と木屑を当分に混和して欧糊で漉立てること。
四　楮と雁皮を混和して欧糊で漉立てること。
五　楮と三叉を白晒しこれを混和して欧糊で漉立てること。
六　楮と雁皮麻木綿爛布を混和して欧糊で漉立てること。
七　楮と三叉麻木綿爛布を混和して欧糊で漉立てること。
八　雁皮を白晒し欧糊で漉立てること。
九　雁皮と麻木綿爛布を混和して欧糊で漉立てること。
一〇　雁皮と木屑を当分に混和して欧糊で漉立てること。
一一　三叉を白晒し欧糊で漉立てること。
一二　三叉と麻木綿を混和して欧糊で漉立てること。
一三　三叉と木屑を混和して欧糊で漉立てること。
一四　三叉、楮、雁皮、麻、木綿、爛布、等を混和して欧糊で漉立てること。
一五　木屑を欧糊で漉立てること。

和紙の原料である楮、雁皮、三叉と麻、木綿、爛布、木屑との混和・組み合わせで欧糊で漉立てる試験を行い、和紙改良上の課題を探ろうとしたことが知られるけれども、この試験が実際に行われたかどうかは明らかでない。石井範忠は明治七年六月に帰朝の際、金網張紙濃簀を持参し、明治八年に上記の機械の試験をした。明治一一年一月一五日、東京府北豊島郡王子村印刷局抄紙部技手、同一二年一一月四日、日本局製肉部技手に転任、同一八年二月二八日、病気のために休養、同年三月一七日死亡した。石井範忠は抄紙部に在籍約二年、その功績はいま

表16　黎明期の洋紙抄紙製造開始状況一覧

洋紙製造所	設立年	場所	抄紙開始年	経営者
有恒社	明治5	東京・日本橋蛎殻町	明治7	浅野長勲
蓬莱社	明治3	大阪・中之島玉江町	明治8	後藤象二郎
抄紙会社	明治6	東京・下王子村	明治8	渋沢栄一
三田製紙所	明治7	東京・芝区三田小山町	明治8	林徳左衛門
パーピル・ファブリック	明治6	京都・葛野郡梅津村	明治9	京都府営
紙幣寮抄紙局	明治8	東京・下王子村	明治9	官営
神戸製紙所	明治10	兵庫・神戸	明治12	ウォルシュ兄弟

注：技師はドイツ、イギリス、アメリカのお雇い外国人。設備もこれらの国から輸入した。
出所：森本正和「和紙と洋紙の接点」『和紙文化研究』第10号（2002年10月）表1・34-45頁。
日本経営史研究所編（1973）『紙の文化産業　製紙業100年』（王子製紙株式会社）表1・87頁により作成。

だ顕著ではなかったけれども、帰朝の際に持参した金網張紙濃簀一個が当時の博覧会掛にあり、当時、この器械を折衷して木皮原質に適するように製作したという[66]。

石井範忠の帰国後、政府は太政官日誌の用紙を和紙から洋紙に替え、翌年和紙で作っていた郵便切手も洋紙に変更、明治九年には紙幣の洋紙も洋式抄紙機で製造するようになった。民間でも、明治六年に東京日々新聞が美濃紙から洋紙に替え、明治七年に東京の製紙会社である有恒社がわが国最初の機械すき洋紙を製造し、東京に抄紙会社、三田製紙所、京都にパーピル・ファブリック、大阪に蓬莱社、兵庫に神戸製紙所などが設立されて洋紙の国産化が進んだ[67]（**表16**）。石井範忠の製紙技術は民間に移転されることなく、政府部内に技術が秘蔵された。

山崎橘馬の製紙技術の伝習内容は明らかでないけれども、抄紙会社である京都のパーピル・ファブリックの創立に関係したことを青木周蔵が述べている。すなわち、「山崎氏も亦相前後して略抄紙〔紙をすく〕の術を修得せしを以て、予は大久保内務卿に宛てたる紹介書を氏に与へ、之を携へて帰朝せしめたり。書中、紙は文明の用具とも云べきものなれば、今にして製紙の業を起こさずんば、日本は将来巨大な損失を招くべきことを切言し、山崎氏を技術者として製紙工場を起こさんことを建議せしも、当時我が国に於ける西洋紙の需要尚ほ甚だ僅少なりしを以て、内務省に於いても製紙の必要を感ぜざりし為めなるか、山崎氏は不幸にして採用せられざりしが、後、槇村〔正直〕京都府知事の知る所となり、同府に於いて初めて西洋紙の製造を創始するに至れり〔九年一月十三日開業、梅津パピール・ファブリック（梅津製紙所）〕」[68]。青木周蔵がドイツに留学していた山崎橘馬に製紙技術の伝習を行わせたので、帰国に際して大久保内務卿に山崎を技術者として製紙工場を創業させることを内容とした建議を行ったが採用されなかった。けれども、槇村正直京都府知事の梅津パピール・ファブリック（梅津製紙所）の創業（明治九年一月一三日）に山崎橘馬の製紙伝習が預かっていた、というものであった。しかし、これまでの製紙業史[69]では、山崎橘馬の製紙伝習と梅津パピール・ファブリックとの関係を明らかにしていないけれども、この会社はドイツの抄紙機を使用し、工場建設技師、抄紙技師をドイツ人が担当していたことをみると、ドイツで製紙技術を伝習した山崎の関与が想定されてよい。明治一三年八月、府営としての起業奨励の目的を達したとの理由で民営に移管して磯野製紙場として引き継がれ、のち王子製紙に合併された[70]。

(2) 紙型鉛版製造――藤山種廣

「澳国博覧会活字硝子鉛筆製造ノ伝習及爾後ノ経歴」によると、藤山種廣は明治七年五月二七日に帰朝して印書局出仕となり、オーストリアで購入した輪郭製造機一式、活字鋳造器機、罫線類器機、紙型鉛版製造器機等一式を印書局に据え付け、活字製造事業を担任した。これによりわが国の印刷法は初めて完全なるを得たり、と記述している[71]。藤山は明治八年九月、印書局が紙幣寮に合併されて紙幣寮活版局となると、その初代局長となる。明治一〇年、紙幣寮の印刷局活版部に改称されたとき、いくばくもなく辞職する。この間、紙型鉛版法を試み、石版科伝習生の養成を行った[72]。藤山種廣の業績はわが国の斯界の基を開いたと評価されている[73]。

ところで、紙型鉛版（ステレオタイプ）の日本の印刷業界への導入は官と民間が連携することなく、それぞれ独自に導入された。ステレオタイプが民間で実用化されたのは古井太助によってであり、官では、太政官印書局内で、牟田良三（のち下坂）によって実用化されたという。官側、民間側の二方面から鉛版業が創始されている。[74]

官側のステレオタイプの実用化を担ったといわれる牟田良三は「（前略）当時新帰朝の人から牟田氏が鉛版の大体の概念を得て研究を始めた」もので、「何分にも印刷局は官界の事業の関係上、民間側とは絶対に交渉がなく、かつ作業の内容に就いても秘密主義を厳守した」[75]といわれた。「新帰朝の人」とは藤山種廣を指すが、藤山種廣のステレオタイプは政府部内のみで技術移転が行われ、民間には技術移転を行わなかった。このために、民間では古井太助らの独学と試行錯誤によってステレオタイプの技術を習得することになった。[76]

⑶　石版・銅版・地図製作――岩橋教章

岩橋教章の「澳国帰航日記」[77]は明治七年九月八日にウィーンを出発、ローマを経由して帰国の途に就き、明治七年一一月一日、横浜港に到着したと記している。帰朝後、岩橋教章も藤山種廣と同様に印書局に移り、銅版、石版術を試み、技術伝習生の養成にあたった。しかし、印書局が紙幣寮に合併されて紙幣寮活版局となると銅版・石版の伝習が中断されたので明治九年に地理局に転じた。明治一二年、内務省地理局を依願退職し、官界を去って文会舎を起こし、銅版彫刻印刷業を行う傍ら、子弟の養成にあたった。[78]ウィーンのケーケ氏の製造所と陸軍地理学校の士官パオリーニー氏から伝習を受けた銅版、石版、地図の製作技術を国民に移転することによって全国の精密測量図を作成する希望を抱いていたが、明治一六年二月四日に死亡した。

「西欧式地図製図法の導入者として、またわが国の銅版・石版技術の近代化の面でも功績が大きかった」「わが国の地図学上の恩人」と評価される岩橋教章の功績の第一は、地理局時代以降の地図図式の作成と地図の彫刻・作製であった。地理局の地図図式の作成の依頼に応じて明治一一年に「測絵図譜」五〇〇〇分一～二五〇〇〇分一を完成した。このほか、「畿内全図」（明治一一年）、「伊賀伊勢志摩尾張四州図」（明治一三年）、「横浜実測図」（明治一四年）、「兵庫神戸実測図」（明治一四年）など多数の地理局地図を彫刻した。

岩橋教章の功績の第二は、技術伝習生への技術移転であった。印書局、地理局で伝習生に技術移転を試みたほか、明治一二年、内務省地理局を依願退職し、東京・麹町の自宅に「文会舎」を開設して一般の銅版彫刻・印刷の注文に応じるかたわら、彫刻科を設けて技術者の養成を行った。門弟に江島鴻山、長男の岩橋章山、堀健吉などがいた。明治初期の銅版界は創業五家といわれる松田敦朝、青野桑州、梅村翠山、江島鴻山、柳田竜雪のほかに、結城正明、岩橋教章らで形成されており、民間人として銅版の技術移転に貢献した。(79)

4　測量器・羅針盤・時計・電信機・細小器製造関係――藤嶋常興・田中精助

(1) 測量器・羅針盤・時計・電信機・細小器製造関係の伝習分担

藤嶋常興は測量器製法をウィーンの測量器製造家エ・クラフトに就いて本科を学び、幾何製図学を学んだほか、針盤製法を伝習した。田中精助は時計製造をウィーン万国博覧会に出品されたドイツ・スイスの時計およびその解説で研究したほか、電信機・測量器・細小器を伝習した。特に測量器は藤嶋常興と協力して製造することが期待された。

この分野の技術伝習は、ワグネルによって田中精助・藤嶋常興・山田熊吉が伝習候補者としてリストアップされていた。彼らにヨーロッパの金属細工の製造方法を十分に学ばせ、帰国に際してその器機を一通り買い集めて自用にすべきことが提案されている。第一次選考でリストアップされていた職工の山田熊吉は「第三　華氏建議」で推薦されたけれども、ウィーン万国博覧会の経費不足から帰国させられたので、電信寮の田中精助と勧工寮の藤嶋常興が伝習することとなったものである。

特に、「技術伝習始末書」によると、測量用品は輸入品で、その製法を早急に興す必要がある分野であると佐野常民は認識していた。藤嶋常興の測量機器の国産化と技術者の養成に果たした役割は十分評価されるものであった[80]。

電信機の技術伝習は、明治四年に長崎・東京間の電信線架設工事が着手（明治六年完成）されたことでその必要性が認識されたものであった。電信事業の発展は電線、電信機、付属施設の需要とこれらの修理のための技術を必要とした。佐賀にいた電信機製作の経験のある田中久重の弟子田中精助を東京に呼びよせ、明治五年、工部省電信寮修技科でモールス電信機等の修繕を行わせることになった。政府は電信寮の修技科の外国人セーフルに従って電信機の修理に当たっていた和時計師でもあった田中精助をウィーンに派遣したものである[81]。

（2）技術伝習の内容

(1) 測量器・羅針盤――藤嶋常興

藤嶋常興は「澳国博覧会後測量器製図ノ状況[82]」で、測量器・羅針盤の伝習先エ・クラフトはウィーンのテレジャンガッセにある大規模な測量器製造家で、夜は幾何、製図学を学んだと述べている。エ・クラフトが伝習先として選定された理由は、ウィーン万国博覧会の七区金属品製造の審査官であったためである。

藤嶋常興は竹材・真鍮を使用した物差の製造、圓規・船用磁石・縮図器・天秤などの製造を伝習した。「技術伝習始末書」によると、竹は天気によって伸縮することが少ない材質で曲尺、鯨尺の良品を製造して国内に布し、圓規も良いものを試製したいこと、また、日本の船はすべて針盤の良いものを欠き、沈没の憂いが多いので、日本船に適するものを試製して船舶に用いたいと述べている。

足踏旋盤、フランス式尺度割線機などを持って明治七年六月一〇日に帰朝した。

⑵　時計・電信機・測量器・細小器製造――田中精助

田中精助は明治六年一〇月一八日、電信機製造の伝習の命を受け、オーストリアの工場で印字機、その他の製造を見聞した。「技術伝習始末書」で、時計製造はウィーン万国博覧会に出品したスイス・ドイツ等の各種の時計製造の方法を出品解説および見聞で熟視講究し、さらにドイツの時計製造の盛大なる地で伝習しようとしたけれど発病のため実現しなかったと述べている。各種の見本、機械を購求して帰国したところ、不幸にしてその品が沈没したために試製に着手できないでいることが報告されている。また、電信機、測量器の製造は経験を蓄積してその製造を行いたいとし、鎖、鑰《かぎ》、のこ、樞《とぼそ》等の細小器の精巧なものは輸入品で、これらは日用需要のものであることから試験して改良精巧にしたい、と述べている。

⑶　帰国後の技術移転

⑴　測量器・羅針盤――藤嶋常興

「澳国博覧会後測量器製図ノ状況」によれば、藤嶋常興はウィーンのテレジャンガッセに在住するエ・クラフトに就いて測量器・羅針盤の技術伝習を終えて明治七年六月一〇日に帰朝した。同七年一一月七日、内務省地理寮に転じて「測量器伝習録」を著してその製造を建言するも入れられず、同年一二月二七日、再び工部省工作局に転じ、明治八年五月、赤羽製作所で測量器の製造を命ぜられる。しばらくチヨドリートに着手したけれども、明治九年八月、工部省での測量器の製造が廃止となった。

明治一〇年七月六日、辞職し、次男の藤嶋常明とともに西南の役に従軍した。官を辞するとき、工部省の測量器製造機械を借用（のち払下げ）して同一一年一月に東京八宮町に藤嶋常明をして測量器・理学器の製造場を創業する。しかし、資力薄弱のために明治一五年「幾何学初歩」を著し、同一六年九月に製造場を藤嶋学校に組織替えして校長となる。明治二四年、東京の製器学校を次男の藤嶋常明に委任し、郷里長門国豊浦郡長府に帰る。ここで測量、物理、化学、音楽その他の器機工場を開設して我業を拡張した。明治三一年、死亡した。

この間、一～三回内国勧業博覧会の審査官を務め、セキスタント（六分儀）の製造のために藤山種廣の工部省の品川硝子製造所で良質のガラスを製造してもらったり、顕微鏡のレンズの研磨を朝倉松五郎に委託するなど、ウィーン万国博覧会の技術伝習の仲間が協力していた(83)。

藤嶋常興が技術移転をしようとした測量器・羅針盤の内容は「伝習技術試験目途書」でみると以下のとおりであった。

記（明治八年六月、試験見込）

一　日本曲尺竹製五寸差　三本。但し、目盛五厘二厘一厘五毛二毛五弗。
一　同竹製一尺差　二〇本。但し、目盛五厘二厘一厘。
一　同竹製一尺五寸差　五〇本。但し、目盛五厘二厘。
一　同竹製二尺差　五〇本。但し、目盛五厘。
一　同竹製一尺差　五本。但し、目盛二〇分の一　一本。二五分の一　一本。三〇分の一　一本。六〇分の一　一本。七五分の一　一本。
一　鯨尺竹製一尺差　二〇本。但し、目盛り五厘。
一　英吉利「フート」竹製尺　一〇本。　但し、目盛一「インチー」一四分の割。
一　同断竹製　一〇本。但し、目盛一「インチー」二〇分割。

一「メートル」竹尺　一〇本。但し、一「センチメートル」二〇分割。
一真鍮製。但し、日本目、英吉利目「メートル」長短取合。
一同圓規　一枚。但し、直径九寸一五表「ノニウス」附き。
一同断　一枚。但し、直径六寸二〇表「ノニウス」附き。
一同断　一枚。但し、直径六寸三〇表「ノニウス」附き。
一同断　一枚。但し、直径六寸六〇表「ノニウス」附き。
一同断　一枚。但し、直径六寸半度。
一半圓規　三枚。但し、直径六寸度盛三〇分二〇分一〇分盛附き。
一水平量規　一個。但し、建築用法度盛盤附き。
一午針正　一個。但し、緯度盛四五度正象規附き。
一船用磁石　一〇個。但し、逆盤一二支刻附き三六〇度盛。
一車算盤　一箱。但し、加減乗用法。
一人数量器　一個。但し、車転数一順千人極。
一掛時計　一個。但し、真鍮製七つ車渦線附き。
一同断　一個。但し、木製車分銅附略器。
一縮図器。但し、真鍮製二尺四方。
一天秤。但し、真鍮製「カラーム」日本量二種。
一マグネットガルハニ。但し、医用懐中器「マグネット」製鉄試験。
一真鍮長管鑞吹《ろうぶき》のこと。

これによると、竹製の各種の曲尺、鯨尺、イギリスのフィート・メートル尺、真鍮製の各種の圓規・半圓規、水平量規などの測量器、羅針盤関係の午針正、船用磁石、このほか掛時計、縮図器、天秤、医用懐中器「マグネット」などを含む内容となっていた。これらの製作技術の移転はウィーン万国博覧会から持ち帰った足踏旋盤、フランス式尺度割線機の使用で可能となったもので、明治一〇年七月に工部省を退職したとき、これら工部省の測量器製造機械を借用（のち払下げ）して私塾的な製器学校を開設し、これを発展させて明治一六年九月に藤嶋製器学校を開校した。その目的は物理学器機の製造を維持しながら、新しい職人を導入すること、そのために職人をみずから養成する必要があったためといわれる。カリキュラムは近代的な器機製造技術を体系的、計画的な内容で、それは技術教育の先駆的な試みであったと評価されている。しかし、この学校も一期の卒業生六人を修業年限四年で出しただけで、明治二〇年に財政難のために閉校した。明治二六年に長府に帰ることになったけれども、測量機器の国産化と技術者の養成＝技術移転に果たした役割は大きかったと評価されている。[84]

(2) 時計・電信機・測量器・細小器製造――田中精助

田中精助は明治七年一月八日帰朝を命ぜられ、三月七日東京着。各種の見本、機械を購求して帰国した。ウィーンからの荷物を載せたニール号が伊豆沖で沈没したとき、田中精助の持ち帰った歯切盤も沈没したが、幸いにも引き上げに成功した。これをドイツ人のお雇外国人ルイス・シェーファー（Luis Schaefer）が修理した結果、使用できるようになり、精度の高い工作機械として珍重された。この機械の模造品が製作されて、各地の製作工場で使用されるようになった。[85]

帰国後に伝習内容を移転しようとした試験内容を田中精助の「伝習技術試験目途書」[86]でみると、以下のとおりであった。

記（六月二五日）

一　鉄製書類写の版　六個
　右内二個仕上げの分　但し、元価九円八六銭八厘
　同四個仕上げ未成分
一　西洋形錠前　一個
　見本として仕上げの分
一　独逸木製時計及八角時計の額
　右製造機の内歯車器機沈没に及び未だ製作取り掛からず。
一　エレキトル、マグネット鉄　一基
　右は電信機及針盤等に用いる鋼製のマグネットを含む機械。但し、半仕上げの分。
一　木製トルニシクレース　一基
　右は堅木の挽形を以て銅及黄銅の薄延板を凹の燭台或は煙草入れ等を製造する機械なり。但し、製造未だ取り掛からず。
一　同
　右木製の螺旋を製造するに用いる。但し、製造未だ取り掛からず。

明治八年六月二五日の時点で、以上にみる試験項目では鉄製書類写の版、西洋形錠前、ドイツ木製時計および八角時計の額、エレキトル、マグネット鉄、木製トルニシクレースを挙げている。

田中精助の「澳国博覧会電信機械製造ノ伝習及ビ爾後ノ経歴」(87)によれば、帰国後から工部省で通信機、電気試験器類の製造を行うことになる。明治七年三月一三日、電信三等少手になり、工部大学校でドイツ人ハーセ氏の

もとで電気機械類製造を研究する。明治一〇年、汐止電信局倉庫内に工場を設置して通信器、電気試験器類の製造を始め、同年一一月、電信聴響器を製造して第一回内国勧業博覧会に出品した。明治一一年、電信通信器、電気試験器類、製造試験の成績が完全なので業務の拡張と通信機の輸入中止を求める上申をした。明治一八年、工部省廃止にともない逓信省に転ずる。明治二三年、田中製作所に入り、明治四三年一二月、岐阜市で五七歳で死去した。田中精助の場合も電信機の製造を中心とする政府部内での技術移転が中心であった。

5　ガラス・レンズ・メガネ製造関係――藤山種廣・朝倉松五郎

(1)　ガラス・レンズ・メガネ製造関係の伝習分担

ガラス製造は藤山種廣、玉（レンズ）・メガネ製造は朝倉松五郎が伝習した。ヨーロッパでは生活必需品としてガラス用品が普及しており、日本でもガラス用品の普及のためにはガラスを製造する必要があるとして、ワグネルも「第三　華氏建議」でガラス細工工場での伝習を提案した。しかし、玉（レンズ）・メガネ製造は提案されていなかった。

朝倉松五郎は神田梶町の玉細工師浅井伊三郎へ玉細の弟子入りをして修業した。(88) 彼は博覧会事務局から出品物として水晶細工などの玉細工類の製造を命ぜられたのが機縁となってウィーン万国博覧会に派遣された。ウィーン万国博覧会に出品されている各国のメガネを巡視した結果、今日の日本に最も必要な視学用具であるとの認識から、最初から玉石類の伝習者として選考されていた朝倉松五郎は玉（レンズ）・メガネ製造の伝習を行うことになったほか、イタリアでモザイク技法も伝習した。

佐賀藩精錬方で佐野常民の部下であった藤山種廣は一八六七年のパリ万国博覧会に参加した。藤山種廣はこのときすでにガラス製造の知識を持っていた[89]。藤山種廣のガラス製造技術の来歴を辿ると、日本に一五七三年頃にビードロ製法が渡来し、この技術は一八一九年に美濃の石塚岩三郎、江戸の上総屋、一八三九年に江戸の加賀屋などに伝播し、佐賀藩の藤山種廣に伝えられたのは一八六〇年頃といわれる[90]。明治元（一八六八）年五月にパリ万国博覧会から帰国したとき、藤山種廣はイギリスからヨーロッパ式のガラス製造技術を日本にもたらして、わが国現代ガラスの発達に端緒を与えたといわれる[91]。ウィーン万国博覧会ではボヘミアンガラスの製造技術を伝習することになった。

(2) 技術伝習の内容

(1) ガラス製造――藤山種廣

藤山種廣はすでに述べた紙型鉛版製造のほか、ガラス製造と石筆（鉛筆）製造の伝習を行った。ガラス製造と鉛筆製造はオーストリアのボヘミア州で伝習した。ガラス製造はスーヘンタール村のストルツエス氏の製造場で伝習を受けた。ボヘミア州スーヘンタール村はウィーンから西北約一三〇㎞の位置にあり、鉛筆製造の伝習地ビュットワイス（現チェスケー・ブジェヨヴィツェ）の南に隣接する地域にあり、現在はチェコのスフドル・ナド・ルジュニツィー（Suchdol nad Lužnici）と地名が変更されている。ストルツエスはシュテルツレ（Stölzle）である。

ガラス製造の伝習地としてボヘミアが選定された理由は、ウィーン万国博覧会に出品されたボヘミアンガラスはイギリスガラスと並んで素晴らしいガラスであり、イギリスガラスと比べて製法も簡便で、費用も少なかったことによるものであった、と藤山種廣は「技術伝習始末書」に報告している。

明治七年一〇月、藤山種廣は「硝子製造略記」[92]の前文で、佐賀藩精錬方で板ガラス等の製造は百方これを試みたけれども要領を得ることができなかったものが、スーヘンタール村の製造所で見聞することによって数年の間了解できなかったことが一朝にして氷解した、と述べている。「硝子製造略記」は職工六〇人が昼夜交代でガラス生産を行っているシュテルツレ製造所について、その原材料、生産工程、生産用具等を記述している。その内容を摘記すると次のとおりである。

硝子原質の事

・澳国ナーゲルベルク、スーヘンタールで水呑皿類、瓶子、杯等の如きものを製する。

珪土《けいど》（白砂原名キールス）、ボットアス、カルキ、曹達《ソーダ》、礬石《ばんせき》（アルセニッキ）、ニッケルオキシーデ　以上六種

（黄色硝子、赤色硝子、茶色硝子、紺青色硝子、乳白色の配合例　略）

・窓障子等に用いる板硝子を製する。

珪土、山塩、曹達、カルキ、木炭　以上五種

原質焚方の事

・竃は円形で、中央にあり、後ろから火をたく。燃料は松材と泥炭を使用する。鉄筐に泥炭を装し、松材を炊いて泥炭を蒸して瓦斯《ガス》を発生させ、この瓦斯は中央の丸い竃に達して煙を吹き出す。この煙に火を点ずれば、熱甚だ猛烈なる故、鉄を溶解する憂いあり。伊太利では石炭瓦斯を用いる。

・中央の竃の内に壺八個を作る。壺は上を広く、下を狭くして、これに原質を入れる。

器具の事

・硝子を吹く管は長さ三尺五寸位より四尺五寸位まで。太さは四分ほどより五分五厘まで。吹き口は黄銅で一尺五寸程の木の柄を着く。

・硝子を吹く時に使用する鉄は柄を長く作る。又管を用いる。管には松脂を塗って用いる。

・種々の器機を吹くに、多くは型を用いる。型は木製、銅、黄銅などがある。但し、木製の型は熱い硝子の時

は燃えるけれども、癖が生じないので木製の型を良しとする。

吹き方の事

・食器等の製造（略）

板硝子吹き方の事

・板硝子の製造（略）

雑録

・凡て硝子の壷は三〇日ほど使用し、新しい物に代える。

・硝子の竈は六か月目に竈を築き、代える。

・この製造所の工人は六〇人で、昼夜交代で半数ずつ交代で働く。硝子製造の稽古は四～五年、長い人で一〇年以上の稽古が必要である。多くは一二～一三歳で吹き方の手伝いをはじめ、次第に熟達する。男女とも同じ。

・製造所の曹達は英国製、ポッタスも英国製を用いる。

・職工の給銭は業の巧拙で違うが、たいてい一週間一〇フローリン（四円八〇銭程）より五〇フローリン（二四円程）まで。この製造所では一〇から二〇フローリンまでが多い。

(2) レンズ・メガネ製造――朝倉松五郎

朝倉松五郎はウィーン府グリウネルト製造所で五〇余日間レンズおよびメガネ製造の技術伝習を行った。このときの伝習内容は、朝倉松五郎の「玉工伝習録」[93]に記載されている伝習項目（伝習録の目次項目と異なっている）では次のとおりであった。

総論
玉を研磨する機械の事
第一　鉄盤、第二　手車、第三　台揺
珠を研磨する事
眼鏡の珠の端に孔を穿《うが》つ事
凹凸の両珠を粘着せしむる事
附録
化粧板張り合せ方之事
細工台の事

このときの伝習で朝倉松五郎は、日本とヨーロッパにおけるレンズの研磨方法の違いに驚いたことを「玉工伝習録」の総論で次のように率直に述べている。わが国の工人は手先によるので年数をかけた熟練を必要とする。また、名工といえども千顆万顆《せんかばんか》少しも変わらぬ寸法に製することはできない。西洋人も熟練を必要とするけれども、機械によるがゆえに年月を経ないでも諸種の目的の珠を自在に千も万も同じ形に作り出すことができる。また、幾枚も一時に作り出すことができる。

朝倉松五郎はメガネ製造機械、付属品を購入して帰朝した。

(3) 帰国後の技術移転

(1) ガラス製造——藤山種廣

明治七年五月二七日に帰朝した藤山種廣は、印書局および紙幣寮活版局（局長となる）で明治一〇年まで活字製造と紙型鉛版製造に携わりながら技術伝習を行い、技術移転を試みた。明治一〇年に紙幣寮活版局が紙幣寮の印刷局活版部と改称された機会に工部省の品川硝子製造所に移る。

工部省は明治九年、興業社を買収して品川硝子製作所を設置した。明治一〇年、製作寮を廃止して工作局をおき、大鳥圭介を局長として、これを品川工作分局と称した。品川硝子製作所は、明治一〇年七月、舷燈用ガラスを製造する工場を竣工し、同年一一月に初めて紅色ガラスの製造に着手した。この製造に従事したのは藤山種廣で、「斯業幼稚な本邦に移植したる最初の技術者として特筆すべきものなり」と評価された。[94]ボヘミアで伝習したガラス製造の技術を実地に行い、舷燈用の紅ガラス、模様ガラス、小板ガラス、ガラス器を製造した。舷燈用の紅色ガラスの製造を担当した藤山種廣は、日本人ではただ一人の技術者であった。藤山種廣のもとで松本磯吉、鈴木高之助らは舷燈用の赤色ガラスとして金赤ガラスの製作に従事した。個々の職工に技術伝習を行い、ガラスの製造技術が進歩し、業を立てる者も出たといわれる。[95]

藤山種廣の伝習技術が最も発揮されたのはガラス製造の分野であったと思われる。しかし、メガネや光学器機に必要なレンズの材料としての板ガラスの製造を試みたけれども成功しなかった。

明治一六年、品川硝子の民間払下げにともなって、ここを辞めて佐賀県神崎に帰り、同一九年に病没した。[96]

(2) レンズ・メガネ製造——朝倉松五郎

朝倉松五郎は明治七年一月、ウィーン府メガネ製造者グリウネルトに就いてレンズ・メガネ製造の伝習を五〇余日行い、のちイタリアでモザイク伝習を行った。ウィーンに戻り眼鏡製造機械、付属品を購入して同年五月ウィーンを出発、六月一〇日帰朝した。

明治八年七月、麹町区内山下町内務省博物館内で、注文の機械および買入品が到着したので、モザイク、眼鏡等の製造伝習を行った。同年九月、朝倉松五郎は二、三の弟子に伝習を行ったが、広くこの法を伝播する目的から、機械その他の工具品を借用して自宅で製造営業することを願い出で許可される。工場の新築中の明治九年七月一五日に死亡した。三五歳であった。(97)

内務省博物館内で実施した内容を朝倉松五郎の「伝習技術試験目途書」(99)で見ると、写真、測量機器、望遠鏡、双眼鏡、天眼鏡、メガネなどのほか、モザイク細工、大理石細工、などが含まれていたことが知られる。すなわち、

一　写真玉を製すること。
一　地理測量器の玉を製すること。
一　望遠鏡を製すること。
一　両（双）眼鏡を製すること。
一　水晶で天眼鏡を製すること。すでに着手。
一　同眼鏡を製すること。ただし、楕円形、円形、老幼の眼鏡数種。すでに着手。
一　伊太利モザイクを製すること。
一　大理石細工のこと。
一　水晶繰彫細工のこと。
一　瑪瑙《めのう》石繰彫細工のこと。

となっており、ガラスのほかに水晶が材料として使用されていた。朝倉松五郎の死後、明治九年秋、朝倉松五郎の遺志を継いで伝習を受けた弟子によってレンズ製造工場が完成し、工作局から機械類を借用して眼鏡業を開業した。工作局へ製造品の販売利益の半額を毎月上納することが器械類の借用条件であった。

この工場で各種のレンズを製造した。その製品をみると、明治一〇年、顕微鏡（明治一〇年、第一回内国勧業博覧会に角型の顕微鏡を出品）、明治一一年頃から眼科で使用する検眼レンズ、各種の眼鏡の製造を開始、明治一四年、第二回内国勧業博覧会に医科用反射鏡、掛眼鏡一〇〇種を出品した。

明治一四年一二月、借用中の機械類の払下げを出願、翌一五年に器械代金の四割引きで払下げを受け、多様なレンズ製造を行うようになった。明治二三年、第三回内国勧業博覧会に光学器械のレンズ、眼科用検眼レンズ、反射鏡、幻燈のレンズ、写真レンズ、両眼鏡、顕微鏡、シリンドルレンズを出品するまでになり、明治二五年、宮内省眼鏡御用達となった。

この間、明治一六年に写真機用レンズの材料ガラスの製造を藤山種廣が勤めていた品川硝子製作所に依頼したけれども製造できなかった。また、藤嶋常興と共同で蚕病試験用の五〇〇倍の顕微鏡の製造を試みたけれどもガラスが完全でないので中止した[99]。メガネなどのレンズ製造材料の板ガラスは輸入品に依存しており、明治三〇年代までは日本で製造できなかった。明治三五年、大阪の島田孫市（のち、旭硝子株式会社）が板ガラスを製造販売したのが日本における嚆矢であったが、昭和の初め頃まではメガネ用の板ガラスはすべてドイツを中心とした輸入品であった[100]。

朝倉松五郎は三二歳で病没した。このために、モザイク細工の伝習を受けた者がいないので中止し、技術の移転は行われなかった。レンズ・メガネ製造の技術は、朝倉松五郎の弟子たちによって朝倉のレンズ工場を中心に民間に技術移転が行われていった。特に、彼の技術は弟子の高林銀太郎に伝授され、高林は多くの眼鏡レンズ職人を養成した。今日の大手のレンズメーカーも、直接ではないが朝倉松五郎の影響を受けているといわれる[101]。

6 陶磁器・ギプス型・陶画・彩釉薬――納富介次郎・河原忠次郎・丹山陸郎

(1) 陶磁器・ギプス型・陶画・彩釉薬の伝習分担

日本の陶磁器はヨーロッパで賞賛を受けた分野であったが、ギプス（石膏、Gips（独））型による陶器の生産方法や陶画の技術はヨーロッパが日本より優れていた。このために、ワグネルは丹山陸郎をベルリンまたはボヘミアに派遣してギプス型による陶器の製作技術の伝習を行わせ、陶器への着色、陶画の画料を磨く臼、粉末にする器械類、窯の図などの蒐集の必要を「第三 華氏建議」で提案した。明治六年五月以降、納富介次郎（博覧会事務局一等出仕）・河原忠次郎（佐賀・陶工）・丹山陸郎（六郎とも表記、西京・陶工）の三人は、ウィーン万国博覧会の会期中の余暇に塩田眞事務官から学資を貸与されて、ウィーンの工業学校に通学して陶磁器の製造技術を学んだ。「技術伝習始末書」によると、陶器は納富介次郎、製陶は河原忠次郎、ギプス型製造法は丹山陸郎が、それぞれ技術伝習を分担したことが報告されている。納富介次郎・河原忠次郎はボヘミアのエルボーゲン製造所でほとんど一緒に行動しており、ともに製陶・ギプス型製造法を伝習した。ワグネルが推薦した丹山陸郎もボヘミアのクロステルル官立陶器製作所で自費でギプス型などの製陶技術の伝習を受けたが、特に陶器に写真を撮着する技術、陶画用の各種の彩釉薬《さいゆう》（水銀薬を含む）の伝習を行った。

(2) 技術伝習の内容

(1) 陶磁器・ギプス型――納富介次郎・河原忠次郎

納富介次郎・河原忠次郎はともにオーストリアのボヘミア州エルボーゲン製造所で技術伝習を行った。現在のエルボーゲン（Elbogen（独））はチェコのロケット（Loket）である。二人は工場に寄宿して製陶・陶画の技術伝習をしたほか、ギプス型製造法や欧州陶窯を学び、納富介次郎は伝習先のエルボーゲンより陶磁器ディレクトルの資格十分であると賞賛されたという(102)。明治七年、納富介次郎は帰朝の際に自費でフランス・セーブルの陶磁器製造所を巡視し、製陶術、彩画法を研究した。河原忠次郎もまたボヘミア各地の陶磁器製造所を巡視した。

(2) 陶画・彩釉薬——丹山陸郎

明治五年に博覧会事務局がウィーン万国博覧会に陶磁器を出品するために西京五条阪の幹山伝七と粟田の丹山青海に監督させて陶磁器の製造をした。このときの丹山青海の次男が丹山陸郎で、彼は東京でワグネルのもとで陶磁器製造を学んでおり、ワグネルの弟子として働いていた。

丹山陸郎の自費伝習経費の助成を願い出たときの「嘆願書」によると、明治六年六月下旬に帰朝を命ぜられたのであるが、この機会に西欧各国の製陶法を篤と研究したいので同行人員中から金子を借用してウィーン、ボヘミアで陶器の写生、焼き上げ秘術、尋常製陶、その他画鋳用方の大略を伝習したという。この伝習では「彼国ニ於而モ御秘蔵候儀」もあり、「研究請習候為メ多少ノ冗費」もかかり、自費経費五一〇グルデン（二二四円）を助成願いたい、と嘆願している(103)。明治六年一一月二日、ウィーン万国博覧会の閉会後に佐野常民から陶磁器技術伝習を命ぜられ、オーストリアのボヘミヤ州クロステルル官立陶器製作所に入学、教師フランツ・ヒップマンに就いて学び、翌一二月退所した。ここでの彼の関心は陶器に写真を撮着する技術であった。これは伝習目的を逸脱するものであることから、佐野副総裁、塩田事務官の叱責を受けたという。技術伝習は伝習者の興味・関心で伝習したのではなく、いま日本で何が必要な技術伝習であるかを決めて伝習させたのであった。彼はその後、オーストリアの窯業工場の巡視を行い、各種の彩釉薬、見本品を購求して、明治七年二月八日に帰朝した(104)。

(3) 帰国後の技術移転

(1) 陶磁器・ギプス型――納富介次郎・河原忠次郎

納富介次郎は明治八年七月、博覧会事務局の山下門内で陶磁業、ギプス型製造法の伝習技術の試業を行い、河原忠次郎とともに技術移転の目的で伝習を行った。のち、技術伝習のこの事業は内務省勧業寮の所管となり、陶磁業、石膏（ギプス）型製造法は、全国の陶磁産地より生徒を募集して河原忠次郎とともにこれらの伝習を行った。明治一〇年一月、この事業は工部省に引き継がれたので、河原忠次郎とともに工部省に移って伝習事業を継続したが、明治一〇年六月、工部省は伝習事業を廃止することになった。(105)

明治八年七月頃の納富介次郎および河原忠次郎の「伝習技術試験目途書」は次のとおりであった。

納富介次郎試験手続（試験概略）

一　ギープス《(ママ)》各種

七、八寸位の立像、人物二個、日本古銅器一、二品模造する。但し、古銅色着色まで。

一　陶器油画小花瓶二対菓子皿六枚　未着手。但し、伝習の欧窯建築まで。先ず以て日本窯にて試験すること。

一　油絵額面　縦二尺三寸、横三尺六寸　闘虎の図

一　同　　　縦二尺五寸、横一尺五寸　菓花盛盆の図

河原忠次郎陶器試験前途目的左之通

一　内国各所に石膏を産する地名、其の掘り出し斤量の多寡、代価等取調、其の質の良否を試験すること（石膏を産する地は陸奥、南部、尾張、美濃、近江、越後、石見、肥後等なり）。

一　着手　ギプスを焼き上げること。

一　着手　篦《へら》を以て製する陶器の型並に泥水で鋳する陶器の型をギプスにて製すること。

一　着手　ギプス型で家屋内部の装飾物或いは額の縁、門戸の装飾物等を製すること。
一　堊土《とくど》で製したる陶器を当府下所在の窯を借りて素焼きとなすこと。
一　素焼器に欧州ボヘミアで用いるところの釉薬を施すこと。
一　釉薬を施したる器を本窯で焼き試すこと。
一　着手　錦窯建築のこと（銅板、石版画など張付焼き上げること）。
一　着手　陶器のきず、あざを研磨する機械を整頓試験すること。

彼らの技術移転の中心はギプス型製造法で陶磁器を製造する方法であった。この事業は博覧会事務局の山下門内で、陶磁業→内務省勧業寮→工部省へと伝習事業を継続したが、明治一〇年六月に廃止されたために、納富介次郎は工部省を辞して塩田眞と謀り、東京府小石川区新小川町に私設の江戸川製陶所を設けて従前の技術伝習事業を継続した。苦心伝習してきた有益事業の技術を移転したいことが主な理由であった。河原忠次郎を工長として、瀬戸・九谷その他の地方から伝習生八〇余人を薫陶養成し、明治一七年まで継続した(106)。この結果、有田・瀬戸・九谷・苗代（薩摩）・五条阪（西京）などの各地の製陶所にギプス型の使用が普及することになり、明治一四年、第二回内国勧業博覧会で江戸川製陶所は協賛一等賞牌を受賞する実績を挙げた。

納富介次郎はウィーン万国博覧会に陶器審査官として派遣されたが、その後の明治九年のアメリカのフィラデルフィア万国博覧会にも事務官・審査官として派遣された。このとき、一〇数人の画工を選抜して多数の図案を調整して全国の著名な陶工に配布し、事務局の命で肥前有田皿山の香蘭社に出張して作陶させ、出品した。明治一〇年、第一回内国勧業博覧会の審査官、明治一八年の東京上野で開催した五品（陶・漆・蚕・生糸・織物）共進会の漆器の審査官（このときの報告書は実業学校等の参考書として使用される）、第四回内国勧業博覧会の審査官（七宝器の緻密で精密な報告書を作成）、石川県の二度の美術工業改良教師、石川県の工業学校、富山県の工芸学校の創立に参画するなど、日本の美術工芸の技術向上に重要な役割を果たした。

(2) 陶画・彩釉薬――丹山陸郎

丹山陸郎は慶応二年、長崎でドイツ人のヨングに就いて化学を学び、京都に帰って粟田で父丹山青海の経営する製陶業に従事した。東京でワグネルのもとで陶磁器製造を勉学していたこと、ヨングから化学を学んでいたことなどから、ワグネルは丹山陸郎に陶器への着色、陶画の画料を磨く臼、粉末にする器械類、窯の図などの収集の必要を提案したものであった。

すでに、ウィーン万国博覧会への出品に際して、粟田の陶工は能薬で彩画を施すのみであったので、丹山青海の丹山窯に持参して彩画を着けていた。これは丹山陸郎が他の陶工に先がけて彩釉薬を使用できたのはヨングから学んでいたからであったという。

ボヘミヤのクロステルル官立陶器製作所に入学、教師フランツ・ヒップマンに就いて学び、陶器への写真の撮着技術やオーストリアの窯業工場の巡視で各種の彩釉薬を収集し、見本品を購求して、明治七年二月八日に帰朝した。

明治八年、博覧会事務局で技術試験のために上京を命ぜられるも、病のために上京できなかった。明治一五年、オランダのアムステルダム博覧会に丹山焼を出品してヨーロッパ各地の製陶所を巡視して明治一九年に帰国した。明治三〇年一月、死亡する。享年四六歳であった(107)。

ギプス型の普及、窯の構造の改良に努め、自家の職工に彩釉薬の配合を教授し、京都、瀬戸、伊万里に至るまで陶工に普及したといわれ、特に陶画の彩釉薬の配合技術は丹山陸郎の技術移転の中心であったというべきである。

7 鉛筆・紙巻タバコ製造――井口直樹・藤山種廣・竹内毅・石川巌

（1）鉛筆・紙巻タバコ製造の伝習分担

鉛筆製造は藤山種廣（勧工寮九等出仕）・井口直樹（事務局雇）、紙巻タバコ製造は竹内毅（出納寮少属）・石川巌（事務局八等出仕）が伝習した。紙巻タバコ（シガレット）の伝習の必要性はワグネル「第三　華氏建議」の四区食物・飲料で指摘し、紙巻タバコをつくり、タバコを刻む等の器機を購入し、さらに他国のタバコの種子を購入して比較検討することを求めていた。紙巻タバコが日本の新貿易品となることを期待したのである。(108)

これに対して、鉛筆製造の伝習は井口直樹の着想によるもので、井口は明治五年ウィーン万国博覧会の出品物の収集で薩摩を訪れた際に、黒鉛を東京に持ち帰ったことから鉛筆製造を思い立ち、ウィーンに行くと必ず鉛筆の製造がわかるに違いないと考えたのであった。(109) しかし、勉学半ばで帰国を命ぜられた井口は、鉛筆の芯の製造技術の伝習を藤山種廣に託して帰国することになった。二人でバトンタッチをして技術伝習した珍しい例である。

（2）技術伝習の内容

⑴ 鉛筆製造――井口直樹・藤山種廣

鉛筆製造は井口直樹がウィーン万国博覧会の会場で鉛筆の陳列品を見て独自に勉学し、藤山種廣は井口の意志を継いで伝習した。初め、井口直樹がこの事業に注目し、会務の余暇にその製造法を質問研究していたところ、帰朝を命ぜられたため、鉛筆の芯はどのような物質でできているかを知ることができなかったので、藤山種廣がそのあとを継いでボヘミアのハルトムート氏の製造所で熟視研究したと報告している。(110)

井口直樹がウィーン万国博覧会場に陳列していた鉛筆について「質問研究」したのはビュットワイスの鉛筆製造所の鉛筆製造の方法で、ビュットワイス地方の鉛筆製造所では鉛塊より鉛筆となるまでの順序が詳密に図解して説明されていたためであった。陳列品の器械も盛大で緒方道平に費用を聞いてもらうとおおよそ一〇万円であることや、工場絵図、鉛の晒し方等を質問するなどの勉学をした。しかし、帰朝命令のために鉛筆の製造方法を伝習できなかったので、藤山種廣に黒鉛の合薬と分量の伝習を依頼して七月一日にウィーンを出発、八月二三日に帰朝した。

藤山種廣は明治七年一〇月の技術伝習録「鉛筆製造略記」[11]で、生活必需品の筆記用具としての鉛筆の意義を次のように述べている。

図を製し、物を写生するにこの石筆（鉛筆）を以て創めにこれが概略を定め、帳簿を記し、出納を算する亦多くはこれを用いる。最も携帯に便なり。最も学校においては欠くべからざるものなり。しかし、これを製する術を知らず。悉く海外に取る。種廣国にありて日夜苦心焦思し百方これを製し試みるもその法よろしきを得ず。

藤山種廣はこのように述べ、佐賀藩の精錬方でも鉛筆製造を試みていたことが知られる。井口直樹の意志を継いで鉛筆製造の伝習を行った藤山種廣の技術伝習先は、井口が博覧会場に出品していた鉛筆で技術を伝習しようとしていたオーストリア最大規模のハルトムート（Hardtmuth）氏の製造所で、ボヘミアのビュットワイス（Budweis）にある工場であった。このほかにタイエル氏の鉛筆製造所でも伝習した。ビュットワイスはチェコのチェスケー・ブジェヨヴィツェ（České Budějovice）で、藤山がガラスの伝習先としたスーヘンタール村（現スフドル・ナド・ルジュニツィー）の北に隣接する町であった。藤山種廣が伝習したハルトムート鉛筆製造所は、オーストリアのヨゼフ・ハルトムート（Joseph Hardtmuth）が陶器製造を目的に一七九〇年にウィーンに創業した工場であった。一八〇八年、新工場を建設して陶器のほかに鉛筆製造を始め、一八四八年、ウィーンからボヘミアのビュットワイスに工場を移転した。一八七〇年には陶器製造を廃止して鉛筆製造所となった[112]。

藤山種廣の伝習録「鉛筆製造略記」の記述で、このときのハルトムート鉛筆製造所の概要および「黒鉛製法の事」「鉛筆に用うる木の事」の要点をみると、次のとおりであった。

ハルトムート鉛筆製造所の概要

・労働者数：工人一五人、手伝い二人、合計一七人。
・設備：蒸気機関二。一は九六馬力、一は二四馬力。
・生産高：一週間に凡そ三千ダース、三万六千本。
・工人の給料：一週間男九フローリン（五円三二銭）。女四フローリン（二円九二銭）。
・労働時間：毎日朝六時から夕六時まで。正午一二時より午後一時まで休憩。

黒鉛製法の事

・鉛筆の芯に入る黒鉛は元来山より出る物で、容易に水に溶ける性質がある。これを精製してのちに木に箱むなり。（ビュットワイスの製造所で用いるものは馬車で二時間ばかりの近傍にある。わが国では薩摩の垂水に産するものがよい。）
・黒鉛を精製するには高さ三尺、径四尺ばかりの桶に入れ、水を注いでかき混ぜる。この桶を高いところに置き、次に同じ大きさの桶一〇個を密着して並べ連ねる。上の方の縁を切り欠き短き桶のごとくになし、次第に次の桶に黒鉛水を送れる様にする。一段高い桶に黒鉛水を充満し、上の桶より一〇個の桶に順次入るようにすれば、最後の桶の黒鉛水は最も細やかな物で、これを沈殿させ乾燥したものを上品の鉛筆を作る原料とする。桶を逆に数えて二番、三番とし、元桶に沈殿している黒鉛を下品とする。番号札を付けて挽き臼の場所に送る。
・黒鉛に粘土を調和して使用する。粘土も黒鉛と同様の方法で精製する。
・赤青その他の鉛筆も同様の方法で行う。赤は朱あるいは丹を用いる。青その他は土絵具を用いる。
・このところは男三人で扱う。

鉛筆に用うる木の事
・その名をチュットルホルツといい、米国より輸入する。わが国の檜に似たり。
挽き臼の事／布濃しの事／調合の事／孔通しの事／再練和の事／仕あげ孔通しの事　／裁り揃ふる事／乾し上けの事／焼き壷の事／焼き竈の事／鶏子白を引く事／黒鉛を木に箱む事／外削りの事／磨き方の事／塗り方の事／両端を削る事／押印の事／括り方の事／包み方の事（以上、略）

一七六〇年、ドイツのカスパー・ハーバーは黒鉛の粉末に硫黄を混入して芯を造り、これを木の鞘にはめて鉛筆を製造した。これがババリヤ鉛筆の起源となった。ハルトムート鉛筆製造所では黒鉛に粘土を調和して芯を製造するもので、この製法は一八〇〇年代の初頭、フランス人のコンテが鉛筆の芯の製造工程を改良して、硫黄に代えて粘土を使用する方法を開発したもので、これで、鉛筆の芯の材料は黒鉛と粘土になった。(113) 黒鉛と粘土を材料とする鉛筆の芯の製法が、ウィーン万国博覧会における藤山種廣の技術伝習によって日本に伝わることになった。

(2) 紙巻タバコ製造――竹内毅・石川巌

竹内毅はウィーンのオーストリア政府烟草製造所で紙巻タバコの技術伝習をした。これに対して、石川巌はタバコ商の父の個人的な要望を受けて紙巻タバコの製造技術を調査研究した。それぞれ別のルートで紙巻タバコ製造の技術伝習を行ったのであるが、結果として、彼らの持ち帰った紙巻タバコ製造の器機とその技術は日本に根づき、日本の紙巻タバコの基盤となったと評価されるものであった[114]。

竹内毅の「技術伝習始末書」によると、キューバ、ハバナ、ブラジル、ファリナス、マニラ、ジャワ、アメリカ、トルコ、オランダ、ドイツ、オーストリアなどの諸国のタバコの耕作、耕地の適否、肥料の異同、温湿、乾燥の方法、葉の質、風味、香気、製造法などを調査し伝習を受けた[115]。

石川巌(治平)は東京のタバコ商の父から、紙巻タバコの工場を見学し、製造工場の片鱗でも摑み、できれば機械を購入して帰るように依頼された。石川巌はオーストリア人タラオ氏に依頼して、ウィーンから汽車で三時間ほどのところにある紙巻タバコ製造所をタラオ氏とともに訪問した。これは葉巻タバコと紙巻タバコの製造を行う工場であった。タバコを刻む場所、紙を裁断する場所は男子労働、ほかは女子労働で、器機を使用し、作業を分業で行っている壮大な工場であった[116]。紙巻タバコの製造は長さ二寸ほどのゴムを上に付けた鉄製の器機を使用し、ゴムの上に紙を置き、この上にタバコを置いてゴムを前面に巻くと自然に紙がタバコを包んで回転する仕掛けで、紙筒に使用する糊は米粉であった。石川巌はここで数十本の紙巻タバコの製造を伝習し、その大概を会得したという。

(3) 帰国後の技術移転

(1) 鉛筆製造——藤山種廣・井口直樹

日本への鉛筆の伝来は、オランダ人によって初期の徳川幕府に献上[117]したのが最初であったといわれ、明治初年にわずかながらドイツから鉛筆が輸入されて、ごく一部の人に使用され始めていた[118]。井口直樹は「澳国博覧会後本邦製鉛筆ノ原始[119]」で、藤山種廣・井口直樹が日本で最初に鉛筆を製造したと述べている。井口直樹は帰朝命令のために、鉛筆の製造方法を伝習できずに帰国したが、このときに藤山種廣に黒鉛の合薬と分量の伝習を依頼して明治六年七月一日にウィーンを出発、八月二三日に帰国した。井口直樹は同年一〇月、東京・銀座で小池卯八郎にオーストリアで見聞した器機、鉛の下拵え、晒し法などを語り、藤山種廣の帰朝を待って明治七年に東京・小石川区関口に鉛筆製造所を創業した。藤山種廣は黒鉛製造技術を小池卯八郎に移転してこの製造所で鉛筆を製造し、明治一〇年の第一回内国勧業博覧会に出品した。この鉛筆は実用に乏しいものであったが、「我邦ニテ鉛筆ノ成レルハ是ヲ嚆矢トス[120]」と述べ、ハルトムート鉛筆製造所の方法で藤山種廣が黒鉛和合の方法と分量の技術を移転し、井口直樹は西洋器機を簡略に作製する方法を考案して日本人に製作させたことを記述している。

東京・小石川区関口の鉛筆製造所で製造した和製鉛筆を販売するにあたって、当初は符号文字を本邦文字にしたところ、販路がわるいので西洋文字を印して舶来品に擬して発売したという[121]。

しかし、鉛筆製造が軌道に乗るのは明治一九年以降のことであった。九州備前の眞崎仁六は明治一一年のパリ万国博覧会に行き、イギリス、ドイツの鉛筆の出品物を見、鉛筆の製造を企図したといわれる。帰国後に、黒鉛、粘土、軸材など鉛筆の材料を研究し、黒鉛は鹿児島県、粘土は栃木県、軸材は北海道のアララギを探し得て、鉛筆の製造に成功したという。明治一九年に東京・四谷の自宅を工場とし、水車を使用する小規模な鉛筆製造を開始した[122]。明治末から鉛筆工業が興り、第一次大戦中にドイツからの鉛筆の輸入が途絶えたために鉛筆の需要が急増した。大正末期には国産鉛筆の生産量は輸入鉛筆を凌駕する発展を示した。

(2) 紙巻タバコ製造——竹内毅・石川巌

日本における紙巻タバコ（シガレット）の製造は、東京・麹町の土田安五郎（一八三二－一八九八）が明治二年頃にロシアの口つき紙巻きタバコを模して、紙は丸善の輸入した帽子の包装紙を使用し、口紙は地券で製造したのが最初であるといわれる。[123] 地券を使用しているところから明治五年以降のことであったとみられる。器機を使用した紙巻タバコの製造が開始されたのは、ウィーン万国博覧会で石川巌（治平）と竹内毅がオーストリアでシガレットの製法を修得し、器機類を購入して帰国したことによるものであるといわれている。ウィーン万国博覧会の開催の頃のヨーロッパのタバコ会社では、スシーニ社がシガレット・マシンを発表していたけれども一般的に使用できるまでにはいたらず、オーストリアのタバコ専売局（一七八四年設置）がシガレットの製造の機械化に着手したのは一八八〇年頃であった。[124] したがって、石川たちがウィーンから持ち帰ったタバコ製造の器械類は手工業的なゴロ巻用の器具だったのである。

竹内毅はこの器械で明治八年に葉巻および紙巻タバコの二種類を製造し、明治九年頃より製造販売を開始した。毅の長男象二郎は父の意志を継いで父の持ち帰った紙巻タバコの器機を勧業寮から貸与（のち、払下げ）を受けてタバコ工場を開設し、明治一三～一五年頃には紙巻タバコ製造機二一台、職工三〇人の工場を経営した。この工場も、粗悪品を製造する同業者との競争に負けて明治一七年に廃業した。[125] 石川巌は鉄製の本体を木製にして模造品を一〇台製作して工場を開いた。しかし、明治一三年に父が病没したので製造を廃止した。[126] 石川、竹内の製造したタバコは両切りの紙巻タバコであった。

明治二〇年頃から、知識人や富裕層などの都市生活者を中心に紙巻タバコの需要が増加し、製造技術も向上して国産の各種銘柄の紙巻タバコが外国産と並んで市場に出回るようになった。明治三〇年頃になると、岩谷松平（明治一二年頃から問屋制と特異な宣伝方法で成長する）、村井吉兵衛（明治二三年頃に問屋制から出発して、アメリカの巻上機と工場制を採用して岩谷を凌駕する成長を示した）、千葉松兵衛などの大規模なタバコ経営者が登場し、日本のタバコ産業は紙巻タバコを中心に発展し、アメリカの巨大なタバコ産業アメリカン・タバコ社（ＡＴ）が参入を目論むまでに成長した。[127]

注

（1）澳国博覧会事務局編（一八七五）『澳国博覧会報告書 博覧会部上』澳国博覧会事務局、一二-一四丁。
（2）明治九年『澳国博覧会報告書　第十』文書番号二。
（3）『太政類典　第二編　第百七十二巻』文書番号八。
（4）近代ヨーロッパ都市地図刊行会編（一九九九）『近代ヨーロッパ首都地図集成　第Ⅰ期：ウィーン・プラハ・ブタベスト・ワルシャワ 一八五七-一九二七』遊子館、四〇-七〇頁。
（5）『太政類典　第二編　第百七十二巻』文書番号八。
（6）平山成信（一九二五）『昨夢録』（私家版）一七頁。
（7）田中芳男・平山成信編（一八八七）『澳国博覧会参同紀要　中篇』三九-四〇頁。
（8）古島敏雄（一九六六）『産業史Ⅲ』山川出版社、一八五頁。
（9）横井時冬（一九二七）『日本工業史』白揚社、一五五頁。
（10）横井時冬（一九二七）、同上、一九八-二〇二頁。
（11）田中芳男・平山成信編（一八八七）『澳国博覧会参同紀要　下篇』一〇一-一〇四頁。
（12）ユネスコ東アジア文化研究センター編（一九七五）『資料 御雇外国人』小学館、二六七-二六八頁。
（13）明治九年『澳国博覧会報告書　第五』文書番号二十四。
（14）田中芳男・平山成信編（一八八七）、同上下篇、三〇-三三頁。
（15）このときの佐々木長淳の伝習記録「澳国ゲルツ養蚕学校伝習略記」は明治九年『澳国博覧会報告書　第五』文書番号二十三に所収。
（16）明治八年一二月『公文録　寮局之部　二』文書番号二十九。明治八年七月、佐野常民宛。
（17）田中芳男・平山成信編（一八八七）、同上下篇、七八-一〇一頁。
（18）田中芳男・平山成信編（一八八七）、同上下篇、七八-八〇頁。

(19) 明治八年一二月『公文録　寮局之部　一』文書番号二十九。明治八年六月二八日、佐野常民宛。
(20) 明治九年『澳国博覧会報告書　第十六』文書番号六。
(21) 田中芳男・平山成信編（一八八七）、前掲書 下篇、二〇六-二一三頁。
(22) 佐々木長淳「澳国蚕業ノ実験及爾後ノ経歴」、田中芳男・平山成信編（一八八七）、同上 下篇、三〇-三三頁。
(23) 農商務省（稿本）「新町紡績所沿革」、岡本幸雄・今津健治（一九八三）『明治前期官営工場沿革』東洋文化社、一三三頁。
(24) 古島敏雄（一九六六）、前掲書、一八五頁。
(25) 勝田孫弥（一九一一）『大久保利通伝』同文館、五〇八頁。
(26) 竹内荘一（一九八三）「近代製糸業への移行」『講座 日本社会史　第三巻 紡織』日本評論社、二一七頁。
(27) 田中芳男・平山成信編（一八八七）、前掲書 下篇、七八-一〇一頁。
(28) 「伝習技術試験目途書」。
(29) 田中芳男・平山成信編（一八八七）、前掲書 下篇、八三-八五頁。
(30) 横井時冬（一九二七）、前掲書、一五五頁。
(31) 田中芳男・平山成信編（一八八七）、前掲書 下篇、八五-八六頁。
(32) 圓中文助「澳国博覧会後生糸ノ実歴」、田中芳男・平山成信編（一八八七）、前掲書 下篇、九九-一〇〇頁。
(33) 伊達虎一「澳国博覧会後本邦繻珍緞子ノ新発明」、田中芳男・平山成信編（一八八七）、前掲書 下篇、一〇一-一〇四頁。
(34) 明治七年三月『公文録 課局之部 全』文書番号四十六。
(35) 横井時冬（一九二七）、前掲書、一六七-一六九頁。
(36) 田中芳男・平山成信編（一八八七）、前掲書 下篇、二〇六-二一三頁。
(37) 十日町織物同業組合編（一九四〇）『十日町織物同業組合史』十日町織物同業組合、九一七-九一八頁。安部隆治（一九六八）『十日町織物同業組合史』十日町織物同業組合、六七一-六七六頁参照。
(38) 秋草生（一九三六）「明治時代西洋染色の先達中村喜一郎・山岡次郎両氏の著述と人造染料」『染織』九五号。
(39) 角山幸洋（一九八三）「羊毛の技術」『講座・日本技術の社会史　第三巻　紡織』日本評論社、二七一-二七二頁。
(40) 田中芳男・平山成信編（一八八七）、前掲書 下篇、一八四-一八七頁。
(41) 木下修一編著（一九三八）『井上省三伝』井上省三記念事業委員会、六五頁。
(42) 木下修一編著（一九三八）、同上、六五-六七頁。
(43) 日本史籍協会編（一九二九、一九八三復刻）『大久保利通文書　九巻』東京大学出版会、一九-二四頁。木下修一編著（一九三八）同上、六八-七〇頁。
(44) 「岩山敬義君小伝」『大日本農会報』第一三六号（明治二六年一月）。
(45) 「澳国博覧会絹織物ノ実見及爾後輸出品ノ現況」、田中芳男・平山成信編（一八八七）、前掲書 下篇、一八四-一八七頁。
(46) 坂根義久校注（一九七〇）『青木周蔵自伝』平凡社、三三頁。
(47) 農商務省稿本（一八七三頃）「千住製絨所沿革 自創業　至十五年八月」、岡本幸雄・今津健治編（一九八三）『明治前期官営工場沿革』東洋文化社、一四頁。
(48) 千住製絨所編（一九二八）『千住製絨所五十年略史』千住製絨所、四‐五頁。
(49) 角山幸洋（一九八三）「羊毛の技術」、前掲書、二七四頁。
(50) 角山幸洋（一九八三）「羊毛の技術」、同上、二八二‐二八三頁。
(51) 農林省編（一九五五）『農務顚末　第四巻』農林省、四〇六頁。
(52) 角山幸洋（一九八三）「羊毛の技術」、前掲書、二八一頁。
(53) 大蔵省印刷局編（一九七一）『大蔵省印刷局百年史　第一巻』大蔵省印刷局、一八三頁。
(54) 大蔵省印刷局編（一九七一）、同上、三〇七‐三一三頁。
(55) 大蔵省印刷局編（一九七一）、同上、三二七頁。
(56) 吉田和夫（一九六九）「内務省地理局『東京実測全図』の製版法について」『地図』第七巻第四号、二三頁。
(57) 楠善雄（一九六七）「近代に於ける地図図式の先駆者岩橋教章の生涯と業績」『測量』第一七巻第一〇号、四頁。
(58) 明治八年一二月『公文録　寮局之部　二』文書番号二十九。明治八年六月二八日、佐野常民宛。
(59) 明治九年『澳国博覧会報告書　第二十二』文書番号一。
石井範忠の木紙（西洋紙）製造工場のある伝習地ストッパーフ村（Sutoppach）の最寄り駅グログニッツ(Gloggnitz）は南部鉄道の停車駅で、ウィーンまで六八㎞の位置にある。この駅はホーム・マウンテインとしてウィーン子が親しんでいるシュネーベル山へのハイキング口であった。一八四二年にウィーン南駅からゼメリングまでゼメリング鉄道が開通し、続いて一八五七年にトリエステまで路線が伸び、南部鉄道の全線が開通することになった。グログニッツ駅からミュルツーシュラーク駅に至るゼメリング鉄道は世界初の山岳鉄道として知られる。Gloggnitz-From Wikipedia, the free encyclopedia.
(60) 同上、文書番号二。
(61) 明治九年『澳国博覧会報告書　第十六』文書番号九。
(62) 安質王は「アンチモン（アンチモニー）」で、ほかに安質蒙や安質没などの表記もある。
(63) 岩橋章山編（一九一一）『正智遺稿』私家版、三三頁。
(64) 岩橋章山編（一九一一）、同上、二五頁。
(65) 岩橋章山編（一九一一）、同上、三〇‐三一頁。
(66) 故石井範忠「澳国博覧会製紙法ノ伝習並器機ノ折衷」、田中芳男・平山成信編（一八八七）、前掲書 下篇、一三六‐一三七頁。
(67) 久米康生（二〇〇二）「近代和紙業界の歩み」『和紙文化研究』第一〇号、三頁。
(68) 坂根義久校注（一九七〇）、前掲書、三二‐三三頁。
(69) 日本経営史研究所編（一九七三）『紙の文化産業 製紙業１００年』王子製紙株式会社、など。
(70) 森本正和（二〇〇二）「和紙と洋紙の接点」『和紙文化研究』第一〇号、八‐三九頁。
(71) 藤山常一「澳国博覧会活字硝子鉛筆製造ノ伝習及爾後ノ経歴」、田中芳男・平山成信編（一八八七）、前掲書 下篇、三八‐四四頁。

(72) 大蔵省印刷局編（一九七一）、前掲書、三二七頁。
(73) 川田久長（一九八一）『活版印刷史』印刷学会出版部、一〇三頁。
(74) 藤岡米三編（一九三一）『本邦鉛版工業界五十年史』鉛版工業会、三-四頁。
(75) 高取武（一九七八）『日本の鉛版事始』印刷時報社、一〇六頁。
(76) 古井太助などの民間におけるステレオタイプの導入の経過については、藤岡米三編（一九三一）『本邦鉛版工業界五十年史』（鉛版工業会）に詳しい。なお、本項の文献は印刷博物館ライブラリー司書 山崎美和氏の調査に負うものである。
(77) 岩橋章山編（一九一一）、前掲書、二七-二九頁。
(78) 大蔵省印刷局編（一九七一）、前掲書、三二七頁。
(79) 吉田和夫（一九六九）「内務省地理局『東京実測全図』の製版法について」『地図』第七巻第四号、二四-二五頁。
(80) 中川保雄（一九八〇）「藤島常興――封建時代の伝統的職人と明治初期工業化政策との結びつき（Ⅱ）」『科学史研究』Ⅱ-18（一三二号）。
(81) 内田星美（一九八五）『時計工業の発達』服部セイコー、一八三、一九三頁。
(82) 田中芳男・平山成信編（一八八七）、前掲書 下篇、四八-七〇頁。
(83) 中川保雄（一九七九）「藤島常興――封建時代の伝統的職人と明治初期工業化政策との結びつき（Ⅰ）」『科学史研究』Ⅱ-18（一三一号）、一四五-一四六頁。
(84) 中川保雄（一九八〇）、前掲論文、二〇七頁。
(85) 今津健治（一九九二）『からくり儀右衛門』ダイヤモンド社、一六八頁。
(86) 明治九年『澳国博覧会報告書　第十』文書番号一。
(87) 田中芳男・平山成信編（一八八七）、前掲書 下篇、七〇-七三頁。
(88) 白山昕也（一九九〇）『眼鏡の社会史』ダイヤモンド社、二一七-二一八頁。
(89) 井上暁子（一九九九）「佐賀藩精錬方藤山種廣の足跡」『GLASS』四三号。
(90) 杉江重誠編著（一九四九）『日本ガラス工業史』日本ガラス工業史編集委員会、九九頁。
(91) 杉江重誠編著（一九四九）、同上、八七頁。
(92) 明治九年『澳国博覧会報告書　第十六』文書番号八。なお、井上暁子（一九九七）「ウィーン万国博覧会と藤山種廣『硝子製造略記』」で藤山種廣『硝子製造略記』を翻刻しているので参照されたい。友部直先生記念論叢刊行会編『美の宴・西と東――美術史考古学論叢』瑠璃書房、二〇九-二一七頁。
(93) 明治九年『澳国博覧会報告書　第十六』文書番号三。東京四谷の朝倉家（朝倉メガネ店）に所蔵されている「玉工伝習録」の翻刻が、菊浦重雄（一九七九）「近代的眼鏡レンズの成立――その技術移転と朝倉松五郎」（『東洋大学経済研究所研究報告』第四号、一四二-一四九頁）に掲載されているので参照されたい。
(94) 大日本窯業協会編（一九一六）『日本近世窯業史 第四編 硝子工業』大日本窯業協会、一五-二二頁。
(95) 藤山常一「澳国博覧会活字硝子鉛筆製造ノ伝習及爾後ノ経歴」、田中芳男・平山成信編（一八八七）、前掲書 下篇、三八-四四頁。
(96) 藤山種廣の詳細な伝記は、井上暁子（一九九七）、前掲論文を参照されたい。

(97) 朝倉亀太郎「澳国博覧会眼鏡璉子ノ伝習及爾後ノ実況」、田中芳男・平山成信編（一八八七）、前掲書 下篇、一三七－一四九頁。

(98) 明治九年『澳国博覧会報告書　第十』文書番号一。

(99) 朝倉亀太郎「澳国博覧会眼鏡璉子ノ伝習及爾後ノ実況」、田中芳男・平山成信編（一八八七）、前掲書、一三七－一四九頁。

(100) 杉江重誠編著（一九四九）『日本ガラス工業史』日本ガラス工業史編集委員会、三六九－三七三頁。

(101) 菊浦重雄（一九七九）、前掲論文参照。

(102) 「澳国博覧会後納富介次郎事暦」、田中芳男・平山成信編（一八八七）、前掲書 下篇、一〇五－一一六頁。
ロケットはウィーン万国博覧会の副総裁佐野常民らが訪れた温泉保養地カルロヴィ・ヴァリ（日本の草津町と姉妹都市）の南方約一〇㎞に位置し、湾曲したオジェ川沿いに町がある。なお、ロケット町の公式ウェブサイト The Town of Loket http://www.loket.cz/ 参照。

(103) 明治八年一二月『公文録　寮局之部　一』文書番号二十九。明治八年六月一〇日、佐野常民宛。

(104) 陸郎実弟賞造「澳国博覧会製陶ノ伝習及爾後ノ経歴」、田中芳男・平山成信編（一八八七）、前掲書 下篇、一一六－一二二頁。

(105) 「澳国博覧会後納富介次郎事暦」、田中芳男・平山成信編（一八八七）、前掲書 下篇、一〇五－一一六頁。

(106) 「澳国博覧会後納富介次郎事暦」、同上、一一〇頁。

(107) 陸郎実弟賞造「澳国博覧会製陶ノ伝習及爾後ノ経歴」、前掲書、一一六－一二二頁。

(108) オーストリアのタバコ生産事情をみると、明治五年の生産量はシガー一〇億本、葉巻タバコ二五〇〇万本であった。明治六年には葉タバコ使用量をみると、パイプタバコ七四・八％、シガー一七・六％、嗅ぎタバコ七・四％、紙巻タバコ〇・二％で、この時期の紙巻タバコの市場は狭かったが、将来性に富んだ市場であった。奥田雅瑞（一九八八）「ウィーン万博と日本の紙巻タバコ産業」、たばこと塩の博物館編『開館10周年記念特別展 やすらぎの文化史――オーストリア・ウィーン』たばこと塩の博物館、四二頁。

(109) 井口直樹「澳国博覧会後本邦製鉛筆ノ原始」、田中芳男・平山成信編（一八八七）、前掲書 下篇、四四頁。

(110) 藤山常一「澳国博覧会活字硝子鉛筆製造ノ伝習及爾後ノ経歴」、田中芳男・平山成信編（一八八七）、前掲書 下篇。

(111) 明治九年『澳国博覧会報告書　第十六』文書番号一。

(112) オーストリア政府観光局のご教示による。なお、ハルトムートHardtmuthは一八八九年頃に現在のコヒノール（Koh-I-Noor）の商標を用いるようになり、クレヨン、鉛筆、パステル、設計用品、事務用品等を扱う。一九九四年、Gama Group の傘下となる。Koh-I-Noor (company)-From Wikipedia.the free encyclopedia.参照。
チェスケー・ブジェヨヴィツェの町は一二六五年にボヘミア王の王立の町として創立され、中世期には銀鉱山、ビール醸造業、塩の販売業で繁栄した。三十年戦争で消失した町並は戦後にバロック建築の町に生まれ変わり、一八三二年にリンツとこの町は馬車鉄道で結ばれ、産業が勃興した。鉄道建設と産業化の波に乗ってハルトムートはウィーンからこの町に工場を移転して、鉛筆製造業に特化していくことになった。なお、この町はバドワイザー・ビールの生産地。

(113) 野口茂樹（一九三四）『通俗文具発達史』紙工界社、六六頁。

(114) 奥田雅瑞（一九八八）、前掲論文、四三頁。

(115) 竹内象二郎「澳国博覧会巻煙草製造ノ伝習及爾後ノ事歴」、田中芳男・平山成信編（一八八七）、前掲書 下篇、一六一－一七二頁。

(116) 石川治平「澳国博覧会後本邦巻煙草ノ源始」、田中芳男・平山成信編（一八八七）、前掲書 下篇、一六五頁。

(117) 徳川家康の遺品として一本の鉛筆が静岡県久能山東照宮に所蔵されている。この鉛筆はメキシコ産の純黒鉛の棒をそのまま樫の木の鞘にはめ込んだ初期の鉛筆で、和紙には書けないので実用品というよりは異国の珍品として家康が座右に置いたものとみられている。三菱鉛筆株式会社編（一九八六）『時代を書きすすむ 三菱鉛筆１００年』三菱鉛筆株式会社、三-四頁。

(118) 野口茂樹（一九三四）、前掲書、六七頁。

(119) 田中芳男・平山成信編（一八八七）、前掲書 下篇、四五頁。

(120) 井口直樹「澳国博覧会後本邦製鉛筆ノ原始」、田中芳男・平山成信編（一八八七）、前掲書 下篇、四六頁。

(121) 藤山常一「澳国博覧会活字硝子鉛筆製造ノ伝習及爾後ノ経歴」、田中芳男・平山成信編（一八八七）、前掲書 下篇、四一頁。

(122) その後、眞崎市川鉛筆会社、眞崎大和鉛筆株式会社（第一号商標登録。商標は三菱）となる。三菱鉛筆株式会社編（一九八六）、前掲書、四-一五頁参照。

(123) 神田孝一（一九八八）『日本煙草考』（復刻版）タバコ総合研究センター、三五五頁。

(124) 上野堅實（一九九八）『タバコの歴史』大修館書店、二六五-二六六頁。

(125) 竹内象二郎「澳国博覧会巻煙草製造ノ伝習及爾後ノ事歴」、田中芳男・平山成信編（一八八七）、前掲書 下篇、一六一-一七二頁。神田孝一（一九八八）、前掲書、三三五頁。

(126) 石川治平（旧称巌）「澳国博覧会後本邦巻煙草ノ源始」、田中芳男・平山成信編（一八八七）、前掲書 下篇、一六七頁。

(127) たばこと塩の博物館編（二〇〇四）『明治民営期のたばこデザイン』たばこと塩の博物館、二二四頁。奥田雅瑞（一九八八）、前掲論文、四三頁。アメリカン・タバコ社の日本のタバコ産業への参入については、鈴木俊夫（二〇〇九）「明治期日本の民営たばこ産業と国際競争力」（湯沢威・鈴木恒夫・橘川武郎・佐々木聡編『国際競争力の経営史』有斐閣）を参照。

第6章 農林業・統計・石油の技術伝習と移転

1 農林業——津田仙・緒方道平・松野礀

(1) 農林業の伝習分担

「第三 華氏建議」の第二区の項でワグネルは、ヨーロッパの農業と日本の農業を比較するためには膨大な学業と試験が必要であるので、ウィーン万国博覧会では事務官が農業についての情報を多く収集すべきであると述べている。そのために事務官はドイツの高名な農学校、例えばウオルテンベルクのホーヘンハイムの学校に派遣して巡覧することは大いに利益のあることで、この学校に日本の種子を集めて送れば情報を得ることができ、またヨーロッパの種子も一集して持ち帰ることができる、と提案した。特に、この場合に工業の原材料となる作物や植物の栽培＝商業的農業の技術移転を重視していた。また、ワグネルは、林業では木炭生産の原材料を確保する上での森林の重要性にも言及していた。[1]

ウィーン万国博覧会に出品されていたブドウ樹がたわわに実っているのを見た農業園芸部門の審査官津田仙（事務局雇）は、このブドウ樹がウィーン万国博覧会の同じ部門の審査官ダニエル・ホーイブレンク（Daniel Hooibrenk）の出品であることを知り、佐野副総理の紹介でホーイブレンクの媒助法などの農業技術を学ぶことになった。また、ドイツ語の通訳で派遣された緒方道平は、ウィーン万国博覧会に出品されている各国の山林生産物やこれに関する物品器具を見て、その国の貧富、人民の健否に山林が関係していることから、日本における修林の重要性を認識し、森林経営などの技術伝習を自費で行うことになった。ドイツに留学していた松野礀《はざま》は青木周蔵の勧めからドイツのエーベルスワルデ高等森林専門学校に入学し、米欧回覧中の大久保利通の支援を得て林学を勉学し、わが国最初の林学伝習者となった。[2]

(2) 技術伝習の内容

(1) 農業――津田仙

「技術伝習始末書」では、津田仙は樹芸法をウィーン万国博覧会の審査官でオランダ人（オーストリア国籍）の植物家「ダ、ホイブレンク」氏家に寄寓従学して同氏発明の三事その他の良方を授伝した、と述べている。帰朝の後、伝習を受けた三事を明治七年に「荷衣伯連氏法」の副題を付して『農業三事』（私家版）を刊行したので、このときの伝習内容を知ることができる。

農業三事は「気筒法」「偃《えん》曲法」「媒助法」である。その概要は次のとおりである。

気筒法：地中にある種の筒を埋設して土中の大気流通を良くして肥料効果を高める方法。

偃曲法：草木の枝を適当に曲げることによって溶液の流動を幹や花実の成長に向かわせる方法。
媒助法：人工授粉を意図したもので、羊毛をたらした麻縄（津田縄の名称で販売、使用時には羊毛の先端に蜂蜜をつける）をもって、麦などの開花期に受粉を助ける方法。

実際、媒助法をウィーン郊外の麦畑でホーイブレンク、田中芳男と実験したところ、普通の麦より倍増したこと、（明治六年）七月のフランスの新聞では去年のブドウの収穫が五瓶であったものが、本年は媒助法を試みると一〇五瓶の収穫となったことの報道を媒除法の成果として津田仙が紹介した。(3)

⑵　林業――緒方道平・松野礀

緒方道平は「澳国滞在中自費ヲ以業術伝習之者ヘ御助成ノ儀ニ付伺」(4)で、明治七年六月で帰国を命ぜられたけれども九月八日まで二か月間滞在を延長して山林諸科を伝習したこと、延長期間の経費は自費で支弁したが、薄給なので、自費分の伝習経費一五〇円の助成を願いたいと述べている。自費で二か月間、山林諸科を伝習したことが知られる。

「技術伝習始末書」によると、伝習先はオーストリアのマリアブルン山林大学校に寄宿して、同校の教官エキスネルの斡旋で博士マルヘット、グロッパ・ウエル、オーザア、スレシンゲルの諸氏に就いて山林法律、山林培養法、松脂製法等の概略を学び、オーストリア農務省の官員ミクリッツ氏により農務省の制規、事務管理の実情について伝習を受けたことが報告されている。このときの伝習内容は日本が山林の制を定めるときの賛助となるもので、彼の地から教師を招いて山林学校を建て、内国の地質地形、需要植物等を研究し、算数測量の科を講修せしめ、機を見て彼の地に再び遣わして本科を大成卒業せしめて学を開く業に従事せしめん事を希望する、と述べている。

松野礀は、明治四年、北白川宮のベルリン留学の家従を免ぜられた後、ベルリン滞在中の青木周蔵から森林経営の国家経済上に重大な関係のあることを説明されて勉学をすることになり、明治五年一〇月、エーベルスワルデのハルティック（R. Hartig）教授の勧めで実地研修の後にエーベルスワルデ高等森林専門学校に入学した。さらに、明治六年三月に米欧回覧中の岩倉大使一行がベルリンに到着した際に、宿舎に呼び出されて留学費用を支弁してもらいたい一心で林学の意義、ドイツ林政について話したとき、大久保利通は「座にあり案を拍って大いに悦」び、これを契機に留学の継続が認められることになったというエピソードがある。(5)

エーベルスワルデはベルリン北東五〇㎞にある町で、一八三七年にエーベルスワルデ高等森林専門学校を創立した。松野礀はこの森林専門学校で一八七二年から一八七五年まで学んだ。このときの校長はベルンハルト・ダンケルマンであった。(6)気象学、化学・物理学、植物生理学、動物学、林業学の五分野があったターラント山林学校(7)はドレースデン郊外の南西一五〇㎞の地にあって、ここには志賀泰山、本多静六など、明治日本の多くの林業林学創始者が学んだ。(8)

（3）帰国後の技術移転

（1）農業——津田仙

津田仙は「澳国博覧会農業園芸ノ伝習及爾後ノ経歴」(9)によると、明治六年九月に帰朝後、ホーイブレンクの発明である気筒法、偃曲法、媒助法の三事を記した『農業三事』を公刊して数万部を販売した。特に、媒助法の伝習者が多く、同志とはかり、明治八年、農学校の最初といわれる学農社農学校と称する学校を東京・麻布に設立して、全国の子弟を募集して農学の教授をした。さらに学農社ではヨーロッパの果木、穀菜、花弁等の種苗を輸入販売したほか、明治九年、『農業雑誌』を発刊してヨーロッパ農業の啓蒙を行ったことが述べられている。津田仙の学農社は各種の西洋種物の輸入を行い、種物を伝播するなど、西洋農学の普及史上に大きな足跡を残したものであるが、明治一九年に廃止された。

『農業三事』は増収技術であったが、このうち、技術移転を精力的に勧めたのは人工受粉を行う媒助法であった。津田仙は植物に雌雄両全花、雌雄異花、雌雄異株などのあることを説き、雄の黄粉が雌蕋《めしべ》の三津《さんしん》に粘着することが花の交配であり、蜜に付着した粉はただちに心官に吸収されて子房に入って孕むものであると説明した。麦、ブドウなどに人工媒助することによって著しく収穫を増加した経験を述べ、稲にもこの方法は有効であることを説いた。この方法は内務省勧業寮の奨励もあって、各県で稲作や麦作で媒除法の試験が行われ、津田仙は媒除法を行うための用具として津田縄を開発して販売した。津田縄は羊毛をたらした麻縄で、使用するときには羊毛の先端に蜂蜜をつけて米・麦の開花期に受粉を助ける方法であった。明治八年、福島県は内務省から津田縄三〇組、一組五円で水稲の媒助法試験の目的で下渡を受け、相川県(佐渡島)、翌九年は奈良県、島根県が貸与を受けた(10)。

しかし、その試験結果は見るべき成果はなく、最初から疑問視されていた。特にワグネルは明治九年二月一〇日付で勧業寮河瀬秀治宛に「媒助法ニ関スルわぐねる書簡」を送って、内務省勧業寮が奨励するのは適当でないこと、私はこの方法には疑いを持っているので、津田仙は私がこの改良法を勧めないことについて、日本のためにはなはだ悪いと言っていること、ホーイブレンクのこの発明は新しいものではなく、フランスでもこの媒助法は成果を上げていないので廃止していることを述べ、この方法は勧業上で推奨されるべきではないことを建白した(11)。

『農業三事』とともに津田縄は一時大流行となったが、政府がその効果を諸外国の学者に問い合わせたところ、否定的な回答が多かった。また、明治一〇年、内藤新宿試験場でも実験を行ったが、さしたる結果が出ない状況であった。[12]ワグネルの書簡は媒助法の無益なことを報告したことから、勧業寮は各県に媒助用器具の貸出を取りやめ、朝日新聞紙上に媒助法の廃止を広告した。このことから、媒助法の可否の議論が各地で盛んとなったけれども、継続する県もあり、伝習も行われたが、次第に中止されるようになり、農学界からも否定されるようになった。[13]

(2) 林業――緒方道平・松野礀

緒方道平は「澳国博覧会山林事業ノ伝習及爾後ノ経歴」[14]で、ウィーン近郊のマリアブルン山林大学校、オーストリア農務省の官員ミクリッツ氏などの「技術伝習始末書」に記載の伝習先のほか、マリアブルン山林大学校エキゼネル氏の案内でバイエルン、ザルツブルグ、タツハウ等の地を巡回してその実況を視察し、明治七年一一月二日に帰朝したことを報告している。

帰朝後の明治八年八月、緒方道平は内務省地理寮山林科に勤め、同年一〇月頃より官林実地調査を行い、これがわが国の官林台帳の起源となった。これは、明治九年三月制定の官林調査仮条例の基礎づくりとなったといわれる。[15]明治九年九月頃、東京近郊を巡回して建築用材を中心とした材木の標本等を作成した。明治一一年四～五月頃、政府、林区の制を設けたとき関東の林区調査を行う。明治一三年九月まで山林事務に従事した。博覧会から帰朝の際に山林に関する多数の文献を持ち帰った。緒方道平が修めた欧州の山林事業は「我山林事業ノ起源タルハ蓋シアキラカナリ」と評価されるものであった。

明治一四年、農商務省および統計院の設置で統計院に移り、同一八年、廃止にともない非職となる。明治二〇年五月、福岡大林区長となり、同月、山形県書記官、同二五年、福岡県書記官、同三〇年、退官した。[16]

緒方道平はウィーンから持ち帰った多くの独文の文献を翻訳してわが国の林政上に資料を提供した。翻訳にマリアブルン山林大学校の国勢兼法律学教師の「博士マルヘット氏山林制度論」（以上、公文録『澳国博覧会報告書　第四』

所収）、「山林制度論」「澳国山林法律」（以上、澳国博覧会事務局編『澳国博覧会報告書　山林部』所収）、このほかに筆記として「山林培養論」「山林経済論」（以上、『澳国博覧会報告書　第四』所収）などがある。明治三〇年に森林法を制定したとき、「澳国山林法律」七六条の翻訳は貴重な文献となったといわれる。

一方、松野礀は明治八年八月に帰朝して内務省地理寮山林課に勤める。緒方道平と同様に森林調査の必要性を説き、官林調査仮条例を作り、みずから森林調査を行った。帰朝したとき、松野礀は官林原野の払下げの中止と払下予定地は官民有区分することを指示したという。それは、明治八年に大久保利通が官林の運営、森林法の制定などの林政構想を建議したことに基づくものであったという[17]。この建議は大久保利通が杉浦譲、緒方道平、山本清十、中野武宮らにヨーロッパ林政資料を参考にして作業をさせたとみられ、このときの方針はその後の林業関係者に引き継がれ、官林の直轄、内務省山林局の設置（明治一四年農商務省）、大小林区署制の採用、民間林業の勧奨、森林法の制定へと実現したといわれる[18]。また、日光街道の並木等の売却の阻止運動を行い、山縣有朋の賛成で売却が中止されたという[19]。

明治一五年八月、松野は農商務省東京山林学校の創設（のち、東京農林学校、東京大学農学部林学科）とともに初代校長となる。明治二三年、農科大学を辞任し、長野、東京の大林区署長、明治三八年、山林局林業試験場の発足で、初代場長となる。明治日本の林業技術・研究教育の祖といわれる[20]。

2　統計術――相原重政

（1）技術伝習の内容

相原重政（文部省九等出仕）は緒方道平とともにドイツ語の通訳としてウィーン万国博覧会で活躍したほか、自費で技術伝習をした。明治八年六月二五日、佐野常民宛に提出した「澳国滞在中自費ヲ以業術伝習之者へ御助成ノ儀ニ付伺」[21]によると、明治七年六月に帰国を命ぜられたけれども九月八日まで二か月間滞在を延長して自費で統計学を伝習したが、薄給なので自費分の伝習経費一五〇円の助成を願いたい、と述べている。

文部省から派遣されたとき、相原重政はドイツ語の通訳と翻訳のほかに、オーストリアの学制大意を調査する任務を負っていた。このためにウィーン万国博覧会の会期中に公務の余暇を利用して、オーストリア人レンネル（Dr. Renner）に就いて教育制度の講義を聴くなど、オーストリアの教育制度について調査を行っている。ところが、教育制度の調査は米欧回覧の中でも行っているので、佐野副総裁から、統計の事業を研究するように命があり、オーストリア商業大学校教授チカレック（Dr. Cicalek）に就いて統計の講義を受けることになった。さらに、佐野副総裁はオーストリア商務省統計局長フーゴー・フランツ・リッテル・フォン・ブラヘリー（Dr. Hugo Franz Ritter von Brahelli）に依頼して、相原重政に統計局で実地統計の事務を練習させた。同局長の指揮で日本外国貿易表を編纂（同局より刊行）したほか、同局のヘルジナンド・マッヘック（Ferdinand Machek）より統計調査法および編纂の方法、統計地図、同描画図等の教授を受けた[22]。

澳国博覧会事務局刊の相原重政訳「国勢学論」は、オーストリア商業大学校教授チカレックから学んだ統計の講義の一部であるという[23]。

（2）帰国後の技術移転

明治七年一一月に緒方道平らとともに帰国した相原重政は、博覧会事務局で博覧会報告書の編纂にあたった。明治九年、太政官に転任、政表課に勤務して以来、もっぱら政表の事務に従事して人口、裁判、警察、外国貿易、府県民費、同賦金、官吏等に係る事実を調査・編集した。明治一四年五月三一日に大隈重信の建議で太政官に統計院を設置（明治一八年廃止）したとき、パウル・マイエット（Paul Majet）に依頼していたその事務章程の草案を寺田勇吉と共訳した。[24]統計院は九課を置き、一課 土地・東京・北海道、二課 人口調査・宗教・慈恵、三課 政治・財政・軍政、四課 司法・警察・教育、五課 農業・工業、六課 商業・通運、七課 保険・衛生、八課 編纂および検算、九課 庶務および出納を任務とした。明治一四年六月二八日、相原重政は太政官統計院二等属、第四課の仮課長となり、緒方道平は同統計院一等属で第六課の仮課長となった。[25]明治一七年一二月三一日、太政官統計院の准奏任御用掛となる。明治一八年一二月二八日、統計院は廃止され、内閣に統計局を置くことになった。これ以降の相原重政の消息は不明であるけれども、政府部内で統計に関わる仕事をしたであろうことは、明治一五年から大正一一年まで一三〇余編の論考を『統計集誌』に投稿していることから推測されよう。

相原重政の統計術の伝習内容は「国勢学論」に代表される統計理論、統計調査法および統計の編纂方法、統計地図、同描画図であったが、帰国後の相原重政の活躍分野は統計に関するドイツ語文献の翻訳と統計の編纂実務であった。博覧会事務局で博覧会報告書の編纂にあたった際の統計に関するドイツ語文献の翻訳には次のような文献がある。『澳国博覧会報告書 教育部』の「澳国学制」。『澳国博覧会報告書 貿易部』の「博覧会報告世界貿易部」、「澳国貿易工業局制」。『澳国博覧会報告書 国勢部』の「国勢学論」、「物産工業及貿易ノ景況」。これらはいずれも明治八年の博覧会事務局編『澳国博覧会報告書』に掲載された文献である。このほか、相原重政の明治八年の翻訳文献（毛筆）「ハウスホッヘル氏著 国勢表記学論」および「澳国博覧会報告書　国勢部上・中」が「国勢学論」とともに『澳国博覧会報告書　第十一』にも収められている。

「国勢学論」は澳国博覧会事務局編の『澳国博覧会報告書　国勢部』に掲載されているので、統計に関する相原重政の翻訳の中では広く読まれた文献であったと思われる。「国勢学論」の冒頭で国勢学の原語はスタチスチックで一科の学術であって、これは一国あるいは各国の政体、各国の現在の百事物の優劣を論定するものであると定義している。国勢学の基本は民口の計算であって、国勢学の主意は土地、人民を保護し、国家の進歩を図り、学芸を進め、風俗を正すことを主とすると述べている。さらに国勢学は①土地・人民、②立法および行法、③国の開化に分けることができる。国の開化は理上の開化と風俗の開化に分けることができ、理上の開化は産物、工業、貿易に区分できるとしている。土地の形状および地質には国家の経済と軍事に関係する国境の問題があることを述べている。そして、民口の調査は巨大な費用を必要とするのでヨーロッパでは五年～一〇年に一度の割で調査を行っており、オーストリアは一〇年ごとに九月あるいは一二月に実施していることが述べられている。日本の国勢調査の始まりとみられている太政官の杉亨二が明治一二年に実施した「甲斐国現在人別調」は、このような民口調査の重要性の認識に基づくものであった。

「ハウスホッヘル氏著 国勢表記学論」は、ミュンヘン高等工業学校の国民経済および統計教授のマックス・ハウスホーヘル（Max Haushofer, 1840-1907）の *Lehr- und Handbuch der Statistik in ihrer neuesten wissenschaftlichen Entwicklung*.Wien,Wilhelm Braumüller, 1872. の翻訳で、その目次は以下のとおりである。

国勢表記学論総目次

第一篇 国勢表記学史伝及理論

一　国勢表記学史伝

二　国勢表記学之方法及ビ捜索スルノ理論

三　実験操索

四　学術上国勢表記

五　行政枝葉タルノ国勢表記

第二篇

一　民口　甲　民口総数　乙　民口割合ノ数
二　民口増減
三　民口増殖
四　民口減少
五　民口変更
六　命数
七　年齢
八　身体性質

第三篇　経済上国勢表記
一　総論
二　産物。同天然ノ理。産業。資本。
三　財品巡過交際。度量衡価値貨幣。
四　産業の種類　鉱山製鉄製塩之業、農業、樹林業、工業、貿易、奉務、同上種々ノ枝葉ノ関係
五　財品分配
六　財品消費
七　民口ト経済ノ関係

第四篇　人民交際上及ビ政治上ノ関係
一　住居
二　婚姻及家眷《かけん》

三　人民及ビ生体

第五篇 風化ノ形成

一　総論

二　原由

三　重要ノ件

第二篇のタイトルが落ちているけれども、項目は民口の増減、年齢などを扱う人口統計である。このときの翻訳部分は第一篇第一章の歴史部分（二八節中、二四節まで）であった。この文献は、杉亨二が、明治七、八年頃に赤松則良からオーストリア土産としてハウスホーヘルのスタスチック一冊を贈られたといわれる文献と同じ物であったと思われる。(26) 赤松則良は明治六年二月一五日に海軍からウィーン万国博覧会へ派遣され、明治七年一月一〇日に帰朝しているから、(27) 相原重政より一〇か月早く帰朝したことになる。

ハウスホーヘルの統計論のこの文献はこれ以降、杉亨二ら太政官の官員が中心となって勉強会を開き、統計思想の普及に役立てられた。岡松徑《かい》は「明治九年以降十年間漫録(28)」で、明治九年一一月六日に正院一三等出仕となり、第五科政表掛勤務となってから半年後と思われる頃の太政官正院における統計関係の勉学状況について次のように回顧している。南神保町の杉亨二宅で政表の会が月に一回あり、世良太一、相原重政、南摩綱紀《なんまつなのり》などが参集した。この会には太政官の官員を中心に漢学、仏語、英語、独語、蘭学などの語学を修めた人たちが参加していた。独語では相原重政がいた。当時、ハウスホーヘルの統計論の本は杉亨二と相原重政が所持していたほかは役所に一本（冊）あるのみの洋書であった。明治一八年頃までに理論の全部を終わって人口の部に至ったと回顧している。(29) 杉亨二がハウスホーヘルの統計論の講義をスタスチック社の例会で始めるのは明治一二年一月以降のことであった。(30)

明治一五年に再版されたハウスホーヘルの統計論（*Lehr- und Handbuch der Statistik*. Wien,Wilhelm Braumüller, 1882）は、日本の各方面で使用されるようになった。明治一五年、スタスチック社は再版本を一円九五銭八厘で丸善から購入して統計学の普及を図った。[31] 岡松徑は明治一五年の統計関係の状況を回顧して、この年、内務省統計課はハウスホーヘルの統計学の翻訳を行い、農商務省はモールス・ブロックの統計学の翻訳を行うなど、海外の統計書の翻訳が盛んに行われたこと、ドイツ人ラッケンが英語で大学三学部で統計学の講義を始めたこと、専修学校（専修大学の前身）では毎月曜日に杉亨二、寺田勇吉を招いて統計学の講義をさせたこと、東京専門学校（早稲田大学の前身）では教科に統計学を置いてその大意を教えることにしたことを述べている。[32] また明治一六年九月八日に開校した共立統計学校の教科目は、ハウスホーヘルの*Lehr- und Handbuch der Statistik*を使用して統計の歴史および理論、人口統計、生命統計、経済統計、社会および政治統計、道徳統計を講義内容としていた。[33] このような状況から、相原重政は「ハウスホーヘル氏統計論」の翻訳を『統計集誌』七三－一一七号（明治二〇－二三）に連載して、伝習成果の普及に努めている。

3　石油――伊東信夫

（1）技術伝習の内容

伊東信夫（勧工寮附属）は「技術伝習始末書」によると、石脳油製法、洋蝋、セメント製法を伝習した。石脳油とは石油のことで、オーストリアのガリチーン州（ガリツィア、Galicia）の産油地で採油の状態を見聞し、ウィーンのマシッコ氏製造所で精油法を伝習した。洋蝋の製法は蝋製造所で伝習し、さらにセメント製法の概略を伝習したという。

これらの伝習は自費と官費で行われた。明治八年六月二八日に佐野常民宛に送られた自費分の伝習経費の助成願によると、かねて化学工業の伝習、特に石油汲、精錬、脂肪蝋製造、石鹸、セメント製造の伝習を希望していたところ、明治六年六月に帰朝を命じられたけれども、伝習しないで空しく帰朝できないので、同行人員中と相談のうえ、高配で金策ができたので七月よりこれらの化学工業の実地伝習を自費で行った。一二月一八日から官費で伝習できるようになったけれども、七月から一二月までの伝習費用三二六円三九銭六厘の借金を帰朝後に返済することになったが、身分不相応の借財で、困窮しているので助成を願いたい、と述べている。(34)

これらの伝習項目のうちで伝習内容が知られるのは石油に関する伝習である。石脳油＝石油はワグネルも「第三　華氏建議」で、第一区鉱山業の中で、鉄鉱のほかに検討すべき山産物として「一　石脳油　理論スベキ事」として取り上げ、第二区農業・林業では「養樹術ニ拘ハル工業」で試験すべきものとして木炭の生産と並んで「石炭油製造ノ事」を取り上げた。石炭を乾留して得た油が石炭油と称された。日本における石油需要は開港によって石油ランプが輸入されたことを契機に明治二年頃から石油ブームが起こり、石油の輸入も明治元年に七二三六円であったものが、四年には七万円、明治六年には三三万円へと四七倍もの輸入額となり、灯明用の石油が生活必需品になっていった。(35)

日本のこのような石油事情を背景にして、伊東信夫はガリチーン州の産油地ボリスラウ村、スホニカ村に行き、実地採取の状態、方法を研究したという。伊東信夫の「石油精製伝習録」(36)の目次は次のとおりである。

一　総論
一　ボリスラウ村石油坑の事
一　スホニカ村石油坑の事

一　石油坑装置の事
一　石油汲上け器機の事
一　石油坑堀方の事
一　石油精製試検の事
一　石油の蒸留に用うる釜及ひ竃の事
一　石油蒸留の事
一　石油精製の事
一　揮発油分析の事
一　精製したる諸種の油の実用の事
一　石油精製所出入会計の事

「総論」「ボリスラウ村石油抗の事」「スホニカ村石油抗の事」で伊東信夫の訪問した産油地の概要を摘記すると以下のとおりである。

「総論」
・一名は山産油化学家これをペトロリュームと称する山より沸き出る自然の油なり。
・ガリチーン州のボリスラウ村、スホニカ村で石油を掘り出す処を巡覧し、これをウィーンで精製する状況を見たり。
・二〇年前までのボリスラウ村は五穀・野菜を産する奥村であったが石油を発見し、また一〇年前に山産蝋を発見して、今は他国の者も加わり二〇〇〇人余の村となる。

「ボリスラウ村石油坑の事」

・ボリスラウ村は州第二の高山カルバーデンの北の麓にある。ウィーンより二〇〇里ほどの東北にあり、北緯四九度ばかりである。五穀、野菜はよく成長する。

・石油は二〇年前には深さ一間半ほどのところに発見したが、今は一三間～三〇間に至る。

・油は透明あるいは黒色を帯びる。

・油の汲み上げに蒸気機関を用いるところは二～三か所のみである。

・一週間に一坑より汲み上げる油の量は五〇〇斤（七四貫目）～六〇〇斤（八九貫目）であるが、中には一四〇〇斤（二〇七貫目）のところもある。

・一人で油坑五〇～六〇か所を所持する者もあり、たいていは他国の者が営業している。

・石油の坑は六尺四寸～六尺五寸四方に掘り、厚さ三寸五分の松で直立に枠を作る。

・この村の一年間の石油の産出量は二〇万セントネル（二七四万貫目）、一二〇万グルデン（五〇万円余）である。

「スホニカ村石油坑の事」

・ボリスラウ村より南六里にあり、人家二〇軒余の一村で、一六年前にこの土地の者が石油を発見して油を掘り出したが、採算が合わないので中断した。六年前にオーストリアのボエシャ州のクナウル氏が再興して今日に至る。

・油坑は六か所である。油坑の深さは発見当初は六間ほどであったが、今は三〇間～六〇間である。

・採油はポンプで行い、みな蒸気機関を用いる。一日の汲み出し量は六六セントネル（九〇〇貫目）である。

これで知られるように、伊東信夫はオーストリアのガリチーン州のカルバーデンの東北の麓にあるボリスラウ村、スホニカ村で石油の採油状況を巡覧した。ガリチーン州はガリツィア、カルバーデンはカルパチア山脈のことである。ボリスラウ（Boryslaw, Borislav）、スホニカ（Schodnica）は第一次大戦後はポーランド領であったが、第二次大戦後はウクライナに属した。ガリツィアの油田はオーストリア・ボヘミアの化学工業の発展に重要な役割を果たし、一九〇七年には一二〇万トンを生産して世界の石油生産の五％を占めた。(37) ウィーン万国博覧会の技術伝習で最も遠くの伝習地域は現在の西ウクライナのボリスラウ、スホニカであった。この二つの産油地はカルパチア山脈の北東側の地域で、ボリスラウ村はドロホビッチ（Drohobych）の南方に位置し、スホニカ村はボリスラウ村より南約六里に位置していた。

この地域の油田の開発は一八五〇年代で、一八六一年から蒸気機関を使用した採油も始められていたけれども、ボリスラウ村ではいまだに手掘りが多かった。油層も深くなっており、ボリスラウ村は一三間〜三〇間、スホニカ村は三〇間〜六〇間であった。産油量はボリスラウ村では一週間で五〇〇斤（七四貫目）〜六〇〇斤（八九貫目）、中には一四〇〇斤（二〇七貫目）であったが、スホニカ村では一日六六セントネル（九〇〇貫目）であった。油坑の所有者はボリスラウ村では一人で五〇〜六〇か所を所有する者もあり、たいていは他国の者が経営していた。スホニカ村ではオーストリアのボエシャ州のクナウル氏が独占営業していた。

「石油精製所出入会計の事」で、ウィーンのマシッコ氏の石油精製所の石油精製事情が報告されているので、一瞥しておきたい。オーストリアの石油精製所は数か所しかないなかで、ウィーンのマシッコ氏の石油精製所は賦膀油《ふぼうゆ》、魚油、山産蝋、スチアリン、墨汁、靴墨など、多様な製品を扱う工場であった。石油についてみると、一日の石油の精製高は二〇〇セントネル（二七四〇貫目）、二四〇〇グルデン（二一〇〇円余）であった。精製揮発油は五〇セントネル（六八五貫目）、七五〇グルデン（三五四円余）、軽パラフィン油、重パラフィン油なども精製していた。燃料は石炭を使用し、労働者は八人、作業時間一六時間であった。このほか、硫酸、炭酸曹達《ソーダ》などの原料があった。一か月の利益は六五四七グルデン六クライツル（三二一〇円）であった。この利益から原材料、賃金のほかに、建物の破損・営繕費、諸税、器機買入金利などを差し引く必要のあることを指摘している。

(2) 帰国後の技術移転

伊東信夫の「技術伝習始末書」は次のように報告している。帰朝後、石油については「内国産ノ諸種ハ略々皆之ヲ分析シ了セルヲ以テ宜ク実際採取ノ地ニ遣シテ所学ヲ施行セシメ効アラバ各地同業ノ地ニ通布シテ之ニ倣ハシメ大ニ良品ヲ製シテ輸入ヲ頼マザルヲ期スベシ」と述べ、蝋燭は必需品で、わが国は蜂蝋、櫨蝋、漆蝋を産するけれども、その製方粗なるにより輸入を須つに至る。製方を改良し、多の物料と配合する方法を工夫して良物を製して国利を生ずべし。セメント製法も略々伝習したけれども、すでに宇都宮氏の労により製造所の設ありと聞く。故に別に実験を行わしめず、と述べている。伊東信夫は帰国後に日本の各地で石油を採取して分析を終了したことを窺わせる記述があり、各地に製油技術を移転する用意のあることを報告している。

明治六年のウィーン万国博覧会の頃の新潟、秋田の石油事情をみると、新潟県では、石坂周造は明治四年に日本最初の石油会社といわれる長野石炭油会社を設立し、新潟県の尼瀬の諏訪神社境内に小規模な綱堀式の機械をアメリカから輸入して採油を始めていた[38]。これと前後して宅地、海岸、畑、丘陵の別なく手当たり次第に採油する小規模の製油業者も起こり、ランビキ法（蘭引法、ポルトガル語の蒸留の意）とよばれる焼酎の蒸留法と同様の方法で石油を精製していた[39]。出雲崎地方の石油の掘削は、明治二一年に日本石油会社が創設され、明治二三年にアメリカ式機械掘削が開始されるまでは「手堀」で掘削して石油を採油した。小型の三本鍬、つるはしを使用し、井戸の掘削と同様の方法で四角に掘削した。井壁の崩落を防ぐために井壁に沿って幅五寸の四分板で井戸枠をあてて掘り進み、油坑が深くなるに従って発生する坑内の毒ガスを排除する方法として「たたら」とよばれる人力による方法で換気が行われた[40]。

秋田県の石油の採掘は、明治二年に八橋で瀬川安五郎が手掘りで採掘したと伝えられるのが最初の記録で、明治六年には一濁川と黒川で手掘りが始まり、同七年には仁賀保町小国で、同九年には秋田市旭川でも始まった[41]。石油の精製は、千蒲善五郎が明治三年に八橋の「油つぼ」を調査して、滲出油を集めて原始的な蒸留釜で灯油を造ったのが始まりであるといわれる[42]。

伊東信夫が新潟および秋田で石油の調査を実施したことや製油技術を伝習したことは知られていない。明治八年七月の伊東信夫の「伝習技術試験目途書」で帰国後の伝習技術試験の内容をみると、「化学上試験之部」として、石油について次の三項目を挙げている。

一　国産各地石油質の良否を検査し、定量分析表を挙げること。
二　石油を精製し、各品を出すこと。
三　石油より機械に適用する膏を造ること。

このほかに、蝋燭、石鹸、食塩、砂糖、セメントなどの製造試験が計画されていた。すなわち、

四　脂肪より蝋燭を造ること。
五　脂肪油を用い石鹸を造ること。
六　植物蝋を用い蝋燭を造ること。
七　松根油を試験分析してレヒン油及コロホニーム並に油より製する石鹸を造ること。
八　国産石膏質の良否を検査すること。
九　石灰石を定量分析しセメント製造に適用し可否を検査すること。

一〇　釉薬を製造すること。
一一　魚油、獣油を定性分析し日用品に供せんこと。
一二　和製食塩を精製すること（有機性酸等を取り除くこと）。
一三　和製砂糖を精製すること。
一四　試験薬を製造すること。
　右の外鉱属有機性物の試験を経、日用公益あらんと欲する物品を造る試験を行うこと。

上記の「伝習技術試験目途書」では、さらに予算見積を掲げて横須賀での蝋燭製造の改良試験や洋紙の製造試験の項目を示していた。実際、伊東信夫の技術伝習の成果が帰国後にどの程度移転されたかを知ることはできない。

注

（1）「ワグネル氏報告第二区農業及山林」、澳国博覧会事務局（一八七五）『澳国博覧会報告　博覧会部 中上』参照。
（2）手東平三郎（一九八七）『森のきた道――明治から昭和へ・日本林政史のドラマ』日本林業技術協会、八‐九頁。
（3）（農林省農務局編（一九三九、一九七五、復刻）『明治前期勧農事跡輯録　下巻』大日本農会、一一九八‐一一九九頁。
（4）明治八年六月二五日、元副総裁佐野常民宛、明治八年一二月『公文録　寮局之部　二』文書番号二十八。
（5）手東平三郎（一九八七）、前掲書、八頁。
（6）ベルンハルト・ダンケルマン（一八三一‐一九〇一）はドイツの林野入会権の発生とその消長を克明に調べ、その考え方が二〇世紀前半のわが国の入会権整理政策に影響を及ぼしたといわれる。筒井迪夫（一九六五）『森林文化への道』朝日新聞社、四六頁。
（7）一九四五年、ベルリン工科大学の一学部となる。一九六三年、ドレースデン工科大学のターラント校へ吸収合併された。小林富士雄（一九九二）「日本近代林学揺籃の地を訪ねて――エーベルスワルデと松野礀」『林業技術』六〇八号、八頁。ターラントはドイツ林学の草創の地として知られている。ゲーテと親友の高名なハインリッヒ・コッタ（一七六三‐一八四四）が一八一一年にターラント山林学校を創設した（Joachim Fröhlich. Hg. (1994). *Heinrich Cotta*, Technischen Universität Dresden. Dresden.）。

（8）小林富士雄（一九九三）「ターラントとH・コッタ」『随想森林』二八号、七六‐七八頁。ターラント山林学校は高等森林専門学校（アカデミー）、国立林学大学（ホホシューレ）、ドレースデン工科大学林学部となる。
（9）田中芳男・平山成信編（一八八七）、前掲書 下篇、三三‐三六頁。
（10）農林省編（一九五三）『農務顚末　第一巻』農業総合研究刊行会、二六五‐二六八頁。
（11）農林省農務局編（一九三九、一九七五、復刻）『明治前期勧農事蹟輯録　下巻』大日本農会、長崎出版。一一六七‐一一六九頁。
（12）田中学（一九八二）「在来の農法と欧米農学の拮抗」、海野福寿編『技術の社会史3』有斐閣、三二〇頁。
（13）農業発達史調査会編（一九五五、一九八八、改訂版）『日本農業発達史4』中央公論社、一九頁。
（14）田中芳男・平山成信編（一八八七）、前掲書 下篇、三七‐三八頁。
（15）猪熊泰三（一九六六）「佐野常民と山林官制趣旨報告と緒方道平の山林事績」『レファレンス』（国立国会図書館調査立法考査局）第一六巻第四号、一六頁。
（16）猪熊泰三（一九六六）、前掲論文、参照。
（17）日本史籍協会編（一九二八、一九八三、復刻）『大久保利通文書　六巻』東京大学出版会、三六三‐三六六頁。
（18）手東平三郎（一九八七）、前掲書、八‐一〇頁。
（19）角忠治（一九三二）「本県出身者たる我国林学校の開祖松野礀先生の事績」『防長林業』第一九号、七頁。
（20）小林富士雄（一九九二）、前掲論文、八頁。
（21）明治八年一二月『公文録　寮局之部　二』文書番号二十八。
（22）相原重政「澳国博覧会後本邦統計事業ノ景況」、田中芳男・平山成信編（一八八七）、前掲書 下篇、一七三‐一八一頁。
（23）相原重政の「国勢学論」の翻訳原本は『澳国博覧会報告書　第十二』に所収、その写しが総務省統計図書館に澳国商務省表記局編『国勢学論』として所蔵されている。刊本としては澳国博覧会事務局編『澳国博覧会報告書　国勢部』に所収。
（24）杉原重政・寺田勇吉訳「統計条例草案」（明治一四年三月）、総理府統計局編（一九七三）『総理府統計局百年史資料集成　第一巻総記上』同局、五六六‐五九二頁。
（25）総理府統計局編（一九七三）、同上、三八六‐三八八頁。
（26）「杉亨二自叙伝（抄）」、総理府統計局編（一九七三）、同前、五九三‐六〇三頁。
（27）日本史籍協会編（一九九七、復刻）『百官履歴　二』北泉社、三一二頁。
（28）『統計学雑誌』（明治四四年五月、同七月）、総理府統計局編（一九七三）、前掲書、六一三頁。
（29）明治九年二月一日、表記学社設立、明治一一年二月、スタスチック社と改称。明治一九年、雑誌『スタスチック雑誌』発行。明治二五年一月一七日、統計学社と改称し、雑誌も『統計学雑誌』と改称。
（30）池田豊作（一九八五）『日本の統計史』賢文社、一二頁。
（31）横山雅男（一九二五）「統計学社沿革の大要」『統計学雑誌』四八四号。
（32）岡松徑（一八八二）「明治十五年日本統計進歩ノ概況」『統計集誌』一六号、二七四頁。

(33) 横山雅男（一九一七）「日本統計の沿革に就いて（二）」『統計学雑誌』第三七〇号。
(34) 明治八年一二月『公文録　寮局之部　二』、文書番号二十九。
(35) 日本石油史編集室編（一九五八）『日本石油史』日本石油株式会社、一三九頁。
(36) 明治九年『澳国博覧会報告書　第十六』文書番号十一。
　ボリスラウ、スホニカはドロホビッチ、タスタノビチとともにガリツィアのカリフォルニアとして知られるオイル・リッチ地帯であった。一八七二年にドロホビッチからボリスラウに鉄道が伸びたので、ボリスラウは鉄道でウィーンと結ばれた。伊東信夫は、ボリスラウに開通したばかりの鉄道でウィーンからハンガリーのブタペストを経由し、アパラチア山脈を越えてサンボルあるいはリボフに至り、ここからドロホビッチを経由してボリスラウに到着したと推測される。一八七三年のボリスラウの油田地域には一万二〇〇〇基もの油井が稼働していた。

　ドロホビッチ、ボリスラウを含むガリツィア地方の石油生産はユダヤ人の労働によって支えられるところもあった。ガリツィアのユダヤ人については、野村真理（二〇〇八）『ガリツィアのユダヤ人――ポーランド人とウクライナ人のはざまで』（人文書院）を参照。ボリスラウ、ドロホビッチについてはDorohobycz Administrative District.　http://www.shtelinks.jewishgen.org/drohobycz/history/petroleum.aspが詳しい。
(37) I・T・ベレンド、G・ラーキン著、南塚信吾監訳（一九七八）『東欧経済史』中央大学出版部、一四〇‐一四一頁。
(38) 日本石油史編集室編（一九五八）、前掲書、一六六‐一七七頁。
(39) 日本石油史編集室編（一九五八）、同前、一三一‐一三五頁。
(40) 日本石油史編集室編（一九五八）、同前、一五七‐一六二頁。
(41) 藤岡一男（一九八三）『秋田の油田』秋田魁新報社、一三‐一四頁。
(42) 藤岡一男（一九八三）、同前、四‐五頁。

第7章 『澳国博覧会報告書』と工業論・農業論

『澳国博覧会報告書』は、ウィーン万国博覧会の参加目的である技術伝習の職種を含む産業・経済一般の動向や政治・文化等の取調条目書（表17参照）に基づいて実施されたヨーロッパの文物の調査の成果を編纂した膨大な記録・刊行物である。この報告書の意義について、土屋喬雄はヨーロッパの日本への文物制度の輸入に裨益し、殖産興業および文明開化に大きな影響を及ぼした文献であったと評価した。[1]それでは、この『澳国博覧会報告書』はどのような内容と特徴をもっているのか。ウィーン万国博覧会の副総裁佐野常民は『澳国博覧会報告書』でどのような工業論および農業論＝殖産興業論を主張して、日本の「工業化」および日本農業の進歩をどのようにデザインしているのか。この報告書で日本に提言しているワグネルの農業論とあわせて検討することを通して、黎明期日本の「工業化」および近代農業の形成のうえでどのような役割を果たしたのか、さらに日本の産業発達史上でどのような諸問題があるのかを検討したい。

1　二つの『澳国博覧会報告書』の内容と特徴

1　二つの『澳国博覧会報告書』

『澳国博覧会報告書』は二種類存在している。一つは明治八年中に博覧会事務局が刊行した報告書三四冊（国立国会図書館等に所蔵、刊行本と略称）で、もう一つは明治九年に『公文録』として編纂した『澳国博覧会報告書』二三冊（国立公文書館所蔵、『公文録』と略称）である。資料1は『公文録』と刊行本に収録されている簿冊ごとに収録内容が対比できるように一覧表にまとめたものであるが、収録内容がそれぞれの簿冊で一致しない場合もあり、『公文録』の報告書では記録が重複して編集されている場合もある。このような問題はあるにしろ、報告書の内容について全体を俯瞰することができよう。

『澳国博覧会報告書』の編纂経過の詳細は不明であるけれども、佐野常民が明治八年一月に正院へ上呈した「復命書」によると、「報告書ハ編成次第追々上申」するとしていた。このときに「復命書」に添付して提出したのが「墺国博覧会筆記、同附図、博覧会見聞録第一巻、第五巻、会場写真帖」であった。(2) この記述からすると、明治八年一月には報告書の編纂が始められていたとみるのが妥当で、「博覧会事務局沿革」によると、博覧会事務局の残務整理を開始したのは明治八年三月で、最初の報告書を正院に上呈したのは同年五月のことであった。(3)

『澳国博覧会報告書』は、佐野常民が「復命書」で述べている「取調条目書」二五項目に沿って編纂されている。取調条目書と『澳国博覧会報告書』の内容を対比すると**表17**のとおりである。音楽、刑法、経済などの分野の報告書は作成されなかった。

表17　取調条目書と『澳国博覧会報告書』の内容の対比

取調条目書＊1	『澳国博覧会報告書』＊2『公文録』	刊行本
一　大博覧会	○	○
一　博物館	○	○
一　勧業	○	○
一　武備	○	○
一　文教　学校、幼児、成人、専門学校	○	○
一　教門	○	○
一　礼儀		○
一　音楽		
一　風俗	○	○
一　服制		
一　家屋及家具ノ制	○	○
一　食物	○	
一　摂生方		
一　制度		
一　国勢表	○	○
一　刑法		
一　経済		
一　工業　製糸、製陶、紡織、製紙、製茶等	○	
一　商法　通商及勧工局ノ制	○	○
一　農桑		
一　牧畜	○	○
一　養林	○	○
一　土工　道路、堤防、鉄道	○	○
一　航海	○	○
一　造船	○	

注：○印は取調条目書の項目に該当する内容が『澳国博覧会報告書』に収録されていることを示す。

出所：＊1「佐野常民復命書」(『太政類典　第二編　第百七十二巻』文書番号十四)、なお序章注 (2) 参照。

＊2『公文録』および刊行本の『澳国博覧会報告書』。

報告書が初めて上院に提出されたのは明治八年五月のことで、このときの報告書は「博覧会事務局沿革」[4]によると、次の六冊であった。

一　東京大博物館建設ノ報告書　一冊
　但表一枚相添
一　同断之儀付ドクトルワグ子ル氏ヨリ報告書　二冊
一　蘇格蘭以下堡学術博物館総長トーマスシーアルチェル氏ノ贈東及其魯国へ贈ル所ノ報告書　一冊
一　英国サウツケンシントン博物館設立ノ来歴及管掌条例　一冊
一　同国博覧会始末　一冊

この報告書のタイトルは『公文録』第一、第二に収録されているタイトルと同一であって、刊行本のそれとは異なっていることが知られる。これに続けて「諸報告書編成次第差上可申」と述べ、佐野常民が正院に上呈したのは『公文録』に編纂されている毛筆の報告書であって、これを内務省に廻し、博覧会事務局によって刊行されたものであったと思われる。このことは､国立公文書館の『公文録目録』によっても確認することができる。『公文録目録　第三』によると、「明治八年六月課局附録第一」「明治八年六月課局附録第二」として『公文録』の第一、第二の報告書が掲載されている。同様に、『公文録』の第三～第七の報告書は「明治八年七月課局附録」第一～第五、『公文録』第八、第九の報告書は「明治八年八月課局附録」第一～第二に収録されており、「明治八年十一月課局附録」として『公文録』第十一の報告書が収録されている。

このようにみてくると、刊行本の報告書は明治八年五月以降、正院に上呈されて内務省から澳国博覧会の残務整理をしている博覧会事務局に廻されて、外国事情の翻訳書を中心に報告書を編纂して明治八年中に刊行したものであったということができよう。というのは、『澳国博覧会報告書』の各部の最初に「元澳国博覧会事務官」の署名のある「凡例」ともいえる一頁の囲みのついた短い文章が掲載されており、この文章の年月が明治八年八月となっているので、この年月を『澳国博覧会報告書』の刊行年月としている場合が多い。しかし、『澳国博覧会報告書』の各部の巻頭におかれている総論ともいえる佐野常民の各部の報告書の日付は明治八年八月の前後に及んでいる（**表18**参照）。刊行本の『澳国博覧会報告書』第二二部の「工業伝播報告書」は佐野常民が「工業伝播ノ報告書」のタイトルで執筆したもので、この執筆年月は明治八年一二月となっていることから、『澳国博覧会報告書』は明治八年一二月までの期間に刊行されたということができる。

刊行本の『澳国博覧会報告書』に掲載されている議院部、礼法部、兵制部の翻訳書は『公文録』の報告書には欠落している。これに対して、『公文録』の報告書にはウィーン万国博覧会参加の中心目的であった技術伝習関係の記録を一括して編纂している。編纂時期が明治九年となっているのは、刊行本に収録しなかったウィーン万国博覧会での技術伝習者の技術伝習録などの記録を一括して編集したことによるものであると思われる。

2　『澳国博覧会報告書』の内容の異同と特徴

以上にみてきたように、二つの『澳国博覧会報告書』にはその内容上で異同があることが知られる。その第一は、刊行本の報告書は西洋事情を調査研究した成果を翻訳して刊行していることである。その第二は、『公文録』の報告書は、刊行本に収録されている翻訳書を含むほかに技術伝習関係の記録を一括して編集した報告書となっていることである。

表18 佐野常民の『澳国博覧会報告書』巻頭の報告書題目一覧

題　目	作成年月	備　考
1. 議院開式ノ報告書	8年 —	
2. 礼法議定ノ報告書	8年 4月	
3. 博物館創立ノ報告書	8年 5月	正院に初めて上程
4. 農業振起ノ条件報告書	8年 6月	
5. 道路開修ノ方制報告書	8年 6月	
6. 山林官制ノ趣旨報告書	8年 6月	
7. 蚕業織物勧興ノ報告書	8年 6月	
8. 教育普施ノ方案報告書	8年 7月	
9. 兵制皇張ノ所見報告書	8年 7月	
10. 博覧会報告上呈ノ申牒	8年 7月	
11. 鉄路布置ノ目的報告書	8年 7月	
12. 貿易通盛ノ要旨報告書	8年10月	
13. 風俗制度ノ概要報告書	8年10月	
14. 教法利害ノ沿革報告書	不　明	
15. 航海造船報告書	8年11月	
16. 工業伝播ノ報告書	8年12月	
17. 国勢表記ノ施設報告書	8年10月	刊行本に不掲載

出所：刊行本『澳国博覧会報告書』各部より作成。

第一の点についてみると、佐野常民の取調条目書の目的は、西洋事情を調査研究してこれを日本に知らしめるために、収集した海外の文献・資料等を翻訳して刊行することであった。刊行本の報告書はすべて翻訳書を部門ごとにまとめて編集している。佐野常民は部門ごとの翻訳書の内容に所見を加え、報告書を日本の工業および農業等の改良・発展の方針を定める狙いを込めた一七篇の総論的な報告書を書いて巻頭に置いた。ただし、「国勢表記ノ施設報告書」の一篇は刊行本には収録されなかったけれども、『公文録』第一一に収録されている。一七篇のタイトルは**表18**のとおりである。

外国事情の翻訳書は外国人の著作、外国人の寄稿、佐野常民と外国人との問答の筆記、技術伝習者と外国人との問答の筆記、規約・制度等の資料、新聞記事の紹介が主なものである。この中で、ウィーン万国博覧会関係者の報告書としてワグネルの五つの報告書がある。その内容は『澳国博覧会報告書』「〔一九、二〇、二一〕博覧会部上、中、下」に編集された「ワグネル氏維納大博覧会総報告」（浅見忠雅訳）、「ワグネル氏報告第一区鉱山及冶金術」（富田淳

表19　公文録『澳国博覧会報告書』所収の技術伝習関係記録

番号	技術伝習関係記録	技術伝習録
第九	一　草花園及媒助曲枝通管三法始試業有品目録	
	一　製糸撚製糸及試験機械等有品目録	
	一　織機試験道具類目録	
	一　漆器試験用道具類目録	
	一　紙濾試験場附属道具目録	
	一　巻烟草試験用道具類目録	
	一　玉磨場諸道具目録	
	一　尺度目盛其外試験器機類目録	
	一　陶器及義布斯試験道具目録	
	一　色染試験道具類目録	
	一　写真器械目録	
	一　蝋製石油分析試験道具目録	
	一　試業用器機類当時陳列品目録	
第十	一　伝習技術試験目途書	
	一　技術伝習始末書	
第十五	一　技術伝習始末書	
	一　ワグ子ル氏建議	
	一　測器製造提要	○
	一　造船製図式	○
	一　陶器製造図説　自一　至三	○
第十六	一　鉛筆製造略記	○
	一　地理測量製図式	○
	一　玉工伝習録	○
	一　西洋漆塗伝習記	○
	一　塗物手続	○
	一　染物伝習録　自一　至五	○
	一　船形算法　附図	○
	一　硝子製造略記	○
	一　紙型鉛版伝習録	○
	一　石油精製伝習録	○
	一　石版伝習録	○
第十七	一　製糸伝習録　自一　至四　附図	○
第廿二	一　製紙伝習録	○
	一　製紙原質論	○

注：1）番号は同報告書の簿冊番号。
　　2）○印は技術伝習録。
出所：公文録『澳国博覧会報告書』。

久訳）、「ワグネル氏報告第二区農林及山林」（富田淳久訳）、「ワグネル氏報告第三区化学工業」（富田淳久訳）、「ワグネル氏報告第四区製造上ノ食料」（富田淳久訳）であった。これらの報告書の中で「ワグネル氏報告第二区農林及山林」は、「博覧会報告上呈ノ申牒」の中で佐野常民をして政府に勧告させるために作成された報告書であることが述べられている。この報告書と「ワグネル氏報告第四区製造上ノ食料」は、第3節佐野常民とワグネルの農業論で検討する。

第二の点についてみると、『公文録』の報告書ではワグネルの建議、技術伝習始末書、技術伝習者の報告した技術伝習録、民間への技術移転の計画・内容等の技術伝習試験目途書、試験道具・器械類の目録などの技術伝習関係資料を一括編集しており、この点は刊行本とは異なる最大の特徴である。『公文録』の報告書の技術伝習関係記録は**表19**のとおりであるが、佐野常民が「工業伝播ノ報告書」で技術伝習者の伝習録が一七部であったことを報告しており、それは**表19**で○印で示した伝習録ないし記録である。

『公文録』の報告書にも刊行本と重複する翻訳書を多く含んでいる。『公文録』の報告書は明治九年に編纂されたことになっており、毛筆のマニュスクリプト（一部刊行本を含む）で、刊行本と重複する手書きの翻訳書は、その原稿であった可能性を否定できない。しかし、『公文録』と刊行本に共通して編集されている外国事情の翻訳書のタイトルに異同がみられることは**資料1**からも知られる。

2　『澳国博覧会報告書』にみる工業論

1　佐野常民の工業論

ウィーン万国博覧会への参加目的の中心テーマは、ヨーロッパの工業技術の伝習を行い、それを日本への移転することであった。これまでウィーン万国博覧会において技術を伝習した人々について、彼らの技術伝習の状況と日本に帰国後の伝習技術の移転の状況をみてきた。ここでは佐野常民の『澳国博覧会報告書』にみる日本の工業発展、つまり「工業化」のための当面の課題ないし展望についてみておきたい。

佐野常民の「工業伝播ノ報告書」（明治八年一二月）は、博覧会事務局編の刊行本『澳国博覧会報告書』「〔三二〕工業伝播報告書」として編集されたが、この巻は佐野常民の「工業伝播ノ報告書」のみを掲載した異例の編集となっている。佐野常民はこの「工業伝播ノ報告書」（以下、「〔三二〕工業伝播ノ報告書」と記す）で、第一に「起手」すべき最要最大の工業、第二に最要最大の工業を興すための「最捷徑《はやみち》」、第三に工業に対する学術の応用、第四に工業を興すための人民の意識改革の必要、第五に工業に対する政府の役割を論じている。この五つの論点についてその要点をみると以下のとおりである。

第一、「起手」すべき最要最大の工業

佐野常民は「起手」すべき最要最大の工業として、製鉄、銅、綿布、製糖業、窯業、硝子を取り上げている。

①製鉄業は銃砲・戦艦の製造上で必要な金属で、諸金属のなかで経済上、政治上で最も重要な金属であり、その消費量は「開化」のバロメーターであって、自給のために製鉄業の移植は早急に着手すべき最要最大の工業であるとする。銅は日用器具の製造や貨幣の鋳造に必要な金属で、その用途は広く、他の金属に和して鍮黄銅の諸種を造る必要があると述べている。銅は輸出品であるけれども、製造法は粗であるので技術改良に着手して生産を増加して輸出産業にする必要がある。

②次いで、綿布と毛布生産は輸入防遏《ぼうあつ》のためにヨーロッパの技術を移転すべき最要最大の工業である。綿布輸入が増加しているのは国産の綿布は粗製で価格が高いことが原因であることから、製造技術を改良するために技術移植を行うほか、草棉だけでなく木綿を移植して原綿を確保して、国産の綿布製造を盛んにして輸入を防遏す

る必要がある。

毛布（羅紗）も軍服の生地として輸入が増加しており、牧畜の発達を待たずに原料の羊毛を輸入して毛布（羅紗）製造法を移植して製造に着手し、輸入を防遏する必要がある。

③飲食工業として最要最大の工業は製糖業である。砂糖は木綿に次ぐ輸入品であるので、砂糖の原料である赤《あか》蕪菁《かぶら》（砂糖大根）を欧州から移植して砂糖製造を起こし、輸入を防遏する必要がある。

④窯業として陶器を取り上げ、その製造法の改良のためにギプス型製造法の技術移転を求めている。ギプス型製造法は銅器製造法の改良にも応用が利くので、速やかに国内に技術普及を図り、玩具製造のほかに日用品の製造を行い、輸出すべきである。

⑤輸入に依存している硝子は今後最大の消費が見込まれ、これの製造を早急に開く必要がある。

以上が最要最大の工業であり、最初に起こすべき工業である。

第二、最要最大の工業を興すための「最捷徑」の二法

①適応の壮者を選んで西洋に派遣すること。

②彼の良工を招いて術を講ずること。

以上は最要最大の工業を興すための「最捷徑」の二法であるが、工業の目標は労働力を省き、品質を改良し、廉価な商品を生産することである。特に労働力を省くために西洋人は蒸気を発明したけれども、蒸気に代用する水車や風車もある。日本では水車を用い、石炭は汽車・船に使用するほかは輸出すべきである。

第三、工業に対する学術の応用

工業に応用すべき主な学術は理学、化学、機械、図画である。西洋の工業が日新進歩しているのはこの学術を応用しているためで、日本は旧態を変ずることができないだけでなく、これに反することさえある。

第四、工業を興すための人民の意識改革

日本の農業が精であるのは農夫が勤勉で労苦することが多いためであるけれども、日本の工人はこれに反しているので、労苦奮励の風を盛んにする必要がある。特に、日本は工芸人を卑しむ弊があるので、技術を持って官にある者に適応の官位を与え、賃金でも優遇すべきである。西洋では専売特許の法を設けて新発明もしくは改良を行う者の利益を保護している。日本では弊害もあることからこの制度を速やかに実施できないので、まず学術工芸を貴ぶことを知らせるために、表彰の典を設けて学術工芸の功労者を賞すべきである。

第五、工業に対する政府の役割

工業を盛んにすることは「富国ノ源」である。西洋のように「富人豪戸」が社を結成して大業を起こす国の政府はただこれを保護奨励するだけでよいけれども、日本では政府みずからが工業を創設して、よろしきを量って人民に経営を委託するか、もしくはみずから保持して経営する必要がある。「方今我国ノ勢必スヤ政府自ラ手ヲ下スニ非スンハ工業ノ興ルヲ期スベカラズ[5]」の方針のもとで、この経費が不足するときは国債を発行して賄えばよい、と強調した。

以上が佐野常民の「工業伝播ノ報告書」にみる工業論の論点の要約である。佐野常民はウィーン万国博覧会における技術伝習の外にあった製鉄と銅を「最要最大」の工業としてヨーロッパから製造技術を移転する必要があると、真っ先に取り上げた。そして、鉄は開化の指標であることを強調してその自給の必要を説き、銅はこれを輸出産業とするための技術改良の必要を説いている。

この時期の日本における製鉄業の状況は、明治七年五月、工部省が釜石製鉄所を官営として高炉→バトル法による錬鉄炉→圧延・鍛造の一貫生産による鉄生産を目指して製鉄所の建設を始動しており、明治八年五月には、陸海軍・工部の三省が太政官に対して釜石の銑鉄を使用する官営の製鋼工場の設置を要望していた[6]。佐野常民はこのような鉄生産とその需要の状況を前提としてこの報告書を作成したといえよう。

佐野常民が技術改良の必要を求めた銅は、明治二〇年代の初め頃までは生糸、茶とともに有力な輸出品であったけれども、その技術水準は低かった。採鉱技術の改良の必要から、明治九年にイギリス人のお雇い外国人教師ミルンが工部省工学寮で採鉱冶金学の講義を開始し、翌一〇年には東京大学理学部のドイツ人のお雇い外国人教師ネットーも冶金学の講義を開始した。お雇い外国人が官営鉱山で試みた採鉱技術は削岩機による開削、火薬発破、軌条、鉱車による運搬改良、ポンプの使用、採掘法の改良であった。また、工部省は明治一一年の起業公債条例に基づいて、三五〇万円（明治一九年四月一日現在）を既開発鉱の「本格的開発」のための外国人技師の招聘、機械購入、作業場の建設などに投じた。しかし、開坑、採鉱作業の機械化は容易に進まなかった。(7)

日本の鉱山における採鉱に火薬発破が使用されるようになるのは、明治一一年のモリソン商会によるダイナマイトの輸入が契機であったといわれる。(8)明治三三年までには削岩機、ダイナマイトが使用されるようになった。(9)銅の冶金技術の近代化は明治三〇年代の乾式生鉱精錬の採用、これに続く転炉製銅が一般化して伝統的な灰吹・南蛮技術が否定される明治四〇年代の時期を待たなければならなかった。(10)

次に佐野常民が注目した毛布（羅紗）生産は、ウィーン万国博覧会で技術伝習した井上省三の羅紗製造と千住製絨所の設置、岩山敬義の下総牧羊場の開設によって実現することになった。また、輸入防遏のために外国棉を移植して綿織物業を興す点では、日本の在来棉は短繊維のために紡績原料として不適当なので、政府は明治七年にアメリカから海島（シーアイランド）棉、陸地（アップランド）棉の種子を輸入して試作を行い、翌八年には陸地棉を八県に分けて試作をし、明治九、一〇年にも各地に試作したが見るべき成果をあげることができなかった。(11)砂糖は赤蕪菁（砂糖大根）を移植して製糖業を興して輸入を防ぐ必要があるとし、窯業はギプス型製造法の技術を取り入れて輸出産業を目指し、硝子生産も輸入防遏を目指すことを主張した。

佐野常民の工業論は、輸入防遏と輸出産業とするための技術移転による技術改良を主張するもので、このためにヨーロッパに出かけて技術の伝習を受け、あるいはヨーロッパから技術者を招聘して学ぶ必要があり、この二つは工業を興すための「最捷徑」であるとした。これはウィーン万国博覧会における技術伝習の限界とその反省から生まれた視点であった。さらに、ヨーロッパの理学、化学、機械、図画の学術を学び、日本人の職工を卑しむ意識を改革して職工を優遇するシステムが必要であると述べた。この場合、日本の工業を担う人材養成のための工業教育は内務・工部・文部の担掌であるので、三者は軽重緩急を量り、公平信誠相協い、相助けて行う必要のあることも指摘している。

日本の工業教育は明治四年八月、工部省工学寮工学校を設置することによって開始された。このとき、工学校を大小に区分して、小学校では私費生徒を募集し、小学校の卒業生を試験して官費生徒として大学に入学させるシステムを採用した。明治五年七月に小学校を開校、明治六年七月に大学校の私費生を官費として入学させた。専門科目は土木、機械、造家、電信、化学、冶金、鉱山の七科で、六か年を修業年月とし、卒業後は七か年工部省に奉職する義務があるものとした(12)。

明治七年二月改正の工学寮学課並諸規則における専門科目は、

一　シビル・インジェニール（Civil Engineering）
二　メカニカル・インジェニール（Mechanical Engineering）
三　電信（Telegraphy）
四　造家術（Architecture）
五　実地化学（Practical Chemistry）
六　採礦学（Mining）

七　溶鋳学（Metallurgy）

となっていた[13]。この専門科目は明治六年六月、イギリス人のお雇い教師九名とともに工学寮の教師（都検）として来日したグラスゴー大学の卒業生ヘンリー・ダイアー（一八四八―一九一八）が、日本の近代化の必要に応えて作成したものである。この場合、修業年限は六年間であったが、最初の二年間は工学のすべての学科に共通して必要な一般の教育を行い、第三学年の初めに、学生は専攻しようとする専門学科を選択するもので、第三学年と第四学年はそれぞれ半年を教室での講義にあて、残りの半年は教室外で実地の研修を行うことにした。そして、最後の二年間は完全に実地研修とするものであった。このカレンダーは明治六年四月の初旬にイギリスのサウザンプトン港から出港して日本に到着するまでの二か月間に近い船中で完成したものであった[14]。明治一〇年一月、官制改革で工学校を工部大学校と改称し、同年六月、経費節減のために小学校を廃止したが、ウィーン万国博覧会における実地の技術伝習とその移転への期待とともに、学理と応用を目指した日本の工業教育による工業技術者の養成が期待されたのである。

また、佐野常民は日本の「工業化」を進めるために、「方今我国ノ勢必スヤ政府自ラ手ヲ下スニ非スンハ工業ノ興ルヲ期スベカラズ」の方針のもとで政府直営の工業を興して経営するか、あるいは国民に経営を委託する必要があることを主張している。この点は大久保利通の殖産興業論の趣旨と同一であるといえる。大久保利通は「殖産興業に関する建議書」（明治七年五、六月頃）の冒頭で次のように述べ、政府の殖産興業に関する役割を強調した。すなわち、「大凡国ノ強弱ハ人民ノ貧富ニ由リ人民ノ貧富ハ物産ノ多寡ニ係ル而テ物産ノ多寡ハ人民ノ工業ヲ勉励スルト否サルトニ胚胎スト雖モ其ノ源頭ヲ尋ルニ未タ嘗テ政府政官ノ誘導奨励ノ力ニ依ラサル無シ」[15]。佐野常民は大久保の殖産興業における政府の役割を一層明確に述べ、政府による工業の創設と経営を主張したのであった。

佐野常民は「工業伝播ノ報告書」で、この『澳国博覧会報告書』には収録されていない工業関係の資料として次の翻訳書と伝習録を挙げている。すなわち、佐野常民の諮問に応えて技術伝習の構想と要領を陳述したワグネルの三つの建議、技術伝習者の技術伝習録、「オーウエン氏桿工細工記事」（『公文録』『澳国博覧会報告書 第十七』所収）を工業に関する文献として記載した。[16] しかし、これらの資料を刊行本に収録しなかったのは、取調条目書の項目として挙げた西洋の文物に関する資料の翻訳を中心に編集したためである。技術伝習者の報告した技術伝習録は、この博覧会参加の主要な成果であったけれども、その報告内容は膨大な分量であるほか、ウィーン万国博覧会から帰国後に伝習技術の移転のためのプログラムが政府によって実施されたことも刊行本に収録しなかった理由の一つであろう。それゆえに、『工業伝播報告書』には「工業伝播ノ報告書」のみを収録したが、この「工業伝播ノ報告書」は、佐野常民の技術伝習を含む工業総論ともいうべき内容をもち、また、佐野常民の殖産興業論を示しているものである。工業を「開興勧奨」し、須要の学術を盛んにして、内務・工部・文部の各省が有用な人材を養成すれば工業が欧米のように盛んになると強調した。[17]

2 政府事業から個人事業へ移行した技術移転

技術伝習の成果は技術伝習者の伝習録として一七部が報告されたことを、佐野常民は「工業伝播ノ報告書」に述べている。この伝習録は、ウィーン万国博覧会における技術伝習者がどのような技術をどこでどのように伝習したかを帰国後に記録して博覧会事務局に提出した技術伝習の根本資料として本書で利用してきたところである。佐野常民の指摘した一七部の伝習録は、**表19**の○印を付した資料である。これらの伝習録でみると、技術伝習は順調に遂行されたわけではなかった。「工業伝播ノ報告書」で佐野常民は、伝習者の人員不足、伝習日数と費用の不足、学習機会を持てた者が少なかった点を技術伝習の限界として指摘している。この点について、技術伝習事務を内務省に移管するにあたって博覧会事務局が作成した「技術伝習始末書」では、次の六つの職種について技術伝習者の再派遣の必要があることを指摘し、さらに彼の地から日本へ良工を招聘して技術伝習を深めるべきであることを要望していた。伝習時間の不足などから再派遣と良工の招聘の両方を要望していたのは、緒方道平の山林諸科、藤嶋常興の測量器・針盤製造、圓中文助の製糸、松尾信太郎の造船術で、再派遣または良工の招聘のいずれかを要望したのは、納富介次郎・河原忠次郎・丹山陸郎の陶器・ギプス型製造法、朝倉松五郎のメガネ・モザイク製造法であった。また、技術伝習は伝習者を個々にみると、技術を無条件で解放して伝習させてくれたものではなく、中村喜一郎の皮革染、丹山陸郎の陶磁器への着色は、技術を秘匿してただちには教えてくれなかったので伝習は困難であった。

佐野常民が「工業伝播ノ報告書」で最要最大の工業と指摘した製鉄と銅（ワグネルは山田熊吉に銅鋳造の技術伝習をさせることを予定していたが、経費不足のために帰国させられたので伝習できなかった）および製糖業は、大規模な工業であったために技術伝習の対象外であったけれども、日本で行われている小規模な諸工業については、ヨーロッパの技術で技術改良を行い、輸出産業として発展が期待される限り、多くの職種の技術伝習を行い、さらに、キプス、屑繭紡績、羅紗製造などの新しい職種の技術伝習も行われた。これら技術伝習を行った職種の技術を発展・普及させる視点から、技術伝習者は帰国後に伝習技術を日本国民に教えて技術移転を行うことが義務づけられていたので、そのために『公文録』の『澳国博覧会報告書　第九』に掲載されている目録にみるように、試験あるいは伝習のための道具、用具、器機類を技術伝習先から購入して持ち帰り、帰国直後の明治七年末〜翌八年七月頃から、政府施設で伝習地から持ち帰った器機類を使用して伝習成果を実演するための試験を一斉に開始し、各県から伝習生を募集して、伝習した技術をこれらの生徒に移転することになった。

技術移転の状況を繊維関係でみると、蚕糸業の佐々木長淳は、明治七年に内藤新宿試験場に蚕室を設置し、各県の養蚕者、栽桑者を募集してその指導を開始した。製糸・撚糸・生糸検査法の圓中文助は、明治八年三月に山下門内（現在の千代田区内幸町一丁目）の博覧会事務局が博物館と改称したために、ここに製糸場を建設し、製糸・撚糸・生糸検査法の伝習を実施した。伊達弥助も明治八年七月以降、博物館の一部が内務省の勧業寮試験場となり、ここで機織り機械の運転と機織技術の実演試験を行った。染色の中村喜一郎は京都の染殿で化学的染料法を各県の勧業課より選抜された伝習生に伝習した。

銅版・石版の岩橋教章は明治七年から内務省印書局で銅版・石版の技術伝習生の養成を開始し、メガネ・モザイクの朝倉松五郎は明治八年七月、内務省博物館内で製造伝習を開始した。納富介次郎も博覧会事務局の山下門内で陶磁器・ギプス型製造法の伝習を行う。このほか、絹織物・羅紗製造の椎野賢三、ガラス製造の藤山種廣、測量器製造の藤嶋常興、陶磁器（ギプス）の納富介次郎、陶画の彩釉薬の丹山陸郎らも、博覧会事務局等の政府施設で技術移転のための伝習技術の実演試験を実施した。

しかし、政府施設での技術移転のためのこれらの伝習事業は、明治一〇年に政府が技術移転政策の方針を転換したために廃止されたので、個人的な努力による技術移転に移行することになった。二、三の事例をみると、納富介次郎は河原忠次郎とともに陶磁器・ギプス型製造法の伝習生徒を募集して技術伝習を継続した。岩橋教章の銅版・石版の技術伝習生の養成は中断されることになる。このために技術移転のための伝習事業の意義を認める納富介次郎は、明治一〇年六月に工部省を辞して、塩田眞とともに東京・小石川区新小石川町に私設の江戸川製陶所を設けて従来の技術伝習事業を継続した。伝習生八〇余人を薫陶養成し、明治一七年まで継続してギプスの普及に努めたことは先に述べたとおりである。岩橋教章も明治一二年、内務省地理局を退官して文会舎を興して弟子の養成を行う。測量器製造の藤嶋常興は明治九年、工部省での測量器の製造が中止となるに及んで、同一一年一月、東京・八宮町に測量・理学器の製造場を創業してここに私塾的な製器学校を開設した。明治一六年には製器学校を発展させて、職人養成を目的とした藤嶋製器学校（明治二〇年閉校）に組織替えを行い、従来の徒弟制に代わる体系的な技術教育を目指して技術移転に取り組むことになる。(18)

このように、政府施設での技術移転のための伝習活動は明治一〇年に廃止され、技術伝習者の個人的な努力に移行したのは、この年に博覧会事務局の残務整理を終了して政府としてのウィーン万国博覧会関係の事業を打ち切ったこと、そして内務省の工業関係の勧業政策を工部省に移管したことがその要因であったと思われる。ウィーン万国博覧会における技術伝習を行った諸工業は博覧会事務局が所管したが、この事務局は明治八年三月三一日に博物館と改称され、内務省が所管して技術伝習事業を引き継ぐことになる。同年七月に内務省勧業寮は博物館の一区画を内務省勧業試験場と称して技術伝習と実業試験を実施したが、明治一〇年一月に内務省の工業に関する事務を工部省に移管し、同年二月に技術伝習と実業試験の中心施設である内務省勧業試験場も工部省に移管して、工部省内山下町工作分局とする行政組織の変更があり、これにともなって内務省勧業試験場の技術伝習と実業試験は廃止されていった。明治一〇年三月の内務省と工部省の工業事務の区分立てをみると、工部省所管の工業の事務は陶器、木工、火工、山油、石膏、硝石、火薬、煉火石、鉱脂、山塩、記号墨の類。内務省所管の工業の事務は諸食飲料、農産製造物（製糸）、農産染料、機織、染物、蝋、脂、植物油、阿膠、樹膠、糖、蜜、漆、紙、塩、石鹸、製革、木炭、獣炭、香水、藺席の類で、内務省は農業関連の工業を所管することになった。(19)

ウィーン万国博覧会での伝習技術の移転は、個人で学校などの技術伝習施設を設置して技術の移転に努めたほか、各地の学校教師あるいは巡回教師として技術伝習を行う場合もあった。中村喜一郎は京都の染殿での伝習活動の後、八王子と新潟県中魚沼郡十日町の染織学校の教師として染色の指導を行った。丹山陸郎はギプスの普及のほか、京都・瀬戸・伊万里などの陶工に彩釉薬の配合技術を普及した。

以上にみてきたように、帰国後の伝習技術の移転の方法は四つの形態があった。第一の形態は、明治七年末～

翌八年七月頃から政府施設（博覧会事務局→博物館→内務省勧業試験場→工部省内山下町工作分局）で実施された政府による技術伝習の形態。明治一〇年に政府の技術伝習事業が打ち切りとなったことから、これ以降、技術伝習者の個人的な努力に任されることになったが、第二の形態は、銅版・石版の技術伝習生の養成ために設立した岩橋教章の文会舎、藤嶋常興が測量器の製造伝習のために設立した藤嶋製器学校、陶磁器・ギプス型製造法の伝習を目指した納富介次郎の江戸川製陶所などにみられるように、私立の学校や技術伝習のための工場を設置して技術伝習を継続した形態である。第三の形態は、学校教師あるいは巡回教師として技術伝習した中村喜一郎や丹山陸郎の場合、第四の形態は、鉛筆製造や紙巻タバコの製造のように、技術の伝習を目指さずに個人的に事業を行う場合である。

石井範忠の製紙技術、藤山種廣の紙型鉛版製法のように、民間に移転されることなく政府部内に技術が秘蔵された場合もあったが、政府の勧業政策＝殖産興業政策の観点からみると、博覧会事務局および内務省勧業局は、ウィーン万国博覧会での技術伝習を国民に広く技術移転して諸工業を発展させるための施策を展開したといえよう。しかし、その打ち切りのために、これら諸工業の技術移転と教育は政府による実業学校の設立へと発展しなかった。ウィーン万国博覧会の技術伝習により日本に移植された産業として、佐々木長淳の新町紡績所、井上省三の千住製絨所が殖産興業に果たした役割は特筆してよいだろう。

3　佐野常民とワグネルの農業論

1　佐野常民の農業論

ウィーン万国博覧会の参加目的には明示されていないけれども、日本政府は博覧会の開催中に日本から持参した穀菜・草花の種子をオーストリア政府に贈っている。しかし、この穀菜・草花が成長しなかったので、明治一〇年、オーストリア農学校の校長ボレルから勧農局試験場長の佐々木長淳に対し、穀菜・草花を再度贈ってほしい旨の依頼があった。このときにオーストリアに贈るためにリストアップされた穀菜は、稲（わせ、ほうねん稲、うるち）、麦、アワ、ヒエ、キビ、豆（くろまめ、しろまめ、あおまめ、ちゃいろまめ、えだまめ、くろひらまめ）、小豆、ささげ、そらまめ、えんどう、いんげん、とうもろこし、胡麻など一六三種、草花はふよう、あさがおなど二一種であった。ウィーン万国博覧会を契機に一八四種もの穀菜・草花の種子の提供が行われていたのである。[20]ウィーン万国博覧会では工業技術の伝習が参加目的の主要なテーマであったけれども、他方ではヨーロッパの農業技術にも強い関心を持ってウィーン万国博覧会に臨んでいたのである。博覧会事務局の刊行本『澳国博覧会報告書』「［七］農業部」および『澳国博覧会報告書』「［一九、二〇、二一］博覧会部上、中、下」にみる佐野常民およびワグネルの農業論は、その関心の中心がどこにあったかを示している（**資料1**参照、刊行本『澳国博覧会報告書』の各部の番号の表記は国立国会図書館目録の分類に従って『澳国博覧会報告書』「［七］農業部」のように『澳国博覧会報告書』の［簿冊番号］、各部名称の順に「 」内に表記する）。[21]

『澳国博覧会報告書』「［七］農業部」は、佐野常民の「農業振起ノ条件報告書」と翻訳の農業書四冊「仏国農業記事、チスラン氏勧農説、阿利襪説、牧畜論」（読点-筆者）で構成され、リオンデー氏の阿利襪説は他日翻訳ができるのを待って進呈する、と「農業振起ノ条件報告書」に記されているが、リオンデー氏の阿利襪説は進呈されなかった。さらに佐野常民はこの報告書で、ワグネルの博覧会報告書中に詳細な農業の報告があることを明言している。以下に佐野常民の「農業振起ノ条件報告書」によって彼の農業論をみることにしたい。

佐野常民の「農業振起ノ条件報告書」（明治八年六月）は、ウィーン万国博覧会の第二区農業の列品と審査官の討議などから学び、日本の農業の方法はいまだ完全ではなく、農業の学理に疎く、機械に乏しく、旧弊を改めるべく新事を採用すべきものがすこぶる多いので、各国の状況をみて長短を取捨して採用し、日本の農事を盛大にすることが急務であることから、「〔七〕農業部」の総論として執筆された報告書であったと述べている。

この報告書における佐野常民の農業論は次の八項目の論点に要約できる。第一、「我カ有ル所」の最緊要の農業。第二、「我カ未タ有ラサル所」の必要有益の農業。第三、このほかの農産物。第四、農業の機械化の必要と有用植物の移植。第五、農業と「相干シテ今日緊要ナルモノ」。第六、農業振起のための「理ト業」の教育施設。第七、政府の役割。第八、翻訳させた農業書四冊。この八項目に沿ってその論点の概要をみることにしたい。

第一、「我カ有ル所」の最緊要の農業

日本在来の最緊要の農業として、蚕、桑、茶、米、麦、麻、藍、葡萄、煙草、楮を取り上げ、栽培技術あるいは製造技術の改良の必要を説き、輸出品とすべきことを述べている。

①蚕、桑は日本の固有の技術に加えて、イタリアなどの養蚕技術、桑樹の栽培法を速やかに摂取する必要がある。

②茶は桑に次ぐ日本の名産で、青茶はアメリカへの輸出品であるが、中国から紅茶製造の技術者を雇用し、インドから茶樹を移植して紅茶製造をする必要がある。青茶と合わせて輸出の道を開く。

③米の防虫対策を講じて輸出品とし、麦はパン、ビールの原料としてアメリカ、ロシアその他から良種を移植し、耕作法を外国に倣って改良すべきである。

④麻、藍、葡萄、煙草は種類を増やし、製造法を改良して輸出を盛んにすべきである。

⑤楮は外国紙と対抗できる和紙の原料で、製造法を改良して輸出品とするために、楮の増殖を盛んにする必要がある。

第二、「我カ未タ有ラサル所」の必要有益の農業この農業として阿利襪、赤蕪菁、亜麻を取り上げ、有用植物として移植が必要であるとする。
①阿利襪（オリーブ）は地中海、アルゼリア等の暖国に産し、痩せ地にも栽培が容易で、実は食用となり、油を製し、石鹸を製造することができる。日本では南紀より西方の暖地で栽培できる。博覧会事務局では数十株を持参して試植しており、これを伝布する方法を整理すべきである。
②赤蕪菁（アカカブラ）は砂糖の原料となる植物でその利益は洪大である。日本では中央の温和な地域に移植して国産を益し利益を生むべし。
③亜麻は糸、布の原料であるだけでなく、搾油もでき、用途が広く、日本の東北に移植してわが麻とともに大益をおこすことができる。
以上の「我カ未タ有ラサル所」の必要有益の阿利襪、赤蕪菁、亜麻は冬間農隙で作業ができ、米麦の本業と抵触しないので産業として益がある。

第三、このほかの農産物
このほかの農産物として果樹、養蜂を取り上げ、①果樹は移植すべきものが多いし、②養蜂も国内に開くべしとする。

第四、農業の機械化の必要と有用植物の移植
必要な器械を取捨改正して採用すべきであるが、巨大な器械ではなく軽便な器械から始めるべきで、水力を利用できるところでは蒸気力に代えて水力を用いるべきである。

第五、農業と「相干シテ今日緊要ナルモノ」

この分野として牧畜が取り上げられている。

牧畜は肉食、毛、乳酪、肥料と利益が多いし、日本人の身体虚弱、気力薄少なのは実に肉食と関係していると

ころが多い。近年の毛布の生産は毛で織り上げたもので、冷雨露を防ぐに便利である。乳酪は食するもので、糞は田の肥料となり、脂皮は工作の材料となるごとく、利益がある。

牧畜のために外国の牧草クローバーを培養する必要があり、博覧会事務局ではホーイブレンク氏の寄贈した牧草の種子を試栽しているが、これを国内の適宜の地に配布すべきである。

第六、農業振起のための「理ト業」の教育施設

このための施設として、農学校、実験所、農業博覧会、勧農社を取り上げている。

その要点は、

①農業本校を東京に設置し、農業支校を地方に設置する。

②実地施業の標則となるための施設として養蚕実験所、農業実験所の設立が必要である。

③農業博覧会を開催し、賞牌を与える。

④人民を鼓舞して勧農社を結社させる。

第七、政府の役割

政府の役割として次の二点を指摘する。

①国家遠大の益を謀り、確呼たる目的を立て、地方の官司にその意を体認させる。

②人民の産業に干与してこれと利を争わずにこれを保護勧誘して奮勉・興起・駸進させること。

第八、翻訳させた農業書四冊

『澳国博覧会報告書』の「[七]農業部」に掲載した「仏国農業記事、チスラン氏勧農説、阿利襪説、牧畜論」は、政府が「我国本タル農業ヲ保護誘導セン事」を願って翻訳したものである。

以上が佐野常民の「農業振起ノ条件報告書」で述べられている農業論である。明治八年の時点で、日本の農業

を「我カ有ル所」の農業と「我カ未タ有ラサル所」の農業に区分して農業問題を論じた点に佐野常民の農業論の特徴がある。前者の農業として蚕、桑、茶、米、麦、麻、藍、葡萄、煙草、楮を取り上げ、これら日本にある在来の農産物は、ウィーン万国博覧会で学んだ最新の進歩したヨーロッパの農業技術を受容して、栽培技術あるいは製造技術を改良して輸出を促進しようとする意図を鮮明に述べている。

そして、日本の農業を発展させるための方法として、日本の農業に適合する農業の機械化を図り、栽培技術あるいは製造技術の改良のために農業の学理と応用を学ぶ必要性を述べ、「理ト業」の教育施設として、農学校、養蚕・農業の実験所、農業博覧会、勧農社の設立を挙げている。さらに、果樹や養蜂、牧畜の導入にも言及し、日本の農業の多様化を期待した。

後者の「我カ未タ有ラサル所」の農業として、阿利襪、赤蕪菁、亜麻を取り上げ、有用植物として移植が必要であるとした。阿利襪は南紀より西方の暖地で栽培でき、赤蕪菁は中央の温和な地域、亜麻は東北に移植すると述べ、植物の気象上の栽培特性を生かして移植植物を選定しており、冬期の農家副業として栽培が可能であると述べている。この中で、『澳国博覧会報告書』「〔七〕農業部」には「ホーイブレンク氏阿利襪樹説　同氏ニ質問スル所ナリ」と「ロッパ氏阿利襪樹ノ植栽方」のオリーブ栽培に関する翻訳書が収録され、他の赤蕪菁、亜麻についての翻訳書は収録されていないことから、佐野常民は初めからオリーブ樹を日本への移植植物の最有力候補として推奨していたと思われる。このオリーブ樹の移植と栽培問題は後述する。

なお、『澳国博覧会報告書』「〔七〕農業部」に収録された「農業記事」（刊行本では「仏国」が略されている）は、ウィーン万国博覧会に出品したフランスの「農事事務執政局出品ノ記」と題した一冊の文献の概略をとりまとめたものである。この翻訳書では、フランスの農業における進歩に果たした農業の学術の進歩状況および農業の学術の教育機関としての農学校、農業小学校、農業実験場、家畜治療学校、農業展覧会、勧農社の内容と役割が記述されており、佐野常民の「理ト業」の教育施設として取り込まれているものである。さらに、「仏国農業事務省農務局長チスラン氏勧農之説」は農業の機械化の意義を詳述しており、「セツト、カスツ氏牧畜論」はドイツのプロスカウ農業大学校長のセット・カスツ氏がドイツにおける家畜の飼養とクローバーなどの飼料作物の栽培について述べたもので、佐野常民はこれらの論点も取り入れて「農業振起ノ条件報告書」を作成したのである。

2　ワグネルの農業論

ワグネルの農業論は、佐野常民が「農業振起ノ条件報告書」で「別ニドクトルワグ子ル氏ヲシテ編セシムル所維府博覧会報告書アリソノ中農業ヲ論スル頗ル詳細ヲ悉クス」[22]と指摘したワグネルの報告書にみることができる。それは『澳国博覧会報告書』〔二〇〕博覧会部中上」に収録されている「ワグネル氏報告第二区農林及山林」を指しているが、さらに「ワグネル氏報告第四区製造上ノ食料」〔二〇〕博覧会部中下）も農業論の一端を占めているので、この報告書も含めてワグネルの農業論をみておきたい。なお、これらのワグネルの報告書は、佐野常民がワグネルに依頼して作成させたもので、その意図は「欧州現施ノ実況ヲ通鑒シテ我国ノ今日ト将来トニ採施スルニ必要ナルノ事業ヲ勧告セシムルニ在リ」と「博覧会報告上呈ノ申牒」[23]で言明している報告書である。

(1)「ワグネル氏報告第二区農林及山林」の農業論

この報告書の農業論の論点は次の七項目に要約できる。すなわち、第一、「日本ニ於テ現今ノ培殖ヲ一層盛大ニスル」植物。第二、「新タニ外ヨリ接納シ得ベキ」植物。第三、日本の大緊要なる輸出品。第四、工業用・輸出用植物の農業方法の改正。第五、農業の進歩と関連した家畜の飼養と飼料生産。第六、農業の進歩を誘導するための対策。第七、日本農業の問題点。以下に各論点の概要をみることにしたい。

第一、「日本ニ於テ現今ノ培殖ヲ一層盛大ニスル」植物

この植物は織物用植物で、大麻《あま》（現在は麻薬取締植物）、胡麻《ごま》、莔麻《いちび》を取り上げている。これらはいずれも輸出品となる織物用の原料植物で、大麻、胡麻、莔麻の三種は日本の北部で開墾しなくても培殖でき、かつ家内において余暇をもって紡織できる利益がある。これら三種の植物を普及するためには適当な試験地を設けて実地試験を行い、耕地を耕すための改良農具を眼前に見せ、労役を省略することを理解させる機会を設ける必要がある。

第二、「新タニ外ヨリ接納シ得ベキ」植物

ここではイスバルト、チャメーロープ（棕櫚）、棉、オリーブ樹、煙草、甜紅蕪菁《てんこうかぶら》、ホップを取り上げている。

①イスバルトは莚《むしろ》、沓《くつ》、籠細工、軍艦の碇綱の材料、紙の原料で、これに類した植物を日本で発見して、製紙の原料として輸出できる。

②チャメーロープ（棕櫚）は輸出品となる。

③日本の棉は短棉の種類なので外国から新種の棉を移植する必要がある。棉の種子を搾油してオリーブに混和すると食用になる。搾油の残滓は牛馬の飼料となり、肥料ともなる。日本は油を含有する種子を生産しているので種子を盛大にして輸出品とすべきで、この場合にも改正農具を使用し、搾油器も改正すべきである。荏（胡）麻油、椿油は欧州では知られていないので、類似の油との価格競争をすれば重要な輸出品となる。

④オリーブ樹は含油質の植物の中でも最上、最有益な植物で、日本に移植するための試験を行う方法を設けることがすこぶる緊要である。オリーブは地中海周辺の諸国に成長するもので、食料ともなる輸出品である。欧州、アメリカの諸国ではなはだ貴重される。苗木を日本に持ち帰ったけれども、さらに欧州より日本に送致されると思う。その培殖については仏語の小冊子の訳文があるのでこれで了解してほしい。

⑤煙草は英国に輸出しているが、最上の外国産の種を輸入して煙草を移植すれば煙草の品質改善に資する。
⑥甜紅蕪菁は日本の知らざる最緊要なる工業用植物で、砂糖の原料となる。日本でも良く成長する。日本の事務官は欧州より良質の種を持ち帰り、諸地方で試験しようとしている。
⑦ホップはいまだ日本で培殖していない植物で、ビールに苦みを与える植物である。欧州で盛大に栽培している地方は南ドイツとボヘミアで、ウィーン万国博覧会にはその見本を出品した。ボヘミア産のホップを最良とするので、この地から購入すべきである。
第三、日本の大緊要なる輸出品
これは生糸、茶である。
①生糸は日本の事務官がイタリアで調査したように、イタリアでは日本蚕紙の輸入防遏のための養蚕方法の改正をしているので、日本の製糸家は輸出に注意すべきである。さらに製糸を拡大するためには桑樹の栽培を増加する必要がある。
②日本の茶はアメリカに輸出するのみで、欧州に輸出するためにインドのアッサム茶の種子を購入して培殖する必要がある。このために日本の事務官はアッサム種の試験を行うための種子の購入準備をしていた。残念ながら今年は送ってこなかったけれども来年は送ってくると思う。
第四、工業用・輸出用植物の農業方法の改正
このためには農学の教授と実地の施行が必要である。
①工業用・輸出用植物の培殖は農業の余暇の活用でできる。
②農業の進歩のためには農学の教授と実地の施行が必要である。農業の進歩は機械の効用と植物の天然の法則の理解が必要である。

③肥料の用法の研究は農学上の緊要なものである。人造肥料の燐酸は最も験効のある肥料である。日本でもこの肥料を発見できれば国家の幸福というべきである。
④穿溝・灌水は田圃の土質を進歩させるもので、土地改良の方法として暗渠《あんきょ》は田圃の余分の水を抜く方法である。この方法で荒れ地を開墾して田圃にできる。
第五、農業の進歩と関連した家畜の飼養と飼料生産が必要である。
第六、農業の進歩を誘導するための対策
農業の進歩のためには学校の設立と教育、博覧会の整備、褒賞の下賜、資金の給与、私立農業会社の扶助――ドイツ、フランス、イギリス、アメリカの例がウィーン万国博覧会で示される。以下はドイツの事例である。
①学校を設け、学術上の条理を最小なる農夫に至るまで教授する。ドイツでは一八四の農学校が設立されており、八農学大学校（二〇～二五の学科）、一三の学校（農学の物理、実業を教授）、七一中学校、一六実業学校（暗溝灌水、産業用植物の栽培の学問）、五種園大学校（種園学、養樹学、葡萄培養学）、二八実業学校（園丁、葡萄生産家のための学校）、小学校に併設した夜学校、地域に出向いて農学を教授する漂游教員がいる。
②農学試験場の設置。
③地方博覧会の開設――殊勝な者に褒賞金、賞牌を与える。農業上の進歩のために資金を要する場所には援助して事業を助ける。農業会社は時々会議を開いて農業の進歩を鼓舞発動する。
④農業博覧会――地方最上の農業家に褒賞金を支給する。
第七、日本農業の問題点
これは人口問題と機械化の問題があり、①日本の農業人口は不相当に多く、工業人口は不相当に少ない。農業の労力を省略すべき進歩の方法を移植して、その一は工業のために人口をまわし、もしくはその一は未開の土地を開墾すべきである。②農業進歩のための最緊要な関係をもつものは農業の機械化である。

以上が「ワグネル氏報告第二区農林及山林」にみるワグネルの農業論である。農業論の基本的な枠組みは佐野常民の農業論に共通している。ワグネルも佐野常民と同様に、日本農業を「日本ニ於テ現今ノ培殖ヲ一層盛大ニスル」植物と「新タニ外ヨリ接納シ得ベキ」植物に二区分し、前者の日本で栽培している植物を織物用植物に限定し、後者の移植して栽培する必要のある植物はイスバルト、チャメーロープ（棕櫚）、棉、オリーブ樹、煙草、甜紅蕪菁、ホップなどと提案している。これら両者の植物は工業用原料として栽培することが求められているもので、商業作物の栽培を通して商業的農業の定着を意図している点で、佐野常民の農業論と異なった視点が貫かれている。ワグネルの農業論のユニークな点は、工業用原料の栽培と商業的農業の育成という観点から農業の栽培種目の改善が求められていることと、農業生産方法を機械化することによって農業人口を減少させ、減少した農業人口を工業へ移動して「工業化」を実現することを主張していることである。肥料の改良、土地改良などを行うことを通して農業生産の技術改良を行い、学術の成果を農民に伝授する方法として農学校を設立して教育を行い、農業試験場を設置して農作物の栽培方法の研究を実地に施行し、さらに農業博覧会を開催するなどの方法で農業の進歩を誘導するための施策を講ずる必要のあることを強調しているのである。(24)

以上にみる佐野常民とワグネルの農業論は明治八年という時点で、ウィーン万国博覧会参加の目的に鑑みたとき、工業分野と同様に農業分野における日本の農作物の輸出の促進、ヨーロッパの農作物の移植とその国産化、農学の学理と応用による農業技術改良の実現を目指したのである。

これらの農業論で指摘された肥料および土地改良などの農業技術の改良の必要性、学理と応用のための農学校・農業試験場・農業博覧会・共進会・地域に出向いて農学を教授する漂游教員（巡回教師として制度化された）などの教育施設の設置の必要性、さらにはオリーブ樹・甜紅蕪菁・ホップ・二条大麦などの農作物の移植の必要性

は、政府の勧農政策の中で徐々に実行に移されていったといえよう。(25)

(2)「ワグネル氏報告第四区製造上ノ食料」の農業論

ヨーロッパにおける農業技術の進歩は、何よりも学術の進歩の成果によるもので、そのためにヨーロッパの食料生産の状態が一変したとの認識のもとで、日本の農業の食料・飲料問題を論じたのが「ワグネル氏報告第四区製造上ノ食料」の報告書である。ワグネルは日本の食料問題として米、麦、肉食、砂糖などを取り上げ、飲料・嗜好品として葡萄酒、麦酒、紙巻き煙草を取り上げて論じている。以下に、次の二つの問題についてみることにしたい。

第一、米、麦の栽培問題

ワグネルは米と麦の栽培を問題としており、米の代用に小麦その他の穀物を提案している。その理由は工業を興すために必要なことであると述べている。すなわち、ワグネルは、日本の米は利益をもたらす有用な食料であるけれども、日本の工業力を一層大なるものにするためには小麦もしくは他の穀物を以て米に代用することが必要であり、その代用は可能であると主張した。

米の栽培上での問題は、工業に使用すべき大量の水を使用していること、栽培のために多くの労力を要していること、農地が各区に分割しているので機械などの完全な農具を使用することができないことである。農業のための蒸気（多くの労働と水を消費するため）を生じて国の不健康を増加するものであるというものであった。ワグネルは、農業技術の改良問題の中心に稲作農業を念頭においていたことが知られるのである。

このワグネルの提起した、米を小麦等の他の穀物に変えるべきであとする日本の食料問題は、お雇い外国人に共通した認識であった。例えば、日本酒の技術改良に貢献したドイツのお雇い外国人教師オスカー・コルシェルトは、日本の貿易が赤字であった明治初めの時期を前提として、米は輸出して外貨を稼ぎ、開墾した耕地に小麦を栽培して食料とし、さらに二条大麦か葡萄を栽培して飲料とするためのビールおよびワインの醸造業を興すこと、特に米を原料とした日本酒は、大麦を原料として製造すること、を提案したコルシェルトの「日本農業論」にこの考え方がよく示されている。(26)

第二、飲料問題

ワグネルは、ワインおよびビールは「工業ニ属シ併セテ又農業ニ属ス」と述べ、飲食物工業の特徴を的確に表現している。以下はワグネルの飲料問題の論点の概要である。

葡萄の栽培法、ワインの製法は特別の学校を設置することが必要である。日本の地質および風土は葡萄の栽培に適するかどうか、九州産の葡萄は良好なワインの原料となるかどうかを特別に試験をし、博識者を招聘して葡萄栽培を誘導する必要がある。葡萄樹を移植する際に注意すべきは虫害である、と指摘している。

ビールは近来、その醸造方法はすこぶる完全であって、醸造高を増加し、大工場となっている。ビールの製造の主たる原料は大麦とホップであるが、日本の大麦はビールを製造する原料として適しているかどうかはわかっていない。ホップは日本に栽培されていない。最上のホップはボヘミアで、南ドイツのホップ栽培は進歩している。日本にビール醸造を移植するためには持久不撓の努力を要する。日本人が二、三のビール醸造試験を企起したので将来有望かどうかを証することができよう。良好なる樽、瓶などの必要かくべからざる物品の製造は、日本の職工はよく了知していないという問題がある。

日本において注目すべきことは、ボヘミアにおいて大麦に米を代用し、あるいはまったくこれを代用せざるもその一部を代用してビールの醸造試験を行ったことである。ボヘミアの最大の醸造所の一つにおいて、大麦の二部分と米の一部分とで一種のすこぶる良好なビールを醸造したことを報告している。(27)

ワグネルは日本に移植すべき飲食物としてワインとビールの醸造を推奨した。ワグネルがこの報告書を執筆していた明治八年、開拓使ではこの年の八月下旬頃から北海道の勧業・勧農政策として、東京官園内にビール醸造所の建設を計画していた。この計画を札幌に建設することになったのは、中川清兵衛からビール醸造上で水の重要性を聞いた村橋久成の建白によるものであった。明治八年一二月に東京から北海道に建設地が変更となり、明治九年六月二七日に勧業・殖産興業としての開拓使麦酒醸造所の建設が着手された（明治九年九月二三日開業式）[28]。

ところで、これに先立ってドイツに滞在中であった中川清兵衛は、青木周蔵の斡旋で明治六（一八七三）年三月七日から明治七（一八七四）年五月一日までの期間、ベルリン郊外のフェルステンバルデ・チボリ醸造会社でビール醸造の技術伝習を行い、帰国して開拓使麦酒醸造所に雇用されて、明治八年八月二四日から明治一九年一二月まで約一一年間、ビール醸造の技術者として今日のサッポロビールの前身である開拓使の「サッポロ・ラガービール」の醸造を行った[29]。

佐野常民もワグネルも指摘しているビール用の二条大麦の栽培は、開拓使では明治一二年から本格化し、開拓使麦酒醸造所では東京官園のアメリカ種と関東産の在来種の大麦、札幌官園の外国種の大麦を使用した。実際は東京官園のアメリカ種を使用したようで、明治一二年にはドイツから輸入した二条大麦の種子を播種した結果、良好であった。明治一三年以降は札幌官園から採取したドイツ種の種子を北海道の一般農家に分譲して栽培させ、同一三年度産のビール醸造から北海道産の春播きの二条大麦で賄われるようになった[30]。

ホップはワグネルをしてボヘミア産が最上と言わしめた。ボヘミアのホップの産地は北ボヘミアのジャテツ(Zatec)、ドイツ名ザーツ（Saaz）地方で、世界最高級のアロマホップの生産地として知られ、日本ではザーツホップと呼ばれている[31]。ホップについて開拓使は、お雇い外国人トーマス・アンチセルの建言を容れて、明治五年に札幌周辺の野生のホップを横浜の外国人の経営する麦酒醸造所に送り、その品質を試験していた。また開拓使のお雇い外国人教師ルイス・ホーマーも独自にホップ栽培を試み、ヨーロッパからは種子で、アメリカからは苗で輸入することを提言した。開拓使はホップの自給計画を立て、札幌にホップ園を設置してホップ栽培を試み、明治一一年に開拓使麦酒醸造所はアメリカ種、ドイツ種のホップを使用して醸造することに成功した。明治一四年からは栽培品種はアメリカ種に限定され、この北海道産のホップで開拓使麦酒醸造所のビール醸造の全量が賄われることになった。以上にみるように、ドイツ種は試みられたけれども、札幌農学校のアメリカのお雇い外国人教師デビット・ペンハローの分析の結果、栽培性、収穫量からみてアメリカ種が選定されることになった[32]。

3　オリーブ樹の移植問題

日本で栽培されていないオリーブ樹の移植の必要性は、佐野常民もワグネルもその農業論で指摘していたところである。佐野常民は「農業振起ノ条件報告書」で、ウィーン万国博覧会からの帰国に際して数十株の苗木を持ち帰って試植していたことを記述しており、ワグネルは「ワグネル氏報告第二区農林及山林」で、ヨーロッパから日本にさらにオリーブの苗木が送られてくるとも述べている。刊行本『澳国博覧会報告書』「〔七〕農業部」には、佐野常民とワグネルが移植植物として真っ先に取り上げたオリーブ樹についての翻訳書「ホーイブレンク氏阿利襪樹説　同氏ニ質問スル所ナリ」（山崎直胤訳）、「ロッパ氏阿利襪樹ノ植栽方」（緒方道平訳）の二点が収録されている。『澳国博覧会報告書』で取り上げられていない他の移植植物とは異なり、オリーブ樹が特別な取り扱いを受けているのは、オリーブ樹の移植が既定の方針であるためである。この二つの翻訳書は移植を行うときの栽培マニュアル的な性格をもつもので、その内容の分量は少ない。以下にその内容をみておきたい。

まず、「ホーイブレンク氏阿利襪樹説　同氏ニ質問スル所ナリ」は、ウィーン万国博覧会の会期中に政府派遣の官員の誰かがオリーブ樹についてホーイブレンク氏に質問した内容をまとめた三丁の短文の報告である。ホーインブレンク氏は、津田仙が『農業三事』を学んだときのウィーン万国博覧会の農業部門の審査官であるが、日本に移植する西洋樹木の一つにオリーブ樹が想定されていて、日本への移植を前提に博覧会の会期中にホーインブレンク氏に質問している。『澳国博覧会報告書』の「〔七〕農業部」もこのような観点から編集されたといってよく、緒方道平訳「ロッパ氏阿利襪樹ノ植栽方」は、オリーブの植栽の方法について述べた二丁の報告書である（**資料1**参照）。

「ホーイブレンク氏阿利襪樹説」は、オリーブの生育地としてトリエステ、フローレンス、ナーブル、シシリー、マルセイユ、スペイン、ギリシャなど挙げている。そして、オリーブは地味を選ばないので、石灰質を含む土地でも岩上の土地でもよく成長すると述べている。オリーブ樹の繁殖方法には実生、接ぎ木があり、さらに、オリーブ樹の枝を地中に湾曲して根を付けて繁殖する方法を紹介している。樹間は二〇歩とし、根本に生育する芽は取り去ると果実が多く実る。食用の実は製油の実より二～三日前に収穫し、製油は採取した実が黒くなったところで圧搾して製油するが、この間は藁で覆いをしておく。

「ロッパ氏阿利襪樹ノ植栽方」は、オリーブ樹を植えようとする土地に縦横六フッス（プロシア、一フッスfuss＝三一・三八㎝）、深さ三フッスの穴を掘り、一フッスの深さにオリーブ樹を沈め、その上に半フッスの厚さで肥料（焼土は使用しない）を置いて乾かないようにし、この上に二ツオール（プロシア、一ツオールzoll＝二・六一㎝）の厚さで土を覆う。オリーブ樹はその中位に植えるが、一人は樹を直線に立て、一人は掘り起こした土で覆う。この土は乾湿に過ぎないように注意すべきで、六フッス四方を囲い、北風を防ぐようにする。この翻訳書には「一八七五年三月二五日　ポラ・ロッパ」という日付と署名があるので、ウィーン万国博覧会から帰国後にポラ・ロッパに依頼しておいた報告書が届いたか、あるいは作成したものであることが知られる。

オリーブの果実の加工は果実の塩蔵と採油に分類される。現在、オリーブオイルは調味油・炒め油・サラダ油・フライ油などの食用、フェイスクリーム・化粧水・頭髪用などの化粧用、緩下剤・内服薬などの医療用、缶詰・石鹸・皮革油などの工業用、灯火・聖香油などの宗教用として多様な用途を持っている。

このような多様な用途を持っているオリーブ樹の栽培は紆余曲折の歴史をたどった。日本におけるオリーブ樹の栽培の歴史について、『大日本農会報』第二八五号（明治三八年四月）に、田中芳男と池田謙蔵の談話として「我国に於ける阿利襪樹伝栽の来歴」が掲載されている。これによると、オリーブオイルは医薬用としてポルトガル人が日本に輸入したのが最初で、「ポルトガルの油」と称したといわれ、オリーブ樹の苗木の輸入は、慶応元年の頃に林東海がフランス人に依頼していた苗木が明治三年に到着したのが最初であるといわれる。明治維新の混乱のために横浜税関に放置されていたこの苗木をサバチエイなる人が横浜造船所の構内に栽植し、さらに明治五年に博覧会事務局がこれを同局内に移植したという。その後、明治八年春、佐野常民がウィーン万国博覧会からの帰りにオリーブの苗木を持参して各地に移植したけれども、その結果は不明であるといわれる(33)。

この後も政府はオリーブの栽培の成功を期して、海外からの移植植物の栽培の一つとしてオリーブの栽培の努力を続けている。明治七年以来、新宿試験場で海外から輸入の暖地植物を栽培してきたけれども、土地と気候の関係で生育が不十分であることから神戸近辺に試験地を設けてゴム樹、オリーブ樹、ユーカリ樹の栽培を計画し、暖地植物栽培試験地の設置を計画した。明治一一年一二月二三日の三等属岡毅の「神戸地方へ暖地植物栽培試験地取設ノ義ニ付伺(34)」によると、ゴム樹は工場のポンプ、カッパの類に使用する植物で、オリーブ樹は食用のほか油を製して千住製絨所や新町紡績所等の精密機械に必要なものであり、ユーカリ樹は成育が早く巨大な樹木となるので造船用に適し、その葉は解熱剤となるもので、有用な植物であると説明している。こうして設置されたのが、神戸・山元町の温帯植物試験所であった。

まず、明治九年頃、東京・内藤新宿勧業寮がサンフランシスコから苗木を輸入してオリーブの繁殖が行われた。明治一二年春、パリ万国博覧会の際にオリーブ苗木二〇〇〇本を勧農局三田育種場に送り、六〇〇本を神戸・山元町の温帯植物試験所に移植している。この試験所の名称を神戸阿利襪園と改称（明治一二年設置、明治二一年廃止）して、オリーブ栽培を勧農政策として本格的に推進した。パリから送付されたオリーブの苗木八〇〇本は和歌山県、一五〇本は愛知県、五〇本ずつ高知県と長崎県、一五〇本は鹿児島県にそれぞれ配布され、二〇〇本は到着時に枯死していた。オリーブは温暖な海岸地に適することからこれらの地方に配布したものであった。

このときに栽植したオリーブ樹の状況について、大日本農会が明治三八〜三九年に追跡調査したときの記録によると、和歌山県では管理不十分のために失敗。高知県でも気候、栽培方法が悪いために失敗。長崎県は長崎市に栽植した五本のオリーブ樹は成長して数年前から結実していた。愛知県では明治一五年に知多郡下で五〇本を栽植、粘土質の土壌のためか、成長が悪く、二本を残して枯死したと報告している。[35]

神戸阿利襪園のオリーブは明治一三年より結実をみる。明治一五年、二升を収穫し、塩蔵を試み、熟果三升で製油し、三田育種場に送っている。[36]オリーブ栽培が可能であることが初めて実証されたことから、栽培面積を拡大するために園地続きの山林局の土地三町歩余を借用して増殖したが、明治二一年になって神戸阿利襪園を前田正名に払下げたことから、オリーブ樹を宮崎県に移植するために園地のオリーブ樹を伐採して苗木の育成を行うことになったけれども成功しなかった。明治三七年、神戸市農会が設立されて園芸事業の奨励を目的としたことから、田中芳男も出席して、オリーブ栽培の必要について演説するところがあり、神戸市農会は前田正名から委託を受けて神戸阿利襪園でオリーブ栽培をすることとなった。しかし、オリーブ栽培は衰退していき、明治三〇年代の後半にオリーブ樹が確認されているのは和歌山県（有田郡藤並村）、兵庫県（神戸市県庁構内）、鹿児島県（授産場構内）、静岡県（熱海）、宮崎県（県庁構内）、東京（深川区富川町）、小笠原、千葉県房州等のみで、オリーブ栽培はなかなか拡大しなかったといえよう。[37]

日露戦争の結果、北方海域で漁獲が可能となったことから、魚介類の保存、輸送のために油漬けをする必要が生じたために、オリーブオイルの国内自給が求められることになった。この要請の高まりから本格的なオリーブ樹の栽培計画が始まり、明治四〇年に農商務省が、三重、香川、鹿児島の三県を指定し、翌四一年にそれぞれ一・二ヘクタールの規模で試験栽培が開始された。香川県小豆島に栽植されたオリーブだけが順調に成長し、二年ほどで結実し、大正の初めには設備を整えて搾油を始めるほどになった。これが今日の香川県小豆島町のオリーブ栽培につながることになった。[38]

オリーブの栽培は「ホーイブレンク氏阿利襪樹説」では、地味を選ばないので、石灰質を含む土地、あるいは岩上の土地でもよく成長することを述べており、佐野常民も痩せ地にも栽培が容易であると栽培条件を考えていた。小豆島で成功したのは、オリーブの栽培条件に小豆島が適していたことが指摘されなければならないが、その栽培条件はホーイブレンク氏や佐野常民の考えていたものとは異なる条件であった。まず、土壌条件は耕土の浅い痩せ土では隔年の結実となりやすく、品質もばらつき、生産量を維持することは困難であるのに対して、保水力に富んだ排水しやすい肥沃地では収穫量、品質ともに良好で安定した生産を維持することができる。[39]気象条件は年間二〇〇〇時間以上の日照時間と、年間五〇〇～一〇〇〇㎜程度の適度な降水量が必要となる。気温は年平均一四～一六度の温暖地が適当であるといわれているが、比較的低温に強く、短時間であればマイナス一五度でも寒害が出る程度であるといわれる。[40]

日本におけるオリーブの栽培は、ウィーン万国博覧会でオリーブ樹の移植が計画されてから小豆島で成功するまで、三五年以上もの歳月を要したことになる。長い年月の間、オリーブ栽培の必要性を追求して、ウィーン万国博覧会参加の初期の目的を達することになった意義は大きい。

注

（1）土屋喬雄解題「墺国博覧会筆記並見聞録」、明治文化研究会編（一九二九初版、一九五七改版）『明治文化全集　第一二巻経済篇』日本評論新社、一四頁。
（2）「博覧会事務局沿革」、日本史籍協会編『太政官沿革志　10』東京大学出版会（一九八七年復刻版）一九八頁。
（3）「博覧会事務局沿革」、前掲書、二二三-二二四頁。
（4）同前。
（5）博覧会事務局編『澳国博覧会報告書』「[三二] 工業伝播ノ報告書」一〇-一一丁。
（6）大橋周二（一九七五）『幕末明治製鉄史』アグネ、二五三-二五四頁。
（7）西川俊作・阿部武司「1概説　一八八五-一九一四年」、西川俊作・阿部武司編（一九九〇）『日本経済史4 産業化の時代 上』岩波書店、二一-二三頁。
（8）佐々木潤之介「鉱業における技術の発展」、佐々木潤之介編（一九八三）『技術の社会史　第二巻』有斐閣、二〇一頁。
（9）日本科学史学会編（一九六五）『日本科学技術史体系第二〇巻　採鉱冶金技術』第一法規出版、二八八頁。
（10）佐々木潤之介「鉱業における技術の発展」、前掲書、二一一頁。
（11）岡光夫（一九八四）「解題〈I〉——特用作物の技術動向（遠藤慶三郎編『地方棉作要書』）」『明治農書全集5』農文協、三八八頁。
（12）大蔵省（一八八九）「工部省沿革報告」『明治前期財政経済資料集成 第一七巻ノ二』明治文献資料刊行会（一九六四）、三四三-三四六頁。
（13）大蔵省（一八八九）「工部省沿革報告」、同前、三五二-三五三頁。
（14）Henry Dyer (1904), *Dai Nippon:the Britain of the East, a Study in National Evolution*, London, Blakie & Son, p. 2, 5. (Nobuhiro Miyoshi,ed. (2006). *The Collected Writings of Henry Dyer*, volum 3. Global Oriental & Edition Synapse.,U.K.)。ヘンリー・ダイアー、平野勇夫訳（一九九九）『大日本』実業之日本社、三三、三六頁。三好信浩（一九八九）『異文化接触と日本の教育③——ダイアーの日本』福村出版、八三-八四頁。
（15）日本史籍協会編（一九二八、一九八三復刻）『大久保利通文書　五』東京大学出版会、五六一頁。
（16）『澳国博覧会報告書』「[三二] 工業伝播ノ報告書」一二丁。
（17）同前。
（18）中川保雄（一九八〇）「藤島常興——封建時代の伝統的職人と明治初期の工業化政策との結びつき（II）」『科学史研究』II-18（一三二号）。
（19）大蔵省（一八八九）「工部省沿革報告」、前掲書、三〇四頁。
（20）農林省農務局編（一九三九初版、一九七五復刻）『明治前期勧農事蹟輯録 上巻』長崎出版、六四二頁。
（21）久米邦武の『特命全権大使米欧回覧実記（五）』（岩波文庫版）の「第九十一巻　欧羅巴州気候及ヒ農業総論」にみる農業論、佐野常民およびワグネルの農業論の比較検討については、斉藤之男（一九六八）『日本農学史——近代農学形成期の研究』農業総合研究所。勝部眞人（二〇〇二）『明治農政と技術革新』吉川弘文館。また、友田清彦（一九九五）「『米欧回覧実記』と日本農業」『農業史研究』農業史研究会、二八号も参照されたい。
（22）『澳国博覧会報告書』「[七] 農業部」一〇丁。
（23）『澳国博覧会報告書』「[一九] 博覧会部上」一丁。

（24）殖産興業としての博覧会の開催とその様々な態様については、清川雪彦（一九六六）「殖産興業政策としての博覧会・共進会の意義――その普及促進機能の評価」『経済研究』一橋大学経済研究所、三九巻四号、清川雪彦（一九九四）『日本経済の発展と技術普及』東洋経済新報社、第七章参照。

（25）友田清彦（一九九九）「ウィーン万国博覧会と日本農業――明治前期勧農政策展開との関連で（上）（下）」『農村研究』東京農業大学農業経済学会、八八‐八九号。

（26）藤原隆男（一九九九）『近代日本酒造業史』ミネルヴァ書房、一章一節参照。

（27）大麦製の日本酒醸造については、藤原隆男（二〇〇二）「オスカー・コルシェルトの大麦製日本酒の醸造について」『岩手大学文化論叢』第五輯。

（28）サッポロビール株式会社広報部社史編纂室編（一九九六）『サッポロビール１２０年史――Since 1876』サッポロビール、三四‐四五頁。

（29）菊池武男・柳井佐喜（一九八二）『ビールづくりの先人――中川清兵衛伝』八潮出版社。

（30）サッポロビール株式会社広報部社史編纂室編（一九九六）、前掲書、五六‐五七頁。

（31）長尾伸（二〇〇一）『ビールの旅――オーストリア／チェコ／ドイツ・バイエルン』郁文社、五五頁。

（32）サッポロビール株式会社広報部社史編纂室編（一九九六）、前掲書、五七‐五九頁。

（33）「我国に於ける阿利襪樹伝栽の来歴」『大日本農会報』第二八五号（明治三八年四月）。

（34）農林省農務局編（一九三九、一九七五復刻）、前掲書、二四五頁。

（35）「内地に於ける阿利襪栽植の状況（一）～（三）」『大日本農会報』第二八五号（明治三八年四月）、第二九一号（明治三八年九月）、第二九六号（明治三九年二月）。

（36）農林省農務局編（一九三九初版、一九七五復刻）、前掲書、二四四頁。

（37）「我国に於ける阿利襪樹伝栽の来歴」『大日本農会報』第二八五号（明治三八年四月）。

（38）香川県小豆島町（二〇〇八）『小豆島オリーブ検定公式テキスト』香川県小豆島町オリーブ課、一二頁。

（39）同前書、三六頁。

（40）同前書、二三‐三四頁。

終章　ウィーン万国博覧会の技術伝習と移転の歴史的意義

本書は、ウィーン万国博覧会への参加目的である技術伝習の実際と帰国後に伝習した技術を日本国民へ移転していった状況を検証し、この取り組みが明治前期日本の国民経済に何をもたらしたのか、その歴史的意義を明らかにすることを課題としている。技術伝習の前提ともなり背景でもあるオーストリアの「工業化」は、この時点で製鉄業、綿糸紡績業等で産業革命が進行しており、これを背景に鉄道業、銀行業の発展の基礎の上に、熱狂的な企業の創業の時代を迎えていた。それゆえ、フランツ・ヨーゼフI世が博覧会開催の布告で示したように、オーストリアの「工業化」の進展の一定の成果＝近代文明の到達点とその現状を陳列して世界に示すことを主眼としてウィーン万国博覧会が開催されたのであった。日本はウィーン万国博覧会への参加の目的として技術伝習を掲げ、日本でも行われている小規模な製造業を対象として、その発展のために必要な技術を伝習させた。日本に帰国して伝習した技術を国民に移転することを通して、輸出産業として発展させることを願って実施された技術伝習は、日本の黎明期の製造業に対して技術改良の必要性とその発展方向に指針を与え、その基礎となった貴重な伝習であった。

技術伝習のコーディネーターとしてウィーン万国博覧会に派遣されたワグネルは、博覧会に出品する出品物の収集から博覧会への派遣者の人選、技術伝習者の人選と伝習職種の選定、技術伝習の要領に至るまで、技術伝習のすべてに主要な役割を果たした。しかし、ウィーン万国博覧会開催当初に勃発した株式の暴落とこれに続くインフレーションのために予定していた予算が大幅に不足した結果、博覧会の準備が整い次第、必要な官員数人を残して帰国すべきことが日本の政府から伝えられた。このために、佐野常民やワグネルの望む技術伝習は、その目的を実現することができない事態を生ずるというハプニングを招くことになった。このハプニングは意外な方法で資金を捻出して技術伝習を可能にすることになったが、この解決方法こそが技術伝習者の伝習意欲を高め、言語、食生活慣習、健康等、異国の地での伝習に伴う困難を克服して、しかも短期間で伝習の成果を挙げることができた真の原動力となった。資金を捻出するための意外な方法とは、一つに派遣者からの拠出金を借金して自費で伝習を行うという方法であり、もう一つは博覧会に出品した出品物を現地で売却してその代金を伝習経費とするもので、後者の資金の捻出方法は、日本を出発した当初から定額経費が不足していたので、その不足分を捻出する方法として考えられていた方法ではあった。しかし、借金までして自費で伝習しようとする熱意には政府も動かされざるを得なかったのである。このような苦難を乗り越えて技術伝習が実現したものであったことは明記しておくべきであろう。

技術伝習者は帰国後に、伝習した技術を日本国民に移転する任務を負わされていた。このために自費で伝習を行った伝習者全員に対して、帰国後に借金相当額が国から支払われたのである。すでに述べたように、伝習者が休む間もなく帰国直後の明治七年末～八年七月頃から技術移転が始められたのであるが、技術移転は、当初は政府事業として政府施設（博覧会事務局→博物館→内務省勧業試験場→工部省内山下町工作分局）で明治一〇年まで行われたけれども、これ以降、伝習事業は伝習者の個人事業として継続するか、あるいは廃止されることになった。政府事業として技術移転を実施した形態を第一形態とすれば、個人事業として実施された技術移転の形態は三つの形態に分けられる。一つは私立の学校や技術伝習のための工場を設置して技術伝習を継続した場合（第二形態）、二つには学校教師あるいは巡回教師として技術伝習した場合（第三形態）、三つには個人的に事業を行う場合（第四形態）である。このほかに、技術を政府部内にとどめて民間に移転しない場合もあった。技術移転の目的を果たさずに死亡した伝習者、技術移転半ばで死亡した伝習者を伴いながら、困難な道を切り拓いて国民に技術を移転するために心血を注ぎ、ウィーン万国博覧会の参加目的の遂行が追求されたのである。

このように、心血を注いで実施された技術伝習者の技術伝習とその移転という事業を、国民経済的視点からその歴史的意義・成果として捉え直してみると、第一は、日本の在来産業あるいは小規模製造業に「技術改良」の必要性を国民に認識させたこと、第二は、日本農業をヨーロッパの「科学」の目を通して近代農業に変えるための施設・方策を政府および国民に「移植」したことである。もっとも、佐々木長淳の新町紡績所、井上省三の千住製絨所は、ウィーン万国博覧会の技術伝習のなかで日本に移植された産業として、その殖産興業に果たした役割は特筆されよう。このほか、洋紙、紙巻きタバコ、鉛筆、ギプス型などの製造技術の導入もあった（**表15**）。

第一の「技術改良」という視点は、ウィーン万国博覧会以前にも認められるけれども、それが国民経済の視点から取り組まれるようになるのはウィーン万国博覧会以降のことである。ウィーン万国博覧会における技術伝習は、ワグネルの建言に従って日本でも「我カ有ル所」の職種、しかも小規模な製造の「技術伝習」を行い、日本の国民にこの技術を伝える＝移転することを通して製品の品質が向上し、輸出産業として発展することを目的としていたのである。それが輸入品と競合する場合は、その防遏となることを期待したのである。「技術改良」の必要性から産業全体をあげて取り組まれた形態が「技術改良運動」という形態であった。蚕糸業と日本酒造業はこのような事例であろう。

輸出産業として発展する蚕糸業の場合でみると、富岡製糸場（明治五年）の設置による技術伝習の開始（明治六年）、蚕種の改良のための蚕病試験場（明治一七年）、蚕糸業組合準則（明治一八年）の制定、改良坐繰製糸の普及など、明治一〇年代には蚕糸改良運動時代を迎えるのである。(1)

輸出産業ではないけれども、その産業界および行政をあげて技術改良に取り組んだのは、日本酒造業であった。開国を契機としてビール、ワイン等の洋酒の輸入が増加したこと、さらに国内の焼酎・濁酒との競争および酒税の増税による担税能力向上の必要性の観点から、日本酒の醸造技術の改良運動が行われたのである。その契機は『澳国博覧会報告書』で指摘されたワグネルの日本農業の改良問題、さらに来日中のお雇い外国人の食料問題と結びついて提案されたことによるものであった。つまり、米を浪費する日本酒の製造から麦や葡萄を原料とするビールやワインの醸造への転換を提唱する食料問題と結びついていたのである。このようなお雇い外国人の考え方を前提にしつつも、お雇い外国人のオスカー・コルシェルトやロバート・ウイリアム・アトキンソンは、日本酒の醸造方法を研究対象としてヨーロッパの近代科学の分析方法で研究を行い、この過程で明治一一年にコルシェルトは「酒の製造について」の論文で日本酒の醸造法の改良を唱え、さらに翌年には大麦で日本酒を醸造する方法を唱えるなど、(2)日本の酒造家への日本酒改良の必要性の認識に先鞭をつけることになった。

コルシェルトの唱えた醸造技術の改良の方法は、ビールの醸造原理を踏まえた単行複醗酵の方法であった。灘の一部の酒造家はこれを学ぶところがあったけれども、その製造に失敗したことから、地方の酒造家は、主として酒造先進地として知られる灘の醸造技術を学んで、日本酒の品質を向上させるための醸造技術を改良する方法を選ぶことになった。その方法は、地方の酒造家が灘から醸造技術者（杜氏）を招聘して技術を伝習する方法、地方の酒造家がみずから灘の酒造場に赴いて技術を伝習する方法など、様々な方法を通して灘の日本酒の製造技術の伝習を承けて地方の日本酒の品質向上を図り、このことを通して、鉄道の発達とともに地方に進出する灘酒と日本酒市場で対抗することができることを願って酒造改良運動が明治一〇年代から展開した。このことによって、洋酒の輸入を防遏し、さらに日本酒の消費を圧迫し続ける焼酎・濁酒との競争に打ち勝ち、灘酒の進出と対抗できる品質の向上と酒税の担税能力の向上を図る方法として酒造改良運動が続けられていったのである。[3]

技術伝習の歴史的意義の第二は、技術改良の必要性の認識を前提としながら、日本の中心産業であった農業をヨーロッパの「科学」の目を通して近代農業に変えるための施設・制度を政府および国民に「移植」したことである。すなわち、佐野常民が「農業振起ノ条件報告書」で農業振起のための「理ト業」の教育施設として取り上げた農学校、養蚕実験所、農業実験所の設立、農業博覧会の開催、勧農社の結社の奨励、そしてワグネルが『澳国博覧会報告書　農業部』(刊行本)で農業の進歩を誘導するための対策として取り上げた学校の設立と教育、博覧会の整備、褒賞の下賜、資金の給与、私立農業会社の扶助、地域に出向いて農学を教授する漂游教員制度を含む農業の技術改良のための施設・制度である。佐野常民やワグネルは、フランスやドイツでこれらの教育施設を調査した事実は確認されないので、ウィーン万国博覧会に出品されたフランス、ドイツの農業に関する資料に基づいて日本農業の進歩・改良のための施設・制度を提案しているものと思われる。

佐野常民の「農業振起ノ条件報告書」は、ウィーン万国博覧会の第二区農業の列品と審査官の討議などから学び、日本の農業を早急に盛大にするための施設・制度・方法を提案したものであること、農業発展のための方法として農業書を翻訳してこれを国民に示したことを述べているが、佐野常民が取り上げている農業振起のための「理ト業」の教育施設、つまり農業の理論と実際を教授するための教育施設は、翻訳させた農業書の一冊「仏国農業記事」で述べられている教育施設をモデルとして記述しているとみられる。それは「仏国農業記事」(公文録

『澳国博覧会報告書　第三』）で紹介されている「農業ノ教法」、「勧農社」、「農業展覧会」の項目である。(4)

「仏国農業記事」は、フランスの農業事務執政局が、フランス農業が進歩した状況とその理由をウィーン万国博覧会で世界に知らせることを意図し、フランス農業に関する図書を集めて一冊に編集して陳列した資料であった。この資料の概要を山崎直胤が翻訳して示したのが「仏国農業記事」である。この記事の内容の前半は、フランスの九つの農業地帯の作物等の概要、耕地・牧場・葡萄園の面積の変化、耕作耕地の広狭別農家戸数の変化、農業用具の変化、工業用植物の変化、小麦・葡萄・繭の生産量の変化の統計を示すことによってフランス農業の進歩の状況を示し、後半は「蚕ノ伝染病」、「葡萄ノ伝染病」、「農業ノ教法」、「勧農社」、「家畜治療学校」、「農業展覧会」の項目を挙げている。佐野常民がモデルとして取り上げたとみられる「農業ノ教法」以下の教育施設の要点を摘記すると次のとおりである。

「農業ノ教法」では、農学校、農業小学校、農業州学校、農業実験場が説明されている。

・［農学校］　一七七一年に設立したもので、これは世界に先駆けてフランスがその基本を作ったとされる名誉ある施設であるとしている。官立で入学資格は一七歳以上、在学期間は二年半で、理論と実学を教え、農業技術師の養成を行うとしている。

・［農業小学校］　私立で一六歳以上の男子を入学させて耕作法を教え、精励善良な農民を養成するもので、このために農業が大いに進歩したといわれる。なお、農業小学校の卒業生が一年間学ぶ水利術（干拓、水利）の農学校が一校あった。

・［農業州学校］　一八三八年に開校した官立の学校で、春・秋・冬の季節に開校し、耕作、樹木培養、農事に関する分析術を教えた。

・［農業実験場］　一八六四年に設立し、究理・発見したことを世に広めるために、土地・水・肥料の分析、作物の植え付け順序、耕作の方法、肥料の用法を農民に教説する。

「勧農社」は、一〇〇年前に土地を有する農民・耕人の結社で、耕作の良法、農具・機械の良種、家畜等を国中に広め、農民を褒賞している。一八二〇年代には二一二社、現在は九五三社となっている。勧農社には葡萄耕作を専門とする結社、草木の繁殖を専門とする結社があった。社中の会費による独立運営を原則とするけれども、ほかに政府・市町村からの運営助成があった。

「農業展覧会」は一八四八年に開設した。これには国の展覧会、州の展覧会があり、牛馬、羊豚、鳥類の良種、精巧な農具を普及するために開催されるもので、畜類、農具、物産の出品物の良否を審査して出品者に金・銀・銅の賞盾を与えて褒賞するものであった。

以上は「仏国農業記事」で紹介された農業に関する教育施設の概要である。佐野常民が述べるように、明治八年時点の日本における農業教育施設の必要性の認識とその後の開設は、「仏国農業記事」で紹介されているフランスの農業教育施設がそのモデルの一つとなっていたことは疑い得ない。

明治七年三月の内務省勧業寮の勧業寮事務章程では「農業学校及ヒ勧農会社ノ制度ヲ制定ス」(第八条)と規定して、明治九年に札幌農学校を開設し、内務省の農事修学場を駒場に移転して駒場農学校(明治一一年)と改称した。このときの校長は関澤明清であった。彼はウィーン万国博覧会の際に一級事務官としてウィーンに先発したのであった。また、駒場農学校は明治一一年に、群馬県の老農船津傳次平を雇用して農事を教授することにした。のち、農務局員を教師とする農事巡回教師制度の設置(明治一八年~明治二六年)にともない、明治二〇年に船津傳次平は、甲部普通巡回教師として福島、宮城、岩手を巡回して農事改良の要領を農民に講話し、質疑に応答するなどして稲作の栽培などの技術指導を行っている[5](このときに乙部として地方官を教師とする蚕糸、茶業の巡回教師が設置されたけれども、関係する地方の巡回を終了したので明治二二年に停止した)。このような農事巡回教師制度は、府県の農事試験場職員を教師として日清戦後から府県にも設置されていったもので、ワグネルの紹介したドイツの漂游教員制度をモデルとしていたと思われる。

勧業寮事務章程で制度化すると規定されたところの「勧農会社ノ制度」は、フランスでは有地の農民・耕人の結社で、農業改良と技術普及を行う独立の結社であると説明されている。有地の農民・耕人の結社とは日本でいえば地主あるいは自作農の結社に該当することになろう。日本では、明治一〇年代の初めから茶事集談会、綿及砂糖集談会、穀物・煙草・菜種各集談会、製茶集談会、農談会の名称で老農を集めて作物の栽培・加工・包装・運送等に至る技術の交換を行い、続いて明治一〇年代の後半には茶業、蚕糸業等の組合準則あるいは規則が制定されたことから農業の勧業諸団体が整備される。このような動きの中で大日本農会が明治一四年に組織され、日本の農業技術の改良と普及のために活動することになった。ここでいう集談会、農談会、農会は、勧農会社あるいは勧農社をモデルとして組織されたものといえるのである。

もっとも、日本では明治四年から西洋の農具の使用実験、西洋作物の栽培試験が行われたことが知られているけれども、農作物・農業機械・養蚕等の本格的な試験研究は明治五年に設置された内藤新宿試験場（明治一二年廃止）が最初であり、続いて明治七年には三田育種場が開場したので、その頃にはすでに農作物の品種試験や栽培試験が本格的に実施されるようになっていた点では、農業実験場の制度はウィーン万国博覧会での調査の成果とはいえない教育制度であった。しかし、博覧会制度の調査はウィーン万国博覧会の参加目的の一つでもあったので、「仏国農業記事」で紹介された農業に特化した「農業展覧会」は、日本では「共進会」という名称で行われたところの農業技術の改良・普及のためのモデルとして定着した制度であった。明治一一（一八七八）年のパリ万国博覧会に出席した松方正義も、フランス政府の農商事業の保護奨励政策をみて「競争会施設ノ利益最大ナルヲ観察」したので、共進会の施設を開設することにしたことが述べられている(6)。先の明治一〇年代に開催された集談会、農談会は、この時期に開催された全国共進会の機会を活用して開催されたものであった。その後、この共進会制度は府県単位、あるいは地方のブロック単位で開催され、日本の農業の技術改良と発展の一翼を担うことになったのである。

注

（1）岩本由輝（一九六六）「宮城県における蚕糸改良運動の展開――明治前半期を中心として」『研究年報経済学』第二八巻第二号。友田清彦（二〇〇二）「ウィーン万国博覧会と日本における養蚕技術教育――佐々木長淳の『蚕事学校』構想を中心に」『技術と文明』第一三巻第一号。矢口克也（二〇〇九）「現代蚕糸業の社会経済的性格と意義――持続可能な農村社会構築への示唆」『レファレンス』七〇五号。

（2）藤原隆男（二〇〇二）「オスカー・コルシェルトの大麦製日本酒の醸造について」『岩手大学文化論叢』第五輯。

（3）藤原隆男（一九九九）『近代日本酒造業史』ミネルヴァ書房。

（4）友田清彦（一九九九）「ウィーン万国博覧会と日本農業（上）」『農村研究』第八八号で、刊行本『澳国博覧会報告書』所収の「農業記事」を紹介している。「農業記事」は公文録『澳国博覧会報告書　第三』所収の「仏国農業記事」と同じ内容であるので参照されたい。

（5）岩手県農商課（一八八八）「船津甲部巡回教師演説筆記」（『岩手県勧業報告号外』）『明治農書全集　第二巻　稲作・一般』農山漁村文化協会（一九八五）。

（6）「共進会創設の主旨」『明治前期勧農蹟輯録　上巻』長崎出版（一九七五）、四八六頁。清川雪彦（一九六六）「殖産興業政策としての博覧会・共進会の意義――その普及促進機能の評価」『経済研究』一橋大学経済研究所、三九巻四号。

あとがき

本書は、『富士大学紀要』誌上に掲載した「一八七三年ウィーン万国博覧会賛同の産業発達史上の意義」（二〇〇六年～二〇〇九年、五回）、同誌「ウィーン万国博覧会の特殊性」（二〇一一年）の原著論文に大幅な加筆と訂正を行ったうえで、再構成をしたほか、書き下ろしを加えて単行本にしたものである。書名を『明治前期日本の技術伝習と移転』、副題を「ウィーン万国博覧会の研究」としたのは、次に述べる理由によるものである。書名について云えば、政府のウィーン万国博覧会への参加目的の中心テーマはこの博覧会に参加しているヨーロッパの国々からの出品物を含む彼の国の産業の生産物の生産技術を「伝習」すること、さらに帰国後にその技術の伝習成果を日本の産業に「移転」することであった。そのために、本書の内容は技術伝習者として選定された人々が実施したところのヨーロッパの諸産業の生産技術の「伝習」と、帰国後にそれを日本の産業に「移転」していく状況とその実際について検討することに力点が置かれたからである。また、この博覧会に日本から出品する展示物の選定と収集、技術伝習者の人選や伝習経費などをも含むウィーン万国博覧会の全体を俯瞰することになっていることから、「ウィーン万国博覧会の研究」の副題を付すことにしたものである。

次に、本研究の背景について述べておきたい。ウィーン万国博覧会への参加のコーディネーターはドイツ人お雇い教師ゴットフリード・ワグネルであった。彼は、日本からの出品物の選定から技術伝習に至るまでのプランを作成し、技術伝習者を指導したのであるが、ワグネルはドイツ人のお雇い教師の間でパパと呼ばれて親しまれていたところの父親的な存在であった。ワグネルたちお雇い外国人の間で関心を呼んでいたのは米食に偏重している日本の食料問題であった。ウィーン万国博覧会直後の明治九年に来日したドイツ人お雇い教師オスカー・コルシェルトも東京大学医学部で化学教師として教育に当たる一方、日本酒の製造工程を研究することになったのは食料問題に対する関心からであった。彼は日本酒の製造工程の技術の研究を行い、日本酒を短期間に製造する方法としてビール式醸造法を提案したほか、日本酒の製造のために大量に消費している米を輸出品とし、米に代替して大麦で製造する大麦製日本酒の製造を提案するところがあった。医学部で同僚であった医師のE・ベルツ等のお雇い外国人はこの提案を評価していた。彼は、さらに日本酒に代替してビールを飲用すべきであるとして、原野を開拓して畑地を開き、ここに麦作を行い、収穫した大麦でビール醸造を行うことを主張したのである。コルシェルトは、これまでのお雇い外国人の間で関心を呼んでいた日本の食料問題の解決策として提案したのであった。これは、とくにワグネルの『澳国博覧会報告書』の農業問題の報告をベースとしていたことを指摘しておきたい。それは、ヨーロッパ人から「害アリテ益無シ」と評価されてきた日本酒について、ワグネルはこの報告書の中で品質改良の必要を述べ、また、ボヘミア産ホップを使用するビール産業の移植を提案していたのである。コルシェルトの日本政府への諸提案は、ウィーン万国博覧会のワグネルの報告を具体化した研究であったのである。ウィーン万国博覧会の研究は、コルシェルトとワグネルの日本酒造業研究の延長上に行われた研究であった。

本書がウィーン万国博覧会におけるワグネルの活躍を中心とした叙述になっているとすれば、その理由は彼がこの博覧会への日本政府の参加とその実施に至るまでのプランを企画し、指導したからにほかならないのである。ワグネルの『澳国博覧会報告書』を貫く思想は、日本をどのようにして文明化するか、産業をどのようにして近代化するか、そのための方法を追求することであった。彼はその方法として、ヨーロッパの近代技術の実際について伝習し、それを日本の諸産業に移転することを通して優良な生産物を生産すること、そのための方法として、賢明な策は技術改良を実施することであると考えていたのである。明治前期の日本の在来産業の発展のためのキーワードとして「技術改良」の考え方を産業社会に定着させたのは、ウィーン万国博覧会で、技術の「伝習」と「移転」を身をもって実践した技術伝習者の献身的な活動に負うところが大きかったが、日本の在来産業の技術改良のために日本の国内勧業博覧会の審査委員として奮闘したワグネルの活躍を特記しておく必要があろう。それは、結果として輸出産業を育て、一方では輸入を防遏して国内市場を拡大することであった。

技術伝習者については多くの先行研究に恵まれている。この先行研究に積極的に学ぶとともに、成果を活用させていただいた。さらに、本書では、技術伝習者が現地で伝習した内容を作成したところの、国立公文書館に所蔵されている「技術伝習録」（『公文録』）を資料として検討し、その概要を述べた。造船、漆塗、染物の伝習録の検討は残されているので、この伝習録の詳細な分析と検討は今後の研究に期待するものである。さらに、技術伝習先である旧オーストリア・ハンガリー帝国のウィーンおよび近郊、ボヘミア、ガリツィア、ドイツの諸工場の検討が不十分ないし行われていないという限界がある。こうした研究の限界を超える上で、日本に開設されている博物館、資料館から多くのご教示を得てイメージを膨らますことに役だったことを記し、感謝するものである。

日本の工業の近代化を人と物の動きを中心にしてみたとき、第一、外国人を雇う（お雇い外国人）、第二、外国に行って勉学する（留学）、第三、外国の工場制度の移植や機械を輸入する、この三つのルートを通じて行われてきた。これらのルートを通して、近代産業の制度と生産機械の移植・移入が進められたのであるが、工部省の鉄道業、鉱山業を中心とした官営工場を中心とした産業育成政策から、内務省の民間産業の育成策に力点を置いた産業政策への転換があった。こうした転換期に実施されたのがウィーン万国博覧会への参加であったのである。

政府の役人と職人を中心とした民間人とで派遣団を編成し、彼の国で稼働中の諸工場に直接出向いて行き、原料から製品の製造までの全工程の状況とその生産技術を直接学び、会得するという「技術伝習」を実施した。そのねらいは、彼の国で学んだ技術を移入することで日本の在来産業の近代化を目指したものであったことは指摘したとおりである。この意味で、万国博覧会への参加は日本の産業の近代化を実現するための第四のルートとして位置づけられるものである。とくに、ウィーン万国博覧会への参加は博覧会参加史上でも特殊なケースであったのである。

この研究は日本酒造業史の研究と同時にスタートしたことからすれば、かなり長期間にわたっているうえ、怠慢のために出版がのびのびとなった。この間に発表された研究成果を十分取り入れることができなかったことを残念に思う。ウィーン万国博覧会への参加の決定から帰国後の技術伝習者の活動までの経過を俯瞰できる内容となっていることは本書の特徴の一つと云えよう。年表はその理解の手引きとして作成したので活用されたい。本書が今後の博覧会研究の叩き台としての役割を果たすことができれば幸甚である。

本書を作成するにあたり、次の方々から資料の提供・文献等のご教示および援助をいただいた。林業関係は元東京農工大学の阪上信次教授、印刷関係は印刷博物館のライブラリー司書山崎美和氏、統計関係は富士大学の早川毅教授、日本統計協会の鈴木正一氏および元総理府統計局長の島村史郎氏、新潟県の石油関係は天領出雲崎時代館、鉛筆関係は三菱鉛筆株式会社、小豆島のオリーブ関係は香川県小豆島町役場商工観光課のご協力を得た。刊行本の『澳国博覧会報告書』の調査では国立国会図書館、『公文録』の調査では国立公文書館、文献資料の調査では富士大学の堀圭介准教授、富士大学附属図書館、岩手大学図書館のお世話になった。また、たばこと塩の博物館、紙の博物館、めがねの博物館で有益な文献・資料を収集することができた。ハプスブルク帝国当時の旧オーストリア・ハンガリーの地名調査ではオーストリア政府観光局、チェコ政府観光局のご教示を得た。富士大学大学院元ゼミ生の小田島滋幸氏、藤原洋三氏、新田安信氏には本書の校正のご援助をいただいた。また、丸善プラネットの野辺真実氏からは本書の作成・編集について、ご教示とご支援をいただいた。ご芳名は記さないけれども資料調査で多くの方々から有益なご教示とご援助をいただいた。ここに記して感謝の意を表します。

二〇一六年三月

藤原隆男

参考文献

I.T.ベレンド、G.ラーキン著、南塚信吾監訳（1978）『東欧経済史』中央大学出版部。
秋草生（1936）「明治時代西洋染色の先達中村喜一郎・山岡次郎両氏の著述と人造染料」『染織』95号。

麻井宇介（1992）『日本のワイン・誕生と揺籃時代――本邦葡萄酒産業史論攷』日本経済評論社。

朝日新聞社編（1999）『復刻版 明治・大正期日本経済統計総観 上』並木書房。

安部隆治（1968）『十日町織物同業組合史』十日町織物同業組合。

安藤哲（1999）『大久保利通と民業奨励』御茶の水書房。

石附実（1992）『近代日本の海外留学史』中央公論社。

池田豊作（1985）『日本の統計史』賢文社。

出雲崎町史編さん委員会編（1993）『出雲崎町史　通史編　下巻』出雲崎町。

出雲崎町教育委員会編（1994）『出雲崎町史　石油資料集』出雲崎町。

井上暁子（1997）「ウィーン万国博覧会と藤山種廣『硝子製造略記』」、友部直先生記念論叢刊行会編『美の宴・西と東――美術史考古学論叢』瑠璃書房。

井上暁子（1999）「佐賀藩精錬方藤山種廣の足跡」『GLASS』43号。

猪熊泰三（1966）「佐野常民の山林管理制趣旨報告と緒方道平の山林事蹟」『レファレンス』183号。

伊藤真実子（2008）『明治日本と万国博覧会』吉川弘文館。

今津健治（1992）『からくり儀右衛門――東芝創立者田中久重とその時代』ダイヤモンド社。

岩手県農商課（1888）「船津甲部巡回教師演説筆記」（『岩手県勧業報告号外』）『明治農書全集　第二巻　稲作・一般』農山漁村文化協会（1985）。

岩橋章山編（1911）『正智遺稿』私家版。

岩本由輝（1966）「宮城県における蚕糸改良運動の展開――明治前半期を中心として」『研究年報経済学』第28巻第2号。

印刷博物館編（2003）『活字文明開化――本木昌造が築いた近代』印刷博物館。

上野堅實（1998）『タバコの歴史』大修館書店。

宇賀田為吉（1973）『タバコの歴史』岩波新書。

内田星美（1985）『時計工業の発達』服部セイコー。

梅田音五郎編（1936）『ワグネル先生追懐集』故ワグネル博士記念事業会。

梅村又次・中村隆英編（1983）『松方財政と殖産興業政策』国際連合大学。

遠藤慶三郎編（1891）「地方棉作要書」『明治農書全集　第五巻』農山漁村文化協会（1984）。

大久保利謙編（1976）『岩倉大使の研究』宗高書房。

大蔵省印刷局編（1971）『大蔵省印刷局百年史　第一巻』大蔵省印刷局。

「大蔵省沿革志」、大内兵衛・土屋喬雄校（1962）『明治前期財政経済資料集成　第三巻』明治文献資料刊行会。

大蔵省（1889）「工部省沿革報告」『明治前期財政経済資料集成 第一七巻ノ一』明治文

献資料刊行会（1964）。

大橋周二（1975）『幕末明治製鉄史』アグネ。

岡松徑（1882）「明治十五年日本統計進歩ノ概況」『統計集誌』16号。

奥田雅瑞（1988）「ウィーン万博と日本の紙巻タバコ産業」、たばこと塩の博物館編『開館10周年記念特別展 やすらぎの文化史――オーストリア・ウィーン』たばこと塩の博物館。

香川県小豆島町（2008）『小豆島オリーブ検定公式テキスト』香川県小豆島町オリーブ課。

角忠治（1932）「本県出身者たる我国林学校の開祖松野礀先生の事績」『防長林業』第19号。

勝田孫弥（1911）『大久保利通伝』同文館。

勝部眞人（2002）『明治農政と技術革新』吉川弘文館。

加藤幸三郎（1986）「G・ワグネルと殖産興業政策の担い手たち」『講座・日本技術の社会史　別巻2』日本評論社。

加藤雅彦（1995）『図説 ハプスブルク帝国』河出書房新社。

金井圓編訳（1986）『描かれた幕末明治――イラストレイテッド・ロンドン・ニュース日本通信1853-1902』増訂第三刷、雄松堂出版。

川田久長（1981）『活版印刷史』印刷学会出版部。

神田孝一（1988）『日本煙草考』（復刻版）タバコ総合研究センター。

菊浦重雄（1979）「近代的眼鏡レンズの成立――その技術移転と朝倉松五郎」『東洋大学経済研究所研究報告』第4号。

菊池武男・柳井佐喜（1982）『ビールづくりの先人――中川清兵衛伝』八潮出版社。

『木戸孝允日記 第二』日本書籍協会（1933）。

木下修一編著（1938）『井上省三伝』井上省三記念事業委員会。

木下義夫（1999）『日本理化学硝子躍動百五十年史――幕末・明治・大正・昭和』木下理化工業株式会社。

清川雪彦（1966）「殖産興業政策としての博覧会・共進会の意義――その普及促進機能の評価」『経済研究』一橋大学経済研究所、39巻4号。

清川雪彦（1994）『日本経済の発展と技術普及』東洋経済新報社。

近代ヨーロッパ都市地図刊行会編（1999）『近代ヨーロッパ首都地図集成　第Ⅰ期――ウィーン・プラハ・ブタペスト・ワルシャワ1857-1927』遊子館。

日下部東作（1911）『大久保利通伝』同文館。

楠善雄（1967）「近代に於ける地図図式の先駆者岩橋教章の生涯と業績」『測量』第17巻第10号。

沓沢宣賢（2000）「明治六年ウィーン万国博覧会と日本の参同――明治初期我が国殖産興業政策を中心に」、東海大学外国語教育センター異文化交流研究会編『日本の近代化と知識人――若き日本と世界Ⅱ』東海大学出版会。

國雄行（2005）『博覧会の時代――明治政府の博覧会政策』岩田書院。

久米邦武編・田中彰校注（1982）『特命全権大使 米欧回覧実記（五）』（岩波書店）「第五編 欧羅巴州ノ部下、万国博覧会見聞ノ記 上」。

久米康生（1998）『和紙　多彩な用と美』玉川大学出版部。

久米康生（2002）「近代和紙業界の歩み」『和紙文化研究』第10号。

小林富士雄（1992）「日本近代林学揺籃の地を訪ねて――エーベルスワルデと松野礀」『林業技術』608号。

小林富士雄（1993）「ターラントとH・コッタ」『随想森林』28号。

財団法人国民公園協会新宿御苑編（2006）『福羽逸人回顧録（解説編）』財団法人国民公園協会新宿御苑。

斉藤之男（1968）『日本農学史 ――近代農学形成期の研究』農業総合研究所。

坂根義久校注（1970）『青木周蔵自伝』平凡社。

佐々木潤之介「鉱業における技術の発展」、佐々木潤之介編（1983）『技術の社会史 第2巻』有斐閣。

サッポロビール株式会社広報部社史編纂室編（1996）『サッポロビール120年史――Since 1876』サッポロビール株式会社。

佐藤勝則（1990）「オーストリア・ハンガリー関税・貿易政策対外決済危機」『イギリス資本主義と帝国主義世界』九州大学出版会。

島津光夫（2000）『新潟の石油・天然ガス――開発の130年』野島出版。

白山昕也（1990）『眼鏡の社会史』ダイヤモンド社。

杉江重誠編著（1949）『日本ガラス工業史』日本ガラス工業史編集委員会。

千住製絨所編（1928）『千住製絨所五十年略史』千住製絨所。

総理府統計局編（1973）『総理府統計局百年史資料集成 第1巻総記上』総理府統計局。

園田英弘（1986）「博覧会時代の背景」、吉田光邦編『万国博覧会の研究』思文閣出版。

大日本麦酒株式会社札幌支店編（1936）『サッポロビール沿革誌』大日本麦酒株式会社。

大日本窯業協会編（1916）『日本近世窯業史 第四編 硝子工業』大日本窯業協会。

高林兵衛（1924）『時計発達史』東洋出版社。

高取武（1978）『日本の鉛版事始』印刷時報社。

高取武（2007）『むかし二人の鉛版師がいた』鳥影社。

竹内哲郎（1942）「明治初年の殖産興業政策と海外博覧会賛同――主として維納万国博覧会参同に就いて」『経済史研究』28巻5号。

竹内荘一（1983）「近代製糸業への移行」『講座・日本技術の社会史　第三巻　紡織』日本評論社。

たばこと塩の博物館編（2004）『明治民営期のたばこデザイン』たばこと塩の博物館。

田中彰・高田誠二編著（1993）『「米欧回覧実記」の学際的研究』北海道大学図書刊行会。

田中和夫（1993）『物語サッポロビール』北海道新聞社。

田中学（1982）「在来の農法と欧米農学の拮抗」、海野福寿編『技術の社会史 3』有斐閣。

田中芳男・平山成信編（1897）『澳国博覧会参同紀要』（私家版）。

土屋喬雄（1933）「大久保内務卿時代の殖産興業政策（一）」『経済学論集』東京帝国大学経済学会、4巻9号。

土屋喬雄（1944）「明治前期産業史上に於ける博覧会の意義」『明治前期経済史研究 第一巻』日本評論社。

土屋喬雄編（1944）『G.ワグネル維新産業建設論策集成』北隆館。

筒井迪夫（1965）『森林文化への道』朝日新聞社。

角山幸洋（1983）「羊毛の技術」『講座・日本技術の社会史　第三巻　紡織』日本評論社。

角山幸洋編（1996）『明治前期染織資料集成』関西大学出版部。

角山幸洋（1999）『ウィーン万国博の研究』関西大学経済・政治研究所研究双書、第113冊。

手束平三郎（1987）『森のきた道――明治から昭和へ・日本林政史のドラマ』日本林業技術協会。

十日町織物同業組合編（1940）『十日町織物同業組合史』十日町織物同業組合。

友田清彦（1995）「『米欧回覧実記』と日本農業」『農業史研究』農業史研究会、28号。

友田清彦（1999）「ウィーン万国博覧会と日本農業――明治前期勧農政策展開との関連で（上）（下）」『農村研究』東京農業大学農業経済学会、88-89号。

友田清彦（2002）「ウィーン万国博覧会と日本における養蚕技術教育――佐々木長淳の『蚕事学校』構想を中心に」『技術と文明』第13巻第1号。

中川保雄（1979）「藤島常興――封建時代の伝統的職人と明治初期工業化政策との結びつき（Ⅰ）」『科学史研究』Ⅱ-18（131号）。

中川保雄（1980）「藤島常興――封建時代の伝統的職人と明治初期工業化政策との結びつき（Ⅱ）」『科学史研究』Ⅱ-18（132号）。

長尾伸（2001）『ビールの旅――オーストリア／チェコ／ドイツ・バイエルン』郁文社。

成田潔英（1952、1998復刻）『洋紙業を築いた人々』紙の博物館。

西川俊作・阿部武司編（1990）『日本経済史4 産業化の時代 上』岩波書店。

日本科学史学会編（1965）『日本科学技術史体系第20巻　採鉱冶金技術』第一法規出版。

日本経営史研究所編（1973）『紙の文化産業 製紙業100年』王子製紙株式会社。

日本史籍協会編（1983復刻）『大久保利通文書 巻五』東京大学出版会。

日本史籍協会編（1983復刻）『大久保利通文書 巻九』東京大学出版会。

日本史籍協会編（1997復刻）『百官履歴　二』北泉社。

日本史籍協会編（1987復刻）『太政官沿革志　10』東京大学出版会。

『日本の近代活字――本木昌造とその周辺』編集委員会編（2003）『日本の近代活字――本木昌造とその周辺』NPO法人近代印刷活字文化保存会。

Nachum T. Gross (1968). An Estimate of Industrial Product in Austria in 1841, *Journal of Economic History*, 28. Table 8, 10.

野口茂樹（1934）『通俗文具発達史』紙工界社。

農業発達史調査会編（1955、1988改訂版）『日本農業発達史4』中央公論社。

農商務省農務局編（1939、1975復刻）『明治前期勧農事蹟輯録』大日本農会（長崎出版復刻版）。

農林省編（1953）『農務顛末 第1巻』農業総合研究刊行会。

農林省編（1968）『農務顛末 第6巻』農業総合研究刊行会。

農商務省（稿本）「千住製絨所沿革」、岡本幸雄・今津健治編（1983）『明治前期官営工場沿革』東洋文化社。

農商務省（稿本）「新町紡績所沿革」、岡本幸雄・今津健治編（1983）『明治前期官営工場沿革』東洋文化社。

野村真理（2008）『ガリツィアのユダヤ人――ポーランド人とウクライナ人のはざまで』人文書院。

博覧会事務官（石井研堂校）「博覧会見聞録」、明治文化研究会編（1929）『明治文化全

集　第9巻』日本評論社。

長谷川正一（1998）『続　洋紙業を築いた人々』紙の博物館。

橋詰文彦（1998）「ウィーン万国博覧会の展示品収集——明治五年筑摩県飯田出張所官内における収集過程」『信濃』50巻9号。

橋詰文彦（1998）「万国博覧会の展示品収集と『信濃国産物大略』」『長野県立歴史館研究紀要』4号。

服部之総・信夫清三郎（1937）『明治染織経済史』白揚社。

樋口秀雄翻刻・解題（1970）「澳国博覧会　自今採集物取調調書　各区列品評」『博物館研究』15巻6号〜同8号。

ヒルデ・シュビール、別宮貞徳訳（1993）『ウィーン——黄金の秋』原書房。

平山成信（1925）『昨夢録』私家版。

藤岡一男（1983）『秋田の油田』秋田魁新報社。

藤岡米三編（1931）『本邦鉛版工業界五十年史』鉛版工業会。

藤原隆男（1999）『近代日本酒造業史』ミネルヴァ書房。

藤原隆男（2002）「オスカー・コルシェルトの大麦製日本酒の醸造について」『岩手大学文化論叢』第5輯。

藤原隆男（2006）「1873年ウィーン万国博覧会賛同の産業発達史上の意義（上）」『富士大学紀要』38巻1、2号。

藤原隆男（2006）「1873年ウィーン万国博覧会賛同の産業発達史上の意義（中）」『富士大学紀要』39巻1号。

藤原隆男（2007）「1873年ウィーン万国博覧会賛同の産業発達史上の意義（下-1）」『富士大学紀要』40巻1号。

藤原隆男（2008）「1873年ウィーン万国博覧会賛同の産業発達史上の意義（下-2）」『富士大学紀要』41巻1号。

藤原隆男（2009）「1873年ウィーン万国博覧会賛同の産業発達史上の意義（下-3）」『富士大学紀要』42巻1号。

藤原隆男（2011）「ウィーン万国博覧会の特殊性」『富士大学紀要』第43巻2号。

古島敏雄（1966）『産業史Ⅲ』山川出版社。

ペター・パンツアー著、竹内精一・芹沢ユリア訳（1984）『日本オーストリア関係史』創造社。

ペーター・パンツァー、ユリア・クレイサ著、佐久間穆訳（1990）『ウィーンの日本』サイマル出版会。

ヘンリー・ダイアー著、平野勇夫訳（1999）『大日本』実業之日本社。

Henry Dyer (1904). *Dai Nippon:the Britain of the East, a Study in National Evolution.* London: Blakie & Son.

本間楽寛（1943）『佐野常民伝』時代社。

御園生眞（1974）「19世紀前半のオーストリア＝ハンガリー間貿易——ハプスブルク帝国内の経済的統合に関する位置考察」『獨協大学経済学研究』第15号。

御園生眞（1983）「19世紀中葉におけるベーメン（チェコ）機械制綿紡績業の成立」『経済学研究』北海道大学、33巻1号。

三菱鉛筆株式会社編（1986）『時代を書きすすむ　三菱鉛筆100年』三菱鉛筆株式会社。

三好信浩（1989）『異文化接触と日本の教育③――ダイアーの日本』福村出版。

森啓（2002）『活字印刷技術調査報告書』青梅市教育委員会青梅市郷土資料室。

森本正和（2002）「和紙と洋紙の接点」『和紙文化研究』第10号。

森仁史監修（2007）『叢書　近代日本のデザイン1』ゆまに書房。

矢口克也（2009）「現代蚕糸業の社会経済的性格と意義――持続可能な農村社会構築への示唆」『レファレンス』705号。

安岡昭男（1966）「岩倉使節の派遣とその成果」『歴史教育』14巻1号。

山口隆二（1950）『日本の時計――徳川時代の和時計の一研究』日本評論社。

ユネスコ東アジア文化研究センター編（1975）『資料 御雇外国人』小学館。

(Universal Exhibition 1873 in Vienna) (1872). *List of the Foreign Commissions.* First Edition, Published on the 31st July 1872, Vinna, 1872.

横井時冬（1927）『日本工業史』白揚社。

横溝廣子（1993～1994）「研究資料 ウィーン万国博覧会出品目録草稿（美術工芸編）（一）～（三）」『美術研究』（帝国美術院附属美術研究所）357-359号。

横山雅男（1917）「日本統計の沿革に就いて（二）」『統計学雑誌』第370号。

横山雅男（1925）「統計学社沿革の大要」『統計学雑誌』第484号。

吉田和夫（1969）「内務省地理局『東京実測全図』の製版法について」『地図』第7巻第4号。

吉田光邦（1968）『お雇い外国人③産業』鹿島研究所出版会。

吉田光邦編（1985）『図説 万国博覧会史』思文閣出版。

吉田光邦編（1986）『万国博覧会の研究』思文閣出版。

吉田光邦（1988）『改訂版 万国博覧会――技術文明史的に』日本放送出版協会。

寄田啓夫（1983）「明治期工業技術教育史上におけるG・ワグネルの活動と功績」『教育学研究』50巻1号。

Joachim Fröhlich, Hg. (1994), Heinrich Cotta, Technischen Universität Dresden, Dresden. Richard L. Rudolph (1975), The Pattern of Austria Industial Grouth from the Eighteenth of the Early Twentieth Century, *Austrian History Yearbook*, 11, 3-35, in Herbert Matis (ed) (1994), *The Economic Deveropment of Austoria since 1870*, Edward Elger Publishing Limited. USA.

渡辺實（1977）『近代日本海外留学生史 上』講談社。

資　料

資料1　『公文録』および博覧会事務局刊行本の『澳国博覧会報告書』の内容一覧

『公文録』所収の『澳国博覧会報告書』。番号は文書簿冊番号。国立公文書館所蔵。	澳国博覧会事務局編『澳国博覧会報告書』。[　] 内の数字は簿冊番号。国立国会図書館所蔵。
	[1, 2] 議院部　上、下 議院部　上 議院開式ノ報告書　佐野常民 千八百七十三年澳国上下議院開式勅語　附席取図　東條一郎訳 千八百七十三年普国伯林議院開式勅語　東條一郎訳 千八百七十四年独国民選議院開式並閉会勅語　附論説　東條一郎訳 千八百七十四年十月独国民選議院開式勅語　東條一郎訳 千八百七十三年仏国ベルサイ府議院開式告文　平山成一郎訳 千八百七十四年仏国巴里府議院開式告文　富田淳久訳 千八百七十三年伊国羅馬議院開式勅語　附議員答詞　平山成一郎訳 千八百七十四年伊国羅馬議院開式勅語　平山成一郎訳 千八百七十四年英国議院開式勅語　平山成一郎訳 千八百七十五年英国議院開式勅語　平山成一郎訳 議院部　下　附録 澳国議院憲法並千八百七十四年同議院ノ景況概略　一冊　東條一郎訳 澳洪両邦共議院ノ縁故並千八百七十四年議事ノ景況　一冊　東條一郎訳
	[3] 礼法部 礼法議定ノ報告書　佐野常民 仏国礼法序　山崎直胤訳 仏国礼法摘訳　山崎直胤訳 宮内執事ブレヘードベレー兼大礼官及礼式懸長官メートルブセレモニー職掌　山崎直胤訳
第一 一　東京大博物館建設ノ報告書	[4, 5, 6] 博物館部　上、中、下 博物館部　上 博物館創立ノ報告書　佐野常民

一　同上ドクトルワグ子ル氏ヨリ報告書	ドクトル、ワグ子ル氏東京博物館創立ノ報告　浅見忠雅訳
一　同上	ワグ子ル氏東京博物館建設報告　芸術ノ部　浅見忠雅訳
一　蘇格蘭以下堡学術博物館総長トーマスシーアルチェル氏ノ贈柬及其魯国へ贈ル所ノ報告書	博物館部　二（中）
第二	英国倫敦府内「サウツ、ケンジントン」博物館設立ノ来歴　富田淳久訳
一　英国サウツケンシントン博物館設立ノ来歴及管掌条例	博物館部　下
一　同国博覧会始末	英国博覧会始末　千八百五十一年英国博覧会、千八百六十二年英国博覧会、英国倫敦府毎歳博覧会、外国博覧会ノ部　千八百五十二年巴理府ノ博覧会、千八百六十七年巴理府ノ博覧会、千八百七十三年維納府ノ博覧会　富田淳久訳
	アルチェル氏ノ贈柬　於蘇格蘭以丁堡府学術博物館、千八百七十四年十月二十八日、謹呈日本皇帝陛下ノ公使佐野閣下　富田淳久訳
	アルチェル氏博物館ノ説　全
第三	[7] 農業部
一　農業振起ノ条件報告	農業振起ノ条件報告書　佐野常民
一　仏国農業記事	農業記事　山崎直胤訳
一　仏国チスラン氏勧農ノ記	仏国農業事務省農務局長チツスラン氏勧農之説　山崎直胤訳
一　独逸国セットガスツ氏牧畜論	ホーイブレンク氏阿利襪樹説　同氏ニ質問スル所ナリ　山崎直胤訳筆記
一　阿利襪樹説　附ユーカリビュスグロビユリユス	ロッパ氏阿利襪樹ノ植栽方　緒方道平訳
	セット、カスツ氏牧畜論　緒方道平訳
	[8] 道路部
一　道路開修ノ方制報告	道路開修ノ方制報告書　佐野常民
一　澳国通路記事	澳国水陸通路記事　山崎直胤筆記
一　法国道路記事	仏国通路記事　山崎直胤訳
一　道路建築方法論	シー、エー、グリーベン氏道路建築方法論　富田淳久訳
一　ホーイブレンク氏並木説	ホヽイブレンク氏並木説　緒方道平訳
第四	[9, 10, 11] 山林部　上、中、下
一　澳国山林局官制	山林部　上
一　山林官制ノ趣旨報告書	山林官制ノ趣旨報告書　佐野常民
一　博士マルヘット氏トノ問答	明治七年第八月一日マリアブロン山林大学校ノ博士マルヘット来テ佐野公使ヲ「イルス」療養所ニ訪フ　緒方道平訳
一　博士マルヘット氏山林制度論	
一　山林培養論	山林培養法　緒方道平筆記
	山林部　中
一　山林主用論	山林主用論　緒方道平筆記

一　山林変用論 一　山林妨害説 一　澳国山林法律 一　山林経済論	山林変用論　緒方道平筆記 山林妨害説　緒方道平筆記 澳国山林局管制　緒方道平筆記 山林部　下 マルヘット氏山林制度論　緒方道平訳 澳国山林法律　緒方道平訳 山林経済論　緒方道平筆記
第五 一　蚕業織物勧興ノ報告書 一　蚕事巡視ノ略記 一　澳国ゲルツ養蚕学校伝習略記 一　グレーベン氏蚕事報告書 一　伊国ベルガモ府ツッピンゲル氏日本生糸ノ評論 一　日本生糸ノ説 一　バビュー氏日本生糸織物□定書東 一　意（ママ）太利国生糸調書 一　バトウ養蚕実験局 一　日本国生糸貿易論日新新事誌訳文ノ写 一　日本生糸欧州貿易ノ景況	[12, 13] 蚕業部 上、下、蚕卵説 蚕業部　上 蚕業織物勧興ノ報告書　佐野常民 蚕事巡視ノ略記　佐々木長淳記 澳国「ゲルツ」地名養蚕学校ニ於テ伝習ノ略記　佐々木長淳記 グレーベン氏蚕事報告第一書　平山成一郎訳 伊国ベルガモ府製糸場長ツツビンゲル氏所評日本生糸ノ論　平山成一郎訳 バビュー氏日本生糸織物□定ノ書東　平山成一郎訳 蚕業部　下 澳国博覧会第五区第四類審査官長ハイメンダーヘ氏ノ所贈　日本生糸ノ説　平山成一郎訳 伊太利国貿易執政所贈 生糸調書抜　平山成一郎訳 養蚕実験局記事　平山成一郎訳 英字新聞摘訳 日本生糸貿易論　富田淳久訳 横浜刊行仏新聞レコジュ、ジャッポン号摘訳日本生糸及ソノ今日欧州貿易品タルノ景況　平山成一郎訳 蚕卵説　佐々木長淳報知、近藤真琴編輯
第六 一　独逸国開化戦記 自初篇 至三篇 一　チスラン氏勧農記 一　セツトカスツ氏牧畜論 一　独逸国学制論 一　アルチュル氏博物館ノ記	[14, 15] 教育部　上、下 教育部　上 教育普施ノ方案報告書　佐野常民 澳国学制　相原重政・平山成一郎訳 ブールロトン氏近世独逸記教育部抄訳 独逸学制論　平山成一郎訳 教育部　下 千八百七十四年 英国年鑑教育部抄訳　平山成一郎訳
第七 一　仏国道路記事	

一　澳国水陸通路記事 一　鉄道記 一　マルヘット氏山林制度論 一　山林経済論 一　伊太利国バトワ養蚕実験規則 一　ワピンゲル氏日本生糸ノ評論 一　バビュール氏日本生糸織物□定書 一　日本生糸説 一　仏新聞レコレユジアッポレ号摘訳	
第八 一　農業ノ部列品目録 一　工業ノ部同上 一　妙技ノ部、学校ノ部、武器ノ部同上 一　陳列品入銹箱目録	
第九 一　草花園及媒助曲枝通管三法始試業有品目録 一　製糸撚製糸及試験機械等有品目録 一　織機試験道具類目録 一　漆器試験用道具類目録 一　紙濾試験場附属道具目録 一　巻烟草試験用道具類目録 一　玉磨場諸道具目録 一　尺度目盛其外試験器機類目録 一　陶器及義布斯試験道具目録 一　色染試験道具類目録 一　写真器械目録 一　蝋製石油分析試験道具目録 一　試業用器機類当時陳列品目録	
第十 一　伝習技術試験目途書 一　技術伝習始末書 一　鉄路布置ノ目的報告書 一　鉄道記 一　以国鉄道記事 一　澳国西北鉄道建築ノ始末及近況 一　中亜細亜鉄道説 附図	[22] 鉄路部 鉄路布置ノ目的報告書　佐野常民 鉄道説　平山成一郎訳 以国鉄道記事　平山成一郎訳 澳国西北鉄道建築ノ始末及近況　平山成一郎訳 仏「イリュストラージョン」新聞抜粋訳、中欧亜細亜鉄路ノ事　平山成一郎訳
第十一 一　国勢表記ノ施設報告書 一　国勢学論	[29] 国勢学論 国勢表記ノ施設報告書　佐野常民 国勢学論　相原重政訳
一　ハウスホッヘル氏国勢表記学論	[30, 31] 国勢部　上、下

一　澳国博覧会報告書　国勢部上中下	国勢部上　相原重政訳 国勢部下　相原重政訳
第十二 一　教法利害ノ沿革報告書 一　独逸国開化戦記　自第一編 至第三編	[27] 独逸国開化戦記 独逸国開化戦記　第一編　東條一郎訳 独逸国開化戦記　第二編　東條一郎訳 独逸国開化戦記　第三編　東條一郎訳
一　同国政教紛諍ノ文簡 一　澳地利政府教会ノ沿革概略 一　耶蘇教社説 一　モンテスキウー氏法律精義抜訳	[28] 教法部 教法利害ノ沿革報告書　佐野常民 教法部　中 独逸政教紛諍文簡　東條一郎訳 澳国政府教会沿革概略　東條一郎訳
第十三 一　澳国博覧会布告文	[34] 澳国博覧会布告文 澳国博覧会布告文
一　航海造船報告書	[33] 航海造船報告書 航海造船報告書　佐野常民 古船吟味心得　松尾信太郎筆記
一　工業伝播報告書	[32] 工業伝播報告書 工業伝播ノ報告書　佐野常民
第十四 一　蚕卵記 一　澳国博覧会報告書　国勢学部 国勢部 一　澳国博覧会賞状及賞牌頒與表	
第十五 一　工業伝播ノ報告書 一　技術伝習始末書 一　ワグ子ル氏建議 一　測器製造提要 一　造船製図式 一　陶器製造図説　自一　至三	
第十六 一　鉛筆製造略記 一　地理測量製図式 一　玉工伝習録 一　西洋漆塗伝習記 一　塗物手続 一　染物伝習録　自一　至五 一　船形算法　附図 一　硝子製造略記 一　紙型鉛版伝習録 一　蚕卵記	

一　石油精製伝習録	
一　麦刈道具吟味記事	
一　石版伝習録	
第十七	
一　製糸伝習録　自一　至四　附図	
一　オーウン氏稗稿細工記事ノ訳	
第十八	[23, 24] 貿易部 上、中、下
	貿易部　上
一　貿易通盛ノ要旨報告書	貿易通盛ノ要旨報告書　佐野常民
	貿易部　中
一　澳国大博覧会報告書世界貿易ノ部	澳国博覧会報告世界貿易　相原重政訳
	澳国貿易工業事務局規則　相原重政訳
	貿易部　下
一　千八百六十五以来澳洪両国物産貿易ノ報告書及ヒ威府博覧会ニ因テ同国産業進歩ノ報告書	千八百六十五以来澳洪両国物産貿易ノ報告書及維府博覧会ニ依テ自今同国産業進歩ノ報告書　富田淳久訳
一　澳国貿易工業事務局規則	
一　千八百六十九年ホラーク氏幼魚方	ホラーク氏養魚方　千八百六十九年所著ニ係ル　緒方道平訳
一　学士ウヰツトマツリ氏漁業説	ウヰツトマツリ氏漁業説　緒方道平訳
一　貿易附表二葉	
第十九	[25] 風俗部 上、下
	風俗部　上
一　風俗制度ノ概要報告書	風俗制度ノ概要報告書　佐野常民
一　澳洪帝国民種説	澳洪帝国民種説　平山成一郎訳
一　ダニュルレビー氏講演記ノ摘訳　澳国政体沿革記	ダニエルレビー氏澳洪記ノ摘訳 澳国政体沿革説　平山成一郎訳
一　泰西服制説略　上古ノ部	風俗部　下
一　維也納清水充備ノ記事　附新聞抄	水渠記事　東條一郎訳
	澳国建築規則　浅見忠雅訳
一　下王澳地利家屋建築ノ規条	下澳地利州家屋建築条規　浅見忠雅訳
一　賞牌紋章縁故記事	[26] 制度部
一　封建説　上下	賞牌紋章記原　東條一郎訳
一　トクトルワクネル氏澳国博覧会報告書第四区食物ノ部	封建説　上　浅見忠雅訳
	封建説　下　浅見忠雅訳
第二十	
一　各国教育景況及阿利襪樹説ヲ上ルノ申牒	
一　千八百七十四年「ヤール・ブック」教育部抄訳　各国教育ノ景況	
一　阿利襪樹説	
第廿一	

一　航海造船ノ緊務報告書 一　造船綱領 一　古船吟味心得 一　航海貿易論 一　海軍強弱一覧 一　商船一覧 一　船舶得失利害論 一　海軍童子学校規則　上下 一　同附録 一　航海ノ部　附図	
第廿二 一　製紙伝習録 一　製紙原質論 一　洋画見聞録 一　津田仙禽獣 一　魚介説 一　養鮭説 一　牡蠣説 一　製本所記事	
第廿三 一　シワルツ氏小伝 一　澳国博覧会布告文 一　英国龍動府博覧記事 一　博物館字義解 一　東洋博物館規則 一　博覧会報告書附録ヲ進ルノ申牒	[19,20,21] 博覧会部 上、中、下 博覧会部　上 博覧会報告上呈ノ申牒　佐野常民 ワグネル氏維納大博覧会総報告　浅見忠雅訳 ワグネル氏報告第一区鉱山及冶金術　富田淳久訳 博覧会部　中上 ワグネル氏報告第二区農林及山林　富田淳久訳 博覧会部　中下 ワグネル氏報告第三区化学工業　富田淳久訳 ワグネル氏報告第四区製造上ノ食料　富田淳久訳 博覧会部　下 博覧会場建築論　富田淳久訳 工術博物館裨益論抄訳　富田淳久訳
	[24] 澳国博覧会布告文 澳国博覧会布告文
	[16,17,18] 兵制部　上、中、下 兵制部　上 兵制皇張ノ所見報告書　佐野常民 魯国軍備ノ景況　東條一郎訳 澳国新聞ダンニューフ抜訳　千八百七十四年九月仏国兵備ノ景況　平山成一郎訳

独逸大元帥モルトケ氏兵制ノ議　東條一郎訳
澳国兵制略　平山成一郎訳
兵制部 中
魯国政府万国戦時公法及習例議々案　平山成一郎訳
仏新聞紙「レビュブリックヽフランセーズ」所載「ブリュックセル」万国公法会議ノ顚末略記　平山一郎訳
戦時公報及習例ニ干スル万国公告文ノ草案　平山成一郎訳
兵制部 下
澳国及欧州兵制改革記　平山成一郎訳
澳国大砲試験始末　東條一郎訳
皇国陸士官ビブラ氏著博覧会軍事部記事抜訳　平山成一郎訳

資料2　ウィーン万国博覧会年表（明治2（1869）年～明治10（1877）年）

年月日	事　　項
明治 2. 9.14	政府、オーストリア＝ハンガリーと修好通商航海条約に調印する。
明治 4. 2. 5	オーストリア弁理公使ヘンリー・ガリッチ（ハインリッヒ・フォン・カリーツェ）、外務卿澤宣嘉にウィーン万国博覧会への参同出品を要請する。
11.12	岩倉使節団、米欧回覧のため横浜港を出帆する。
11.27	オーストリア公使、外務卿副島種臣、外務大輔寺島宗則の会談でウィーン万博参同出品を決定する。
12. 3	政府、オーストリア＝ハンガリーと修好通商航海条約批准書交換。このとき、オーストリア弁理公使ヘンリー・ガリッチ（ハインリッヒ・フォン・カリーツェ）、「言上振」でオーストリア政府の日本政府に対するウィーン博覧会への参加要請を伝える。
12.14	太政官、博覧会事務取扱いを参議大隈重信、外務大輔寺島宗則、大蔵大輔井上馨に命ずる。外務省でオーストリア公使と出品の種類等について協議する。
明治 5. 1. 8	太政官正院に博覧会事務局を設置。内史、外務、大蔵、工部の各省官員に博覧会掛を命ずる。
1.14	太政官、博覧会参同を布告（第7号）。博覧会事務局、博覧会への物品差出し方手続および博覧開催次第を布達する。
2. -	博覧会事務局、ドイツ人ゴットフリード・ワグネルを雇用する。
2. -	博覧会事務局、諸商人等へ国産差出しにつき達す（6月締切）。
5. 3	博覧会事務取扱いに工部大丞佐野常民を命ず。
5.25	佐野常民、博覧会理事官となる。
6. -	佐野常民、太政官正院に国産輸送および諸職工差遣の目的を上申する。
7.27	オーストリア政府、日本政府にワグネルをウィーン博覧会準備のための技術顧問に推挙する。
7. -	ワグネル、日本帝国および1873年のウィーン万国博覧会参加に関する覚え書を提出する。
9.18	正院、6月の佐野常民の上申を評決（ただし、留学生の派遣は不許可）。博覧会出品物の収集と運送諸費用の定額金25万円を達す。
10.15	ワグネル、ウィーン万博における官員・諸職工の見聞・研究等につき建議する。
10.27	ウィーン博覧会事務官の職名を制定。博覧会事務局総裁に大隈重信、博覧会事務局副総裁に佐野常民、博覧会事務官等を任命する。
11. 1	博覧会事務官関澤明清、ウィーンの博覧会会場および官員宿舎等の手配のためにウィーンに先発、横浜港を出帆する。
11.19～20	博覧会出品物の収集完了につき、博物館で博覧会出品物を天覧す。
11.20～29	同上、庶民に縦覧させる。
11.28	博覧会事務局、博覧会随行の諸職工30人を選定する。
11.29	博覧会出品物のウィーンへの輸送の準備を開始する。
明治 6. 1.10	博覧会出品物をフランス郵船メッサジェリー・マリチーム会社ファーズ号に積載する。
1.13	ウィーン博覧会総裁、書記官、事務官の等級を制定する。

1.20 佐野常民、ウィーン博覧会派遣を指令。正院、博覧会派遣者往復渡航経費および博覧会会場費定額経費15万円を達す。
1.22 正院、岡本健三郎へ定額金出納に関する委任状を達す。
1.30 ウィーン万国博覧会派遣の第一陣官員19人、随行41人、雇外国人ら、ファーズ号で横浜港を出帆する。
1.31 佐野常民をオーストリアおよびイタリア弁理公使に任命する。
2.10 佐野弁理公使へ委任状を与える。
2.18 フランス郵船で第二陣5人、横浜港を出帆する。
2.25 佐野常民、ワグネル、バロン・フォン・シーボルトら、イギリス郵船マラッカ号で横浜港を出帆する。
3.21 第一陣を乗せたファーズ号、オーストリア・トリエステ港に到着する。
3.22〜24 第一陣の官員ら、トリエステ港から汽車でウィーンへ。武田昌次、富田淳久、阪田春雄はここで分かれて英国博覧会に行く。
3.26 ウィーン万国博覧会日本事務所を開設する。
3.28〜29 博覧会出品物、ウィーンに到着する。
4. 1 岩橋教章、フランス船オルカー号で横浜港を出帆する(5.16マルセーユ着、5.22ウィーン着)。
4.14 佐野常民らウィーンに到着する。
4.23 博覧会出品物の残り荷物をフランス船に積載し横浜港を出帆する。
4.29 欧州回覧中の岩倉使節団副使木戸孝允、ウィーンに到着する。
5. 1 ウィーン万国博覧会開場式に木戸孝允、佐野常民ら出席する。
5. 4 木戸孝允、佐野常民と会談、のち博覧会を見学する。
5. 5 木戸孝允、次の訪問地ベニスに向けウィーンを出発する。
5.11 ワグネル、諸職工の伝習すべき職分につき建議する。
5.15 岡本健三郎大蔵大丞ら、ウィーンに到着する。
5.19 博覧会会場に日本庭園オープンする。
5.25 [ウィーン]岡本大蔵大丞、ウィーンはインフレにつき官員20人を残し他は帰国させるべき旨を大蔵省に信報する(7.25頃東京着)。
5.26 岩倉使節団副使大久保利通帰国する。
5.28 ウィーン万国博覧会の日本館全館オープンする。
5.29 日本庭園に売店を設置し、漆器・扇子などの販売営業開始する(9.20まで)。
6. 3 岩倉使節団、ウィーンに到着する。
6. 4 正院、博覧会事務局に物品収集費定額25万円の不足金3万5000円を準備金から繰替支出することについて大蔵省に達す。
6. 8 岩倉使節団、宮中に招かれフランツ・ヨーゼフ皇帝、エリザベート皇后に拝謁する。
6. 6 岩倉使節団の岩倉具視、伊藤博文、山口尚芳ら、博覧会を見学する。
6.14 岩倉使節団、博覧会を見学する。
6.16 各国の審査官、博覧会出品物の審査を開始する。
6.17 岩倉使節団、博覧会見学。佐野常民、岩倉使節団の大使に博覧会経費不足問題につき建議する。
6.17 佐野常民、博覧会派遣者から技術伝習者を選抜して技術伝習をさせる方針を決める。技術伝習経費1万円の支出を要請する。

6.18 岩倉使節団、次の訪問地に向けウィーンを出発する。
6.30 ［ウィーン］佐野常民、山高信離ら14人を帰国させ（8.24帰国）、正院に博覧会派遣者往復渡航経費等の定額経費不足金5万9000円の支出を上申する。
7. 1 職工の圓中文助・丹山陸郎ら自費で技術伝習を開始する。
7.12 病気のために帰国した関澤明清、博覧会定額経費不足問題につき「佐野副総裁申立」を大隈重信、山尾庸三らに提出する。
7.23 岩倉使節団副使木戸孝允、帰国する。
8. 8 ワグネル、ウィーン万国博覧会各区出品物の収集および技術伝習等の要領につき建議する。
8. 9 正院、佐野常民に博覧会定額経費不足問題につき諸職工帰国命令を達す（定額15万円の範囲で支弁のこと、官員20人を残して他は帰国させること、諸職工の技術伝習のための外国派出は見合わせること、ただし、自費滞在は可とする）（11.3頃ウィーン着）。
8.17 外務省、「官員二十名ヲ除クノ外総テ帰朝ノ事」を電信する（9.21頃ウィーン着）。
8.18 オーストリアの宮殿でウィーン博覧会賞牌授与式を行う。
9. 8 正院、博覧会定額経費5万9000円の増額支出を大蔵省に達する。
9.13 岩倉使節団大使岩倉具視、帰国する。
9.21 ［ウィーン］佐野常民、大隈参議・山尾工部大輔・杉浦権大内史・町田従五位宛8.17付外務省の電信に対する見解書簡を近藤真琴の帰朝（11.16帰国）に託す。
10. 4 正院、技術伝習人経費6000円の支出を大蔵省に達す。
11. 2 ウィーン万国博覧会閉会。日本、日本館で閉会行事を行う。
11.25 ［ウィーン］博覧会経費不足金5万9000円の証書を受領する。
12. 4 技術伝習人経費6000円を博覧会出品物の売却代金から支出を認める電信がウィーンに到着する。
12. 8 佐野常民、事務官藤山種廣らに産業技術伝習を命ずる。
明治 7. 1.10 佐野常民、イタリア弁理公使としてローマに赴任する。
3. - 佐野常民、イタリア弁理公使を河瀬眞孝と交替。ウィーンに帰る。
3.20 フランス郵船メサセリー・マリチム会社ニール号、乗客乗組員90人、ウィーン博覧会で購入した荷物および出品物を積載して、足柄県妻良村（静岡県伊豆）沖で沈没する。
5.21～6.16 博覧会事務局、東京山下門内博物館でウィーン博覧会での購入物品等の舶来品を陳列縦覧する。
10.21 佐野常民、オーストリア弁理公使を渡辺洪基に委任し、ワグネル、平山成一郎、東條一郎らと帰国のためウィーンを出発する。
12. - 佐野常民ら帰国する。
明治 8. 1. - 佐野常民、ウィーン万国博覧会の復命書を提出する。
3.30 博覧会事務局を博物館と改称し、内務省に所属させる。ウィーン博覧会残務は正院に属し、事務局の名称を残す。ウィーン博覧会経費の決算を行う。
5. - 佐野常民、澳国博覧会報告書として「東京博物館建設之報告書」等6冊を正院に初めて上呈する。これ以降、報告書を編纂次第上呈する。
7. 3 三条太政大臣、ウィーンより持ち帰りの物品および技術試行を実見する。

7.10 内務省勧業寮、博覧会事務局から諸器機を受け取り、博物館の一区画を内務省勧業寮試験場と称して技術伝習と実業試験を行う。

8.－ 『澳国博覧会報告書』の刊行を開始する。

12.14 大蔵省、自費伝習者11人に対して、伝習経費2494円26銭4厘の助成を達す。

明治 10. 11.13 博覧会事務局の残務整理を終了する。

注：明治5年まで陰暦。［ウィーン］はウィーン現地年月日。

出所：『太政類典　第二編　第百七十一～百七十二巻』。明治5年～明治8年『公文録　課局之部』。明治5年『公文録　外務省之部』。明治9年『公文録　澳国博覧会報告書』。「博覧会事務局沿革」(『太政官沿革志　三十五』)。司法局編 (1879)『沿革類聚法規目録　甲編』。農商務省農務局編 (1939、1975復刻)『明治前期勧農事績輯録　上巻』長崎出版。『木戸孝允日記　第二巻』(1933)。田中芳男・平山成信編 (1897)『澳国博覧会参同紀要』私家版。平山成信 (1923)『昨夢録』私家版。岩橋章山編 (1911)『正智遺稿』私家版。久米邦武編、田中彰校注『米欧回覧実記 (五)』(岩波文庫、1982)。梅田音五郎編 (1938)『ワグネル先生追懐集』故ワグネル博士記念事業会。ペーター・パンツアー、ユリア・クレイサ (佐久間穆訳) (1990)『ウィーンと日本』サイマル出版会。

わ

や

ら

は

ま

な

さ

た

か

人名索引

アルファベット

あ

や

ら

ま

た

な

は

さ

か

事項索引

あ

明治前期日本の技術伝習と移転

ウィーン万国博覧会の研究

二〇一六年六月六日　発　行

著作者　藤　原　隆　男

発行所　丸善プラネット株式会社
〒一〇一-〇〇五一
東京都千代田区神田神保町二-一七
電話 〇三-三五一二-八五一六
http://planet.maruzen.co.jp/

発売所　丸善出版株式会社
〒一〇一-〇〇五一
東京都千代田区神田神保町二-一七
電話 〇三-三五一二-三二五六
http://pub.maruzen.co.jp/

組版　月明組版
印刷・製本　大日本印刷株式会社

ISBN 978-4-86345-293-0 C3020